本书受华侨大学高层次人才科研启动项目"通向 ⬛⬛⬛⬛⬛⬛
区治理研究"（项目编号：23SKBS045）资助

国家制造产业集群的中国道路

钟本章　著

吉林大学出版社

·长　春·

图书在版编目(CIP)数据

国家制造产业集群的中国道路 / 钟本章著. --长春：吉林大学出版社，2025.4. — ISBN 978-7-5768-5028-4

Ⅰ. F426.4

中国国家版本馆 CIP 数据核字第 20250MP284 号

书　　名：国家制造产业集群的中国道路
GUOJIA ZHIZAO CHANYE JIQUN DE ZHONGGUO DAOLU

作　　者：钟本章
策划编辑：黄国彬
责任编辑：白　羽
责任校对：甄志忠
装帧设计：姜　文
出版发行：吉林大学出版社
社　　址：长春市人民大街 4059 号
邮政编码：130021
发行电话：0431－89580036/58
网　　址：http://press.jlu.edu.cn
电子邮箱：jldxcbs@sina.com
印　　刷：天津鑫恒彩印刷有限公司
开　　本：787mm×1092mm　　1/16
印　　张：14.5
字　　数：230 千字
版　　次：2025 年 4 月　第 1 版
印　　次：2025 年 4 月　第 1 次
书　　号：ISBN 978-7-5768-5028-4
定　　价：78.00 元

版权所有　翻印必究

前　言

　　经济发展是全人类共同关注的重大议题之一。而最近二三十年日益风靡的产业集群，正是在世界范围内，被学术界和实务界普遍认为可以促进区域经济发展乃至提高国家竞争力的重要来源。在这个意义上，了解产业集群如何形成，是一件颇为关键之事。对此，既有研究历经经济学视角的市场论，以及社会学视角的关系论，现在已经进入到一个以政治学视角为前沿的阶段。因为自从产业集群概念流行且被逐步运用到经济发展战略中后，由国家促动形成的产业集群现象开始出现，这使得过去主要针对自发形成的产业集群现象进行解释的经济学和社会学理论无法涵盖，从而需要政治学视角的介入和补充。然而，现存的有关产业集群形成的国家理论，还处于一个相对比较稚嫩的发展时期，主要秉持一种以集群政策为代表的工具论视角，即把国家制造产业集群的过程，简单化约为集群工具发挥作用的过程，这使得很多学习借鉴可能难以成功，是因为没有重视政治维度的"地区现实主义"。为此，本书致力于突破这一视角局限，基于符合经验上合适且也被认为重要的中国情境，采用深入国家内部的崭新研究进路，探讨"国家如何制造产业集群"的机制与问题。

　　由于中国国家制造产业集群的现象，基本发生于国家级开发区这种特殊经济区之中，所以本书主要建构了一个以中央国家和地方国家为上层，以嵌于"央地共管"体制且负责实际运营的国家级开发区为下层的双层国家模型。其中，上层国家负责提供激励和约束，下层国家于此之下采取产业集群行动，从而产生集群绩效。然而，从集群绩效走向产业集群还有很长一段距离，需要不断趋好的集群绩效的大量叠加，这在恒定约束下难以实现。好在国家级开发区除了是特殊经济区外，还是政策试验区，这意味着其在做出一些成绩的基础上，很有可能因中国特色样板式政策试验逻辑，承接会带来优惠政策和试验权限的政策试验，使其相当于被上层国家放松制度约束，进而生产出更多更好的集群绩效。特别地，当集群绩效越多越好，就越有可能再承接新的政策试验，令集群绩效能在更加放松的制度约束下继续跃升。由此，实际上呈现出的是集群绩效与政策试验的循环互强，并全然在国家级开发区这一特定区域范围内积累下来，使得产业集群终将形成。

概括来说，中国国家制造产业集群的过程机制，是上层国家的激励系统、下层国家的执行系统和上下互动的试验系统三大机制部件耦合互联的结果，但本质上还是一种寓于国家内部的、借助中国特色政策试验实现的类市场化"特权"分配机制，故本书将其理论内核凝练为配置"特权"。而为了检视其能否被现实经验支持，本书通过采用理论检验型过程追踪技术，将广州开发区这一典型案例经验与从三大机制部件推导出来的六个研究假说逐一比对，发现几乎都能通过检验，这说明上述理论框架具有现实可靠性。如此，既有助于从深入国家内部的全新视角开启有关产业集群形成的国家理论的进阶篇章，也有助于为国家制造产业集群的文献脉络提供源自中国的知识增量。

目 录

第一章 导论 ……………………………………………………………（1）

 第一节 研究问题 …………………………………………………（1）

 第二节 研究内容 …………………………………………………（3）

 第三节 研究价值 …………………………………………………（5）

 第四节 结构安排 …………………………………………………（6）

第二章 产业集群形成：一个文献综述 ……………………………（8）

 第一节 产业集群的界定 …………………………………………（8）

 第二节 "自下而上"：产业集群形成的传统解释路径 ………（14）

 第三节 "自上而下"：来自国家学派的视角补充 ……………（27）

 第四节 产业集群形成的国家理论：缺憾与推进 ……………（39）

第三章 配置"特权"：一个理论框架 ……………………………（46）

 第一节 上层国家的激励系统：央地激励下的双重目标 ……（46）

 第二节 下层国家的执行系统：混合型国家角色与集群绩效 …（52）

 第三节 上下互动的试验系统：绩效增叠与集群制造 ………（59）

 第四节 抽象深层内核：从三大系统到配置"特权" …………（63）

第四章 操作化：方法、假说与案例 ………………………………（69）

 第一节 研究方法：选择、应用与澄清 ………………………（69）

第二节　研究假说：理论框架成立的经验表现 …………………（80）

　　第三节　案例选择：关注广州开发区的缘由 ……………………（84）

　　第四节　资料来源：收集方式与信度讨论 ………………………（94）

　　第五节　案例描述：广州开发区概况 ……………………………（96）

第五章　广州开发区与上层国家的激励系统 ………………………（106）

　　第一节　广州开发区被谁管理：央穗共管 ………………………（106）

　　第二节　广州开发区受何要求：质量并重 ………………………（111）

　　第三节　上层国家激励系统的存在 ………………………………（143）

第六章　广州开发区与下层国家的执行系统 ………………………（146）

　　第一节　广州开发区有何做法："外招""促发"和"内联" ……（146）

　　第二节　广州开发区以何工具：产业政策、营商环境和区属国企
　　　　　　………………………………………………………………（159）

　　第三节　下层国家执行系统的存在 ………………………………（177）

第七章　广州开发区与上下互动的试验系统 ………………………（179）

　　第一节　广州开发区是否叠加政策试验：日益叠加 ……………（179）

　　第二节　广州开发区为何承接政策试验：寻求发展 ……………（185）

　　第三节　上下互动试验系统的存在 ………………………………（197）

第八章　结论与讨论 …………………………………………………（199）

　　第一节　研究结论 …………………………………………………（199）

　　第二节　理论对话 …………………………………………………（202）

　　第三节　未来展望 …………………………………………………（207）

参考文献 ……………………………………………………………（208）

第一章 导论

作为概述性章节，本章用以提供一些关键信息的预览和全书线索的指南。具体来说：第一节将首先交代本书的研究问题，这是整个研究的起点；第二节接着指明研究内容，即简述针对研究问题提出了何种理论回答，并以何种方法予以检验，继而勾勒出本书的技术路线；第三节指出本书的价值所在，包括理论价值和实践价值；最后一节介绍全书的章节结构安排，为后面的正文内容提供索引。

第一节 研究问题

对人类社会而言，如何实现有效的经济发展，如何追求物质文明的繁荣，是一直以来都引发广泛关注的重大议题。在诸多实践中，一种被概念化为产业集群的社会事实，自 20 世纪 90 年代被系统提出后，就开始在全球范围内风靡，成为被学术界和实务界共同认可的区域经济发展样态。不仅相关研究与日俱增，而且还被世界上许多政府决策部门奉为政策制定的圭臬，连联合国工业开发组织、经济合作与发展组织、世界银行等国际权威机构，都将其当作一种重点的发展战略向世界予以推广，足见其重要性。而产业集群之所以如此重要，是因为历经许多研究后，大家都普遍认为，作为一种区域产业组织形态的产业集群，有助于促进经济增长、技术进步、创新实现等关键发展目标的达成，甚至可以说人类绝大多数的财富，都是从这些块状区域中诞生出来的，从而构成了世界版图中色彩斑斓的"经济马赛克"①。在这个意义上，拥有产业集群，拥有多少产业集群，也变成一国竞争力的重要来源②。

基于上述背景，我们不难看出，产业集群从何而来，成为一个兼具理论和现实意义的关键问题，因为人类只有知道产业集群如何形成，才知道追求产业集群的方法。对此，作为社会科学三大基础学科的经济学、社会学、政治学，都对其提出了基于自身学科视角的解释。具体来说：经济学在百余年前就出现了相关的理论资源，后来随着理论的不断发展，最终汇流成搭载理性市场机制的以经济功能论和要素禀赋论为核心的市场学说，如今的研究工作基本聚焦于对这些理论的实证检验；社会学的关系学说直到半个世纪前才伴随着新经济社会学的潮流而从意大利经验发轫，强调社会网络和社会资本对产业集群形成的作用，其理论因广受认可而被运用于对很多同类现象的解释中；政治学介入的时点最晚，兴起于产业集群概念风靡且出现国家制造产业集群现象的近二三十年，因此，其当之无愧地成为如今产业集群形成研究的理论前沿，同时还因能解释经济学、社会学解释不了的国家促动形成的产业集群现象而显得尤为重要，毕竟经济学和社会学是围绕早期自发形成的产业集群现象所作出的理论解释。

然而，产业集群形成的既有国家理论，把目光都聚焦于以各种集群政策为典型的集群工具上，由此将国家制造产业集群的问题，化约为国家集群工具与产业集群形成之间的关系，从而出现了只见工具而不见工具使用者——国家——的工具论视角，使得仅试图模仿"最佳实践"工具以实行国家制造产业集群的做法可能存在问题，因为其忽略了政治维度的"地区现实主义"。这启示本书，应当开展一个超越既有简单工具论的新工作，通过深入国家内部去打开国家制造产业集群行动的"黑箱"，来完整窥探产生并驱动集群工具发挥作用的政治"土壤"，以为后来者的借鉴提供相对明晰的限度和边界。具体地，由于中国存在以国家级开发区这种特殊经济区实现国家制造产业集群的

---

① Allen J. Scott, Michael Storper, "Industrialization and Regional Development", in M. Storper' A. J. Scott (eds.), Pathways to Industrialization and Regional Development, (London: Routledge, 1992).

② 迈克尔·波特：《国家竞争优势》，李明轩、邱如美译，华夏出版社，2002：第2-3页.

相关经验[①]，同时中国的经济发展道路也因效果颇佳、广受认可而值得挖掘，所以本书将基于中国情境，从上述新视角出发，探索"国家如何制造产业集群"的理论问题。

第二节 研究内容

为回答上述研究问题，本书建构了一个配置"特权"的理论框架。其认为中国国家制造产业集群的过程机制，寓于包含上层国家和下层国家的双层国家结构中：前者指中央国家和地方国家，它们负责提供激励和约束；后者指镶嵌于"央地共管"体制下的国家级开发区，其负责在激励和约束下实际执行。正是在上层国家强调发展质量的持续激励下，下层国家才有动力采取产业集群行动。同时因下层国家能在综合扮演三重国家角色——"企业家型国家""发展型国家""服务型国家"——的基础上，采取区属国企、产业政策和营商环境三类对应工具，方使产业集群行动得以发挥效果，从而产生集群绩效。

然而，集群绩效不等于产业集群，且由于下层国家面临的约束是恒定的，令集群绩效在质和量上均有限度，无法走向产业集群的质变。好在作为下层国家的国家级开发区，其身份除了是特殊经济区外，还是政策试验区，这意味着其在做出一些成绩的基础上，还会因为中国特色样板式政策试验的逻辑而向上承接政策试验，由此收获随之而来的优惠政策和试验权限，使其能在放松制度约束的基础上产生更多更好的集群绩效，继而再承接更多更重要的政策试验，循环往复。所以，借助中国特色政策试验机制，下层国家能实现集群绩效与政策试验的循环互强，并让集群绩效在开发区这一特定区域范围内积累下来，最后便能导致产业集群的形成。

概括而言，上述中国国家制造产业集群的过程机制，可被划分为耦合互联的三大机制部件，依次是：上层国家的激励系统、下层国家的执行系统、

---

① 道格拉斯·曾智华：《中国两大增长引擎：经济特区和产业集群——它们是如何引领中国经济高速发展的》，李桐译，载袁易明主编《中国经济特区研究》（第1期），社会科学文献出版社，2010。

上下互动的试验系统。而细思之下可以发现，其之所以能制造出产业集群，本质上还是依赖由国家系统内部分配"特权"所带来的优势，只不过由于样板式政策试验机制的作用，使这一分配变成依据效率原则展开的类市场机制，从而将表现为优惠政策和试验权限的"特权"，持续不断地配置到优质对象上，进而带来跨越式发展，这也是配置"特权"说法的来源。

推导出理论框架后，本书需要对其进行经验检验。在研究方法方面，鉴于探索因果机制惯常使用的方法是案例研究下的过程追踪技术，同时结合本书以经验检视理论的研究思路特征，所以具体选择了理论检验型过程追踪技术。在经验资料方面，综合考虑建构效度、内部效度和外部效度三个方面，选定广州开发区这一典型案例来予以研究。基于此，在相关方法的指引下，本书以三大机制部件为界，各推导出两个研究假说（理论逻辑成立时应当观察到的经验表现），再用广州开发区的案例经验分别与其进行比对，来判断六个研究假说是否得到现实经验的支持，从而回溯推定上述理论框架的可靠性。

至此，承载全书核心内容的技术路线已被完整勾勒出来，关于其更直观形象的表达，可见图1-1。

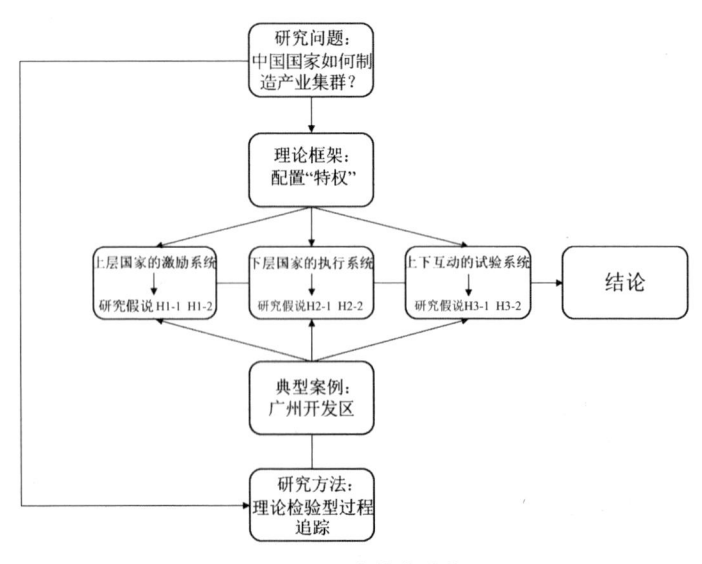

图1-1 研究技术路线

图片来源：作者自制。

第三节 研究价值

本书的理论和实践价值如下：

首先，在理论价值方面，承袭关注国家与经济关系的政治经济学传统，具体研究中国国家如何制造产业集群的理论问题，这为理解中国的国家力量如何促进区域经济发展，如何打造区域产业集群形态，以及如何在特殊经济区这种旨在培育经济增长极的特定区域中实现目标，提供了比较系统且有别于既有说法的理论思考。此外，进入到产业集群形成这一支文献脉络，不仅从政治学视角解释了主流经济学、社会学解释不了的由国家促动形成的产业集群现象，而且拓展了产业集群形成的国家理论，在既有的主要浮于集群政策层面的工具论之外，开辟了一个进入到国家内部去打开制造产业集群行动"黑箱"的新视角，这既有助于从理论上深入考察国家制造产业集群的真实样态，完善与之相关的理论知识，还有助于使被呼吁强调的"地区现实主义"在政治维度上得以实现，因为前人的实践经验能被理论化为更加完整详细的针对产业集群制造的国家行动图谱，从而让后来者的借鉴可以明晰限度和边界。

其次，在实践价值方面，产业集群已成为在全球范围内被广泛承认的能实现区域经济发展乃至提升国家竞争力的重要因素，并为世界上很多地方的国家力量所追捧，因此，从现实经验的角度出发，深入挖掘成功案例中的国家是如何制造产业集群的，无疑对更多的具体实践有学习和借鉴意义。特别近些年来中国取得了举世瞩目的经济发展成就，其所运用的发展模式也被世界各方津津乐道和试图效仿，再加之中国本身也在人类命运共同体的普世关怀下，致力于对外传播这套有可能促使更多地方发展的中国方案，这使得对中国国家制造产业集群方式的探索，既是归纳总结了真正被大多数人认为重要的关键经验，也为向世界讲好中国故事贡献了一份力量。

第四节 结构安排

全书的章节结构安排如下：

第一章是导论部分，用以进行本书的关键内容概览和正文章节指引，所以总结凝练了研究问题、研究内容和研究价值这三个最为主要的模块，并在此基础上介绍了全文的章节结构安排，以使更为详尽的对应章节内容能被按图索骥地定位到。

第二章是文献综述部分，依据基于时间线索的理论视角的发展，详细回顾了产业集群形成这一支文献脉络，将其概括为"自下而上"解释的经济学和社会学视角，以及"自上而下"解释的政治学视角，并在评价政治学视角既有研究不足的基础上，提出需予以完善的方向，再循此明确研究问题。

第三章是理论框架部分，致力于对研究问题提供理论逻辑上的回答，指出中国国家制造产业集群的过程机制，包括上层国家的激励系统、下层国家的执行系统和上下互动的试验系统三大机制部件，并在此基础上，凝练出其理论实质为配置"特权"。

第四章是操作化部分，主要考虑对理论框架的经验检验问题，具体地，在交代为何选择理论检验型过程追踪技术作为方法之余，根据方法指导，就理论框架进一步提出可被经验检视的研究假说，同时在效度和信度方面讨论了为何选择广州开发区作为案例，并对其进行简要的案例情况介绍。

第五章是案例分析的第一部分，旨在利用广州开发区经验对上层国家的激励系统进行检视，根据研究假说1-1和1-2的内容，具体呈现广州开发区被谁管理和受何要求的细节，接着再与研究假说比对，看研究假说是否受到广州开发区经验的支持，最后综合讨论上层国家的激励系统是否存在。

第六章是案例分析的第二部分，旨在利用广州开发区经验对下层国家的激励系统进行检视，根据研究假说2-1和2-2的内容，具体呈现广州开发区有何做法和以何工具的细节，接着再与研究假说比对，看研究假说是否受到广州开发区经验的支持，最后综合讨论下层国家的执行系统是否存在。

第一章 导论

第七章是案例分析的第三部分，旨在利用广州开发区经验对上下互动的试验系统进行检视，根据研究假说3-1和3-2的内容，具体呈现广州开发区是否叠加政策试验和为何承接政策试验的细节，接着再与研究假说比对，看研究假说是否受到广州开发区经验的支持，最后综合讨论上下互动的试验系统是否存在。

第八章是结论与讨论部分，主要对本书的基本结论进行总结，同时将其放入相关的理论脉络中，以开展进一步的理论对话，使得本书的理论贡献能更加清晰明确。当然，任何研究都有自身的不足和局限，本书也概莫能外，所以在这一章的最后，也进行了一些反思和检讨，并基于此，提出未来研究可以继续努力的方向。

第二章 产业集群形成：一个文献综述[①]

本章旨在围绕"产业集群如何形成"这一核心理论问题进行较为详尽和系统的文献回顾，并在此基础上提出既有研究仍可能存在的理论缺憾，以作为本书研究的问题意识。具体而言：本章将首先对"产业集群"这个核心概念的界定进行梳理和总结；接着再分别呈现用以解释产业集群形成的两支主要理论文献，依次是最初以经济学、社会学为学科底色的"自下而上"论，以及后来出现的基于政治学视野的"自上而下"论；最后主要聚焦位于前沿地带的产业集群形成的国家理论，在评价有关"国家与产业集群形成"的既有研究的基础上，指出本书将进一步拓展和深化的方向。

第一节 产业集群的界定

一个国家或地区如何取得具有竞争力的经济发展成就，向来是人类孜孜以求的大问题。传统观点认为，财富源于生产，生产取决于资源禀赋的投入，因而国与国或地区与地区之间的竞争，从本质上来说，是资源禀赋具有绝对

[①] 本章第二、三、四节的主要内容已成文为《产业集群形成的三维逻辑》，发表于《天津大学学报（社会科学版）》2025年第2期。

优势或相对优势的结果①。然而，在经济全球化和技术进步的今天，要素的流动和替代成为常态，过去的一些常量假设开始变成可选择的变量，这促进学者们逐渐反思，该如何以动态的竞争力模型取代传统静态的比较优势理论。20世纪90年代初，哈佛大学商学院教授迈克尔·波特（Michael E. Porter）所提出的"钻石体系"便是对此的一个突破性尝试。波特颇为敏锐地指出，竞争力的本质是生产率，生产的主体是企业，所以当今国家或地区竞争的首要关键，是能否将企业置于一个良好的竞争环境之中，使其获得生产率的提高，而由四类要素组成的"钻石体系"就是对此进行衡量的一套关键指标。通过对世界许多国家或地区不同产业的观察，波特发现能使"钻石"散发"光芒"的密钥是产业集群（industry cluster）形态，这种确信使得他对自己理论成果的实践价值作出了非常直接的评价，认为"钻石体系的基本目的就是推动一个国家的产业竞争优势趋向集群式分布，呈现由客户到供应商的垂直关系，或由市场、技术到营销网络的水平关联"②。

波特对产业集群概念的提出，以及以国家竞争优势高度对产业集群的重视与强调，不仅引爆了学界研究的热潮③，还日益引起实务界的关注。根据波特1998年出版物的不完全统计显示，全世界有许多跨国家、国家、省、市地域单位，都开展了形式不一的产业集群相关计划（具体名单见表2-1）。与之相呼应，经济合作与发展组织（OECD）也于1999年、2001年、2005年、2007年和2009年连续推出五本有关产业集群的专辑④，通过总结经合组织成员国在产业集群方面的有益实践，向世界推荐这种有助于经济与创新发展的产业

---

① 从亚当·斯密提出的绝对优势理论，到大卫·李嘉图对其进行修正的比较优势理论，再到赫克歇尔和俄林补充的资源禀赋理论，构成了传统的国际贸易理论脉络。虽然他们的理论模型并未直接解答有关国家竞争力的问题，但却包含了对国家竞争力来源的深刻洞见。相关内容可参见陆雄文主编《管理学大辞典》，上海辞书出版社，2013，第317页.

② 迈克尔·波特：《国家竞争优势》，李明轩、邱如美译，华夏出版社，2002，第139页。

③ 徐康宁：《当代西方产业集群理论的兴起、发展和启示》，《经济学动态》2003年第3期.

④ OECD, *Boosting Innovation: The Cluster Approach*, (Paris: OECD Publishing, 1999). OECD, *Innovative Clusters: Drivers of National Innovation Systems*, (Paris: OECD Publishing, 2001). OECD, *Business Clusters: Promoting Enterprise in Central and Eastern Europe*, (Paris: OECD Publishing, 2005). OECD, *OECD Reviews of Regional Innovation——Competitive Regional Clusters: National Policy Approaches*, (Paris: OECD Publishing, 2007). Jonathan Potter, Gabriela Miranda (eds.), *Clusters, Innovation and Entrepreneurship*, (Paris: OECD Publishing, 2009).

组织形态；日本、韩国等国家更是在理论和实务界的双重促动下，开始于21世纪最初十年推行各种产业集群战略，以进行新一轮的产业发展[①]。这种在理论与实践层面迸发出的巨大活力和认可度，无一不在昭示产业集群蕴含的宝贵价值。但由此自然引出的一个问题是：究竟何为产业集群？

表2-1 全世界实行产业集群相关计划的各层次地域单位

多国区域	国家	地区/州/省	城市/都会地区
中南美洲	安道尔	亚利桑那州	波哥大
中东地区	玻利维亚	滨大西洋诸省(加拿大)	夏洛特
	保加利亚	百慕大	克赖斯特彻奇
	加拿大	巴斯克地区(西班牙)	长岛
	哥伦比亚	加利福尼亚州	明尼阿波利斯
	哥斯达黎加	加泰罗尼亚	鹿特丹
	丹麦	康涅狄格州	硅谷
	埃及	奇瓦瓦	索罗马(加利福尼亚州)
	萨尔瓦多	马萨诸塞州	坦帕
	芬兰	明尼苏达州	威灵顿
	印度	北卡罗来纳州	伍斯特(马萨诸塞州)
	以色列	俄亥俄州	
	约旦	俄勒冈州	
	马来西亚	苏格兰	
	摩洛哥	魁北克	
	北爱尔兰	中国香港	
	挪威		
	荷兰		
	新西兰		

---

① 多和田真、塚田雄太：《日本的产业集群政策及产业集群的现状》，载平川均，崔龙浩，苏显扬，宋磊：《东亚的产业集聚：形成、机制与转型》，社会科学文献出版社，2011。崔龙浩，《韩国的产业集群研究动向与主要产业集群的现状》载平川均，崔龙浩，苏显扬，宋磊：《东亚的产业集聚：形成、机制与转型》，社会科学文献出版社，2011。

续表

多国区域	国家	地区/州/省	城市/都会地区
	巴拿马		
	葡萄牙		
	秘鲁		
	爱尔兰		
	南非		
	瑞典		
	塔吉克斯坦		
	委内瑞拉		

表格来源：迈克尔·波特：《竞争论》，高登第，李明轩译，中信出版社，2012，第239页。

实际上，学界对产业集群并没有百分百一致的通用界定，不同学者在其研究中的定义有所差异，各有侧重。为尽可能地呈现一个概览性图景，表2-2对一些代表性的产业集群定义进行了列举。

表2-2 产业集群定义列举

学者	定义	侧重点
Michael E. Porter	"产业集群是某一特定领域相互联系的企业和机构在地理上的集聚，其包括一系列开展竞争的相关产业和实体，比如部件、机器、服务这种专业化投入品的供应商，以及特定基础设施的提供者；当然，产业集群也经常包含下游的销售渠道和客户（纵向），生产互补性产品的厂商以及与其所需技能、技术与一般投入品相关的企业（横向）；此外，许多产业集群还拥有政府和其他组织，比如大学、标准制定机构、智库、职业培训组织和商会，以提供专业化的培训、教育、信息、研究和技术支持。"[1]	地理邻近性 领域关联性 竞合兼具性

---

[1] Michael E. Porter, "*Clusters and the New Economics of Competition*", Harvard Business Review, Nov-Dec, 1998.

续表

学者	定义	侧重点
Leo van den Berg, Erik Braun, Willem van Winden	"产业集群概念通常与网络的在地或区域维度相关,在文献中,产业集群有多种定义和描述方法,但大多数定义认为,产业集群是专门化组织的在地网络,其生产过程通过产品、服务和知识的交换而紧密联系。"①	
Christian H. M. Ketels	"产业集群是在一个特定地理区域同地协作的企业和机构群,其通过提供相关产品或服务所形成的互依性而联系。"②	地理邻近性 领域关联性
Stuart A. Rosenfeld	"(产业集群)是因为地理接近和相互关联而产生协同的企业集聚。"③	
Johanna Mohring	"产业集群是在专门业务领域及相关支持领域处于横纵向关联的企业的在地集聚。"④	
Jonathan Potter	"产业集群是从事相关活动的企业和组织的地理集聚。"⑤	地理邻近性 领域关联性
Edward J. Feser	"经济集群不只是相互关联和支持的产业和机构,更准确地说,其是凭借彼此关系而更具竞争性的相互关联和支持的产业和机构。"⑥	领域关联性 竞合兼具性

---

① Leo V. D. Berg, Erik Braun, Willem V. Winden, "Growth Cluster in European Cities: An Integral Approach", *Urban Studies*, *Vol.* 38, No. 1, 2001.

② Christian H. M. Ketels, "*The Development* of the *Cluster Concept-Present Experiences* and Further Developments", Duisberg: NRW Conference on Clusters, 5 Dec 2003.

③ Stuart A. Rosenfeld, "*Bringing Business Clusters into the Mainstream of Economic Development*", *European Planning Studies*, Vol. 5, No. 1, 1997.

④ Johanna Mohring, "*Cluster: Definition and Methodology*", in OECD (ed.), Business Clusters: Promoting Enterprise in Central and Eastern Europe, (Paris: OECD Publishing, 2005).

⑤ Jonathan Potter, "*Policy Issue in Clusters, Innovation and Entrepreneurship*", in J. Potter, G. Miranda (eds.), Clusters, Innovation and Entrepreneurship, (Paris: OECD Publishing, 2009).

⑥ Edward J. Feser, "*Old and New Theory of Industry Clusters*", in M. Steiner (ed.), Clusters and Regional Specialization: on Geography, Technology and Networks, (London: Pion, 1998).

续表

学者	定义	侧重点
Theo J. A. Roelandt, Pim den Hertog	"产业集群可被定义成在增值产品链中彼此关联的强烈互依的企业（包括专门供应商）的生产网络。"①	领域关联性
Peter B. Doeringer, David G. Terkla	"（产业集群）是通过区位协同获得绩效优势的产业地理集聚。"②	地理邻近性
Peter Swann, Martha Prevezer	"产业集群被定义成在一个地理区域某个产业中的企业群。"③	

表格来源：作者自制。

其中，根据产业集群概念最初的提出者波特的定义来看，产业集群总体上具有三个特征：第一是地理邻近性，即产业集群是企业和其他机构在特定地理区域范围内的集聚；第二是领域关联性，即这些集中的企业和机构，在某一产业领域内具有相关联的业务，既有构成上下游产业的供需关系，也有横向上生产相同产品或服务的同行关系，还有助益于生产的支持关系，大家都分享着同一个行业领域；第三是竞合兼具性，即因为同一行业领域的许多企业和机构都共聚一地，使得竞争与合作共存，彼此相互促进。然而，由于竞合兼具性其实内含于领域关联性，毕竟从业于相同行业领域的企业和机构自然具有既竞争又合作的关系，所以大多数学者在使用产业集群这个概念时，往往侧重于强调前两个属性，取其更为本质且必要的定义。当然，有些学者在理解产业集群时，还会秉持一种更为"宽容"的态度，只突出其地理邻近性或领域关联性，但这种过分延展概念边界的行为实际上会使产业集群概念变

---

① Theo J. A. Roelandt, Pim den Hertog, "*Cluster Analysis and Cluster-Based Policy Making in OECD Countries: An Introduction to the Theme*", in OECD (ed.), Boosting Innovation: The Cluster Approach, (Paris: OECD Publishing, 1999).

② Peter B. Doeringer, David G. Terkla, "*Business Strategy and Cross-Industry Clusters*", *Economic Development Quarterly*, Vol. 9, No. 3, 1995.

③ Peter Swann, Martha Prevezer, "A Comparison of the Dynamics of Industrial Clustering in Computing and Biotechnology", *Research Policy*, Vol. 25, No. 7, 1996.

得混乱①，不利于这一领域文献的积累和对话。所以，对于本书来说，还是选择地理邻近性和领域关联性这两个核心内涵作为产业集群的定义，这也是最不受争议且满足"奥卡姆剃刀原理"的通行做法。

第二节 "自下而上"：产业集群形成的传统解释路径

既然产业集群是个好东西，那"产业集群如何形成"便成为紧随"何为产业集群"而来的第二个关键问题。围绕这一问题，既有研究发展出了"自下而上"和"自上而下"两条理论脉络，本节将首先回顾前者的研究状况。具体而言，所谓产业集群形成的"自下而上"论，突出强调产业集群是自发形成的，主要以经济学为基本的学科底色，此外还有一些社会学的视角和贡献。因此，这部分将以此为界来分别阐述蕴含于两个学科视角背后的理论故事。

一、市场与产业集群形成：经济学说

经济学是一门研究资源最优配置的学问，其以分散化个体经济理性为基础所构筑起的市场机制，不仅是绝大多数经济学家最赖以信任的资源配置工具，同时也是经济学区别于其他学科的独特分析视角②。因此，经济学在解释很多经济社会现象时，会习惯从理性市场行为出发，去理解某种现象是在何种意义上具有经济功能或效益损失，使得理性的市场主体会去争相角逐或急忙规避，从而导致现象的出现。具体来说，面对产业集群形成这一理论问题，经济学也是基本遵循相同的思路，通过在不同经济视角下勾勒产业集群的诸多好处，再辅以恒定不变的理性经济人假设，去形成一套独属于经济学的理论解释。不过，由于这种功能主义进路具有强烈的结构主义倾向，难以应对

---

① Ron Martin, Peter Sunley, "Deconstructing Clusters: Chaotic Concept or Policy Panacea?", *Journal of Economic Geography*, Vol. 3, No. 1, 2003.
② 汪丁丁：《经济学理性主义的基础》，《社会学研究》1998年第2期。钱颖一：《理解现代经济学》，《经济社会体制比较》2002年第2期。田国强：《现代经济学的基本分析框架与研究方法》，《经济研究》2005年第2期。

来自现实差异的挑战,所以经济学家在目的论之余,还提出了一些有关能力论的说法,这对前面的功能主义解释形成了有益的补充。接下来将对这两者分别进行论述。

(一)产业集群形成的经济功能论

经济学主流观点认为,产业集群是在市场机制的作用下,由市场行动主体依据经济理性原则自发形成的[①]。更通俗地说,某一行业的从业者之所以会选择聚集在同一个地方,是因为这样做有利可图。因此,对经济学家而言,他们解释产业集群形成的主要工作,集中于揭示产业集群背后所蕴含的经济功能逻辑,即追问产业集群究竟有何种用处?面对这一问题,既有研究主要从分工这一最基本的逻辑起点出发,围绕增加收益与减少成本两个角度,分别讲述有关分工与"反"分工的经济理论故事。

1. 作为分工受益者的产业集群:带来报酬递增

早在《国富论》中,"经济学之父"亚当·斯密(Adam Smith)就有关劳动分工与生产效率的精辟论述。斯密认为劳动分工是生产效率提高的源泉,因为劳动分工既会形成对业务的专注与熟练,还不必花费各种工序转化所需要的时间,同时工作专一更会驱动作为生产工具的机械设备的发明与改良[②]。正是这套论述,奠定了报酬递增原理(increasing returns)的基础[③],是理解产业集群经济功能的关键。不过,尽管斯密对劳动分工的经济价值大为赞赏,但他也敏锐地意识到,劳动分工并非处处可行,只有在诸如城市这种市场范围较为广阔的地区方能产生[④],实际上已经隐约触及产业集群的另一重要面向——地理区位。

可以看出,斯密对劳动分工、生产效率与市场范围之间关系所进行的讨论,已经在不同程度上暗含了有关产业集群的经济思想,但由于当时还缺乏确切的经验事实和理论聚焦,所以学界一般认为,第一个从分工优势角度系

[①] 吴利学、魏后凯:《产业集群研究的最新进展及理论前沿》,《上海行政学院学报》2004年第3期。
[②] 亚当·斯密:《国富论》,郭大力、王亚南译,商务印书馆,2015,第6页.
[③] Allyn A. Young, "Increasing Returns and Economic Progress", *The Economic Journal*, Vol. 38, 1928.
[④] 亚当·斯密:《国富论》,郭大力、王亚南译,商务印书馆,2015,第15-16页。

统阐述产业集群经济功能的学者,是新古典学派创始人阿尔弗雷德·马歇尔(Alfred Marshall)。在马歇尔看来,现实中存在内部和外部两类规模经济,前者主要强调因企业内部规模扩大而带来的效率提升,后者则关注当相同产业的诸多从业者聚集于一个地方时,外部规模形成所能带来的诸多好处。

这些好处包括:第一,大家能分享很多关于行业的信息,"行业的秘密不再成为秘密",而且这种聚集有助于彼此进行共同创新,即"如果一个人有了一种新思想,就为别人所采纳,并与别人的意见结合起来,因此,它就成为更新的思想之源泉";第二,同好、同业的齐聚会很快催生相关辅助产业的出现,带来各种各样有助于生产的便利,同时还能共享单一生产主体所负担不起的高成本生产工具,提高效率;第三,在地化的高质量劳动力市场逐渐形成,因为"雇主们往往到他们会找到他们所需要的有专门技能的优良工人的地方去,同时,寻找职业的人,自然到有许多雇主需要像他们那样的技能的地方去",这使得雇主与雇员双向选择的机会大大增加[1]。马歇尔的外部规模经济理论,已经比较明显地点出了产业集群所具有的报酬递增功能。而且,其内涵之丰富,继承并超越了斯密意义上的劳动分工,这也被后来学者系统地概括为技术外溢、中间产品投入和劳动力市场共享三大机制[2]。其中,有关信息传播与创新的部分,更被独立发展成产业集群的知识效应[3]。

在马歇尔之后,德国区位工业经济学家阿尔弗雷德·韦伯(Alfred Weber)承接了马歇尔的规模经济思想,并创造性地提出了更具有地理区位指向的集聚经济理论(agglomeration economy),这成为今天经济学界用以理解产业集群现象的一个常用概念。与马歇尔类似,韦伯也把集聚分为企业内部扩张和不同企业以其自身完善的组织进行在地集中化两种类型。但与马歇尔不同的是,韦伯认为二者具有先后顺序与高低优劣,后者是前者进阶的高级

---

[1] 马歇尔:《经济学原理》(上卷),朱志泰译,商务印书馆,2009,第320-321页。

[2] Paul Krugman, "Increasing Returns and Economic Geography", *Journal of Political Economy*, Vol. 99, No. 3, 1991. Diego Puga, "The Magnitude and Causes of Agglomeration Economies", *Journal of Regional Science*, Vol. 50, No. 1, 2010.

[3] Harald Bathelt, Anders Malmberg, Peter Maskell, "Clusters and Knowledge: Local Buzz, Global Pipelines and the Process of Knowledge Creation", *Progress in Human Geography*, Vol. 28, No. 1, 2004. Stephen Tallman, Mark Jenkins, Nick Henry, Steven Pinch, "Knowledge, Clusters, and Competitive Advantage", *The Academy of Management Review*, Vol. 29, No. 2, 2004.

阶段，这实际上对产业集群的经济功能给予了更高的重视与强调。对此，韦伯的说法是，相比企业自身扩张所能节约的经常性开支成本，产业集群不仅能实现，而且还能促进技术设备和劳动力组织发展，以及形成一种独具优势的规模市场地位，这是前者所无法比拟的[①]。其中，规模市场是韦伯提出的一个有关产业集群报酬递增的新观点，其认为当一大批相似企业聚集时，就形成了一个在地化的规模市场，不仅在对外购买原料的过程中能越过中间商且获得更高信用，还能降低单一企业因囤积原料所造成的现金沉淀损益。这一发现更加完善了经济学界从分工优势角度对产业集群的经济功能认识。

后来，虽然美国区域经济学家埃德加·胡佛（Edgar M. Hoover）进一步细分了企业内部规模经济的两种类型，提出（单体）企业、（多体）公司和集聚三个层次的规模经济[②]，但其对产业集群报酬递增的论述基本没有超越前人。而且这些经济学家以自然语言方式所进行的论证，也越来越不符合经济学界数学化、模型化的趋势。真正将地理区位与报酬递增结合起来，并用现代经济学更广为接受的形式模型语言表达思想的研究，源于新经济地理学代表人物保罗·克鲁格曼（Paul Krugman），他也是20世纪90年代除波特之外的另一位掀起产业集群热潮的领军者。克鲁格曼所提出的"中心—外围"模型（core-periphery model），继承了"增长极"（growth pole）系列理论的精髓和要义[③]，生动刻画了现代社会普遍存在的工业集聚（中心）与农业分散（外围）的现象。通过引入工业报酬递增和运输成本假设，解释了工业集聚形成的经济逻辑，即现代工业的主要市场从过去的农业部门转向工业部门，基于运输成本的"冰山"理论，大家都想尽量靠近市场，如此导致工业生产的集聚，而这种集聚所带来的更大市场以及更易获得的产品和服务，会进一步吸引企业，使得具有

[①] 阿尔弗雷德·韦伯：《工业区位论》，李刚剑、陈志人、张英保译，商务印书馆，2010，第132-135页。

[②] 埃德加·M·胡佛：《区域经济学导论》，王翼龙译，商务印书馆，1990，第88-93页。

[③] 佩鲁：《增长极概念》，李仁贵译，《经济学译丛》1988年第9期。J. R. Boudeville, *Problems of Regional Economic Planning*, (Edinburgh: Edinburgh University Press, 1966). Gunnar Myrdal, *Economic Theory and Underdeveloped Regions*, (London: Gerald Duckworth, 1957). Albert O. Hirschman, *The Strategy of Economic Development*, (New Haven: Yale University Press, 1958).

循环特征的集聚自我强化得以出现①。

总体来说,克鲁格曼之前的经济学家对产业集群所具有的报酬递增功能已经具有比较完备的理论论述,而克鲁格曼的主要贡献,是通过形式模型这种更为严谨的数学语言,把理性市场主体在报酬递增原理的支配下,自发形成产业集群的过程完整地描绘出来。但是,既有研究对产业集群的经济功能表达不止于此,除了从分工优势角度提出的报酬递增理论外,还有一些经济学家反其道而行,认为产业集群的真正用处在于弥补分工导致的缺陷,这也为理解产业集群的经济功能提供了另一番富有影响力的理论洞见。

2. 作为分工弥补者的产业集群:减少交易成本

在传统经济学看来,当自给自足的个体化生产走向专业化分工后,以交易为核心的市场随即出现。在很长一段时间里,市场是经济学中一条无需讨论的完美机制,所有涉及成本—收益考量的经济分析,也完全不把市场本身纳入其中,这在充分肯定市场价值的同时,实际上也将其隐藏幕后。直到新制度经济学创始人罗纳德·科斯(Ronald H. Coase)系统反思企业性质后,大家才骤然意识到,原来经济生活中司空见惯的企业组织,正是为了克服横向市场交易成本而出现的替代制度,其以权力命令连接的纵向科层设置,可以在很多环节免去于市场中寻求交易直至最终完成交易的"麻烦事"②。所以,市场价格机制也是有成本的,这彻底颠覆了经济学界原先只关注生产成本的认识窠臼,同时也将交易成本这个概念抬升到了一个很重要的地位。

科斯强调交易成本源于分工,特别当分工越为细致时,交易成本就越高,因此,才需要用企业这种组织为界线,将若干要素所有者整合成一个单位去参与市场交换,以减少因市场参与者过多而带来的高昂费用③。但是,科斯的理论仍然具有一定的缺陷:一方面,其将市场与企业组织视作是非此即彼的二元关系,似乎没有意识到可能存在介于两者之间的中间状态;另一方面,

---

① Paul Krugman, "Increasing Returns and Economic Geography", *Journal of Political Economy*, Vol. 99, No. 3, 1991.
② Ronald H. Coase, "The Nature of the Firm", *Economica*, Vol. 4, No. 16, 1937. Ronald H. Coase, "The Problem of Social Cost", *The Journal of Law, Economics*, Vol. 3, No. 10, 1960.
③ 沈满洪、张兵兵:《交易费用理论综述》,《浙江大学学报(人文社会科学版)》2013年第2期。

科斯所提出的交易成本概念总体上还比较抽象，缺乏可操作化的测量方式，所以长期以来处于一种"引而不用"的尴尬境地[①]。所幸的是，这些问题在后来都得到了一定程度的突破和解决，特别是奥利弗·威廉姆森（Oliver E. Williamson）的杰出工作，更是将新制度经济学推到了一个全新的高度。

在威廉姆森看来，科斯提出的市场—企业框架过于简单，并且忽视了现实生活中的一些重要经验。亦即，虽然企业确实是为了克服市场交易成本而形成的一种常见组织，但并非唯一的一种组织形态，实际上还存在介于市场与企业中间的企业关系网络，其被威廉姆森概念化为"同行群体"（peer group）。在此基础上，威廉姆森主张要以一种从市场到企业不断演化的连续性光谱视角去看待交易成本，从而超越了科斯对市场与企业的二元化认识。这意味着，相比市场组织来说，处于中间组织形态的同行群体也更能降低交易成本，其在威廉姆森笔下主要体现为不可分割性、风险承担性和团体收益性三大优势[②]。而这，正是从弥补分工劣势角度对产业集群经济功能所提出的理论论证，因为产业集群在本质上就是一种同行群体。

需要说明的是，如果循着上述理论逻辑往下推导，或许很容易得出同行群体不如企业组织的结论，甚至还会认为同行群体是向企业组织演化的过渡形态，因而并不稳定。但这种认识是存在问题的。因为交易成本并不是一个在所有情况下都取值固定的常量，而且科斯等新制度经济学家也承认，在无交易成本时，市场仍然是能实现各方收益最大化的有效组织[③]。这表明，不能简单、机械地把从市场到企业的组织形态演化当成是一个不断向好的过程，而是得考虑不同行业、不同阶段所具有的交易成本特征。为此，威廉姆森发展出了交易不确定性、交易频率和资产专用性三个具体变量用以测量交易成本，最后发现：只有当三个变量的程度都较高时，企业才是最有效率的组织形态；但当三个变量的搭配组合不高不低或都较低时，反倒同行群体这种中

---

① 聂辉华：《交易费用经济学：过去、现在和未来——兼评威廉姆森〈资本主义经济制度〉》，《管理世界》2004年第12期。
② 奥利弗·E·威廉姆森：《市场与层级制：分析与反托拉斯含义》，蔡晓月、孟俭译，上海财经大学出版社，2011，第49-52页。
③ 道格拉斯·诺斯：《新制度经济学及其发展》，路平、何玮编译，《经济社会体制比较》2002年第5期。

间组织或市场才是最佳[1]。所以，实际上这三种组织形态并没有绝对的高低优劣之分，而且在现实生活中它们也都普遍、稳定地存在，因为市场机制会根据不同的交易成本特征，把最有效益的组织形式筛选出来。

特别地，自20世纪70年代之后，随着经济全球化带来的激烈竞争，以及很多行业市场开始趋于饱和，卖方市场逐渐被买方市场替代。传统以"大企业、大生产、少品种"为特征的福特制不再顺应这种形势，企业纷纷转向柔性专业化生产，主张适应市场需求的灵活生产策略，和在生产过程中渐次创新的快速更新理念。这使得福特制下一个大企业近乎包揽所有业务流程的时代一去不复返，取而代之的是以同行群体为基础的企业间密切联系与协作。不过，如果这种多重联系被地理因素约束和区隔，同样会具有很高的交易成本，故在地理上集聚的产业集群形态，更加被柔性专业化生产方式所渴求[2]。正因如此，往市场方向后退一步的在地中间组织，在新的经济趋势下，反倒成为兼顾交易成本与市场需求的折中方案，而这种适应柔性专业化生产的组织形态，也变成经济学界从降低交易成本角度论证产业集群经济功能的一个新视角。

3. 总结

概括而言，产业集群的经济功能主要包括三个方面。第一，产业集群具有外部经济效应。这不仅表现在集群内部专业化技术分工所带来的效率提高与产出增加，还表现在企业间稳定关系基础上的低交易成本和柔性化生产，同时空间集中所形成的规模市场和对公共产品乃至组织资源的共享格局，更是能进一步实现报酬递增。第二，产业集群有助于技术/知识的创新和扩散。对于在源头上以技术/知识创新为驱动的经济增长而言，产业集群提供了一种新型的集群式创新体系，而地缘与行业上紧密的企业联系，更是大幅提高新

---

[1] Oliver E. Williamson, "Transaction-Cost Economics: The Governance of Contractual Relations", *Journal of Law and Economics*, Vol. 22, No. 2, 1979.

[2] Allen J. Scott, Michael Storper, "Regional Development Reconsidered", in H. Emste, V. Meier (eds.), *Regional Development and Contemporary Industrial Respond: Extending Flexible Specialization*, London: Belhaven, 1992. Allen J. Scott, Michael Storper, "Industrialization Regional Development", in M. Storper, A. J. Scott (eds.), *Pathways to Industrialization and Regional Development*, (London: Routledge, 1992). 朱华晟、王缉慈：《论柔性生产与产业集聚》，《世界地理研究》2001年第4期。安虎森、朱妍：《产业集群理论及其进展》，《南开经济研究》2003年第3期。吴德进：《产业集群的组织性质：属性与内涵》，《中国工业经济》2004年第7期。

技术/知识的传播速度，使其能在集群层面普遍提升企业的生产效益。第三，产业集群具有吸引区外经济要素聚合的力量，包括各方面技术、资本和劳动力资源。因为在前述两种效应的作用下，集群区域势必拥有良好的经济表现和市场前景，这将有力地吸引区外的企业和人才，从而促使产业集群继续壮大。

需要进一步提及的是，虽然上述有关产业集群的经济功能分析主要源于经典经济学家的理论论述，但后来的经验研究，也在不同程度上支持由这些理论框架所推出的各种假说[①]。因此，应该认识到，产业集群形成的经济功能论并非只是搭建在经济学故纸堆上的"空中楼阁"，相反，其正在因日益深厚的经验基础而变得愈富生命力。

（二）产业集群形成的要素禀赋论

虽然"经济功能＋理性市场"的逻辑思路构成了经济学解释产业集群形成的主流理论，但这种偏结构主义的研究框架，很难克服来自差异化经验的挑

---

① 例如：Rui Baptista, Peter Swann, "Do Firms in Clusters Innovate More?", *Research Policy*, Vol. 27, No. 5, 1998. Geoffrey G. Bell, "Clusters, Networks, and Firm Innovativeness", *Strategic Management Journal*, Vol. 26, No. 3, 2005. Inge Ivarsson, Claes Goran Alvstam, "The Effect of Spatial Proximity on Technology Transfer from TNCs to Local Suppliers in Developing Countries: The Case of AB Volvo in Asia and Latin America", *Economic Geography*, Vol. 81, No. 1, 2005. John R. Baldwin, W. Mark Brown, David L. Rigby, "Agglomeration Economies: Microdata Panel Estimates from Canadian Manufacturing", *Journal of Regional Science*, Vol. 50, No. 5, 2010. Franz Huber, "Do Clusters Really Matter for Innovation Practices in Information Technology? Questioning the Significance of Technological Knowledge Spillovers", *Journal of Economic Geography*, Vol. 12, No. 1, 2012. Jun Li, Shuai Geng, "Industrial Clusters, Shared Resources, and Firm Performance", *Entrepreneurship, Regional Development*, Vol. 24, No. 5-6, 2012. Mathijs De Vaan, Ron Boschma, Koen Frenken, "Clustering and Firm Performance in Project-Based Industries: The Case of the Global Video Game Industry, 1972-2007", *Journal of Economic Geography*, Vol. 13, No. 6, 2013. Ryan M. Gallagher, "Shipping costs, Information Costs, and the Sources of Industrial Agglomeration", *Journal of Regional Science*, Vol. 53, No. 2, 2013. Georgeanne M. Artz, Younjun Kim, Peter F. Orazem, "Does Agglomeration Matter Everywhere? New Firm Location Decisions in Rural and Urban Markets", *Journal of Regional Science*, Vol. 56, No. 1, 2016. Paul Verstraten, Gerard Verweij, Peter J. Zwaneveld, "Complexities in the Spatial Scope of Agglomeration Economies", *Journal of Regional Science*, Vol. 59, No. 1, 2019. Nebojsa Stojcic, Ivan-Damir Anic, Zoran Aralica, "Do Firms in Clusters Perform Better? Lessons from Wood-Processing Industries in New EU Member States", *Forest Policy and Economics*, Vol. 109, Dec, 2019. Enrico Moretti, "*The Effect of High-Tech Clusters on the Productivity of Top Inventors*", NBER Working Paper 26270, 2019. Alessia Matano, Moises Obaco, Vicente Royuela, "What Drives the Spatial Wage Premium in Formal and Informal Labor Markets? The Case of Ecuador", *Journal of Regional Science*, Vol. 60, No. 4, 2020.

战,即如果产业集群是因为理性市场行动者为追求某些经济功能而自发形成的经济现象和结果,那为什么现实生活中只有某些地方形成产业集群,而有些地方却没有?这一目的论无法解决的问题,促使经济学家进一步反思:隐匿其中的区别化因素究竟为何?

对此,经济学家主要回到要素禀赋或者初始条件的层面去理解这一问题,指出虽然理性市场主体对产业集群的经济功能是普遍的,但最终产业集群形成是否可能,还取决于一个地区相比其他地区所具有的独特条件或优势。因为现实生活中不同地方的禀赋条件是有很大差异的,会在不同程度上影响甚至约束某些产业的地区选择,而产业集群只是理性市场主体考虑众多支付—收益结构的其中一个维度,有时在排序的优先性上还相对靠后,这使得往往先有"产业"后有"集群",而非反过来为"集群"而"产业"。因此,实际上产业集群形成的经济功能论体现在中后阶段,但在此之前,还得先有一个产业的"种子"在某地禀赋条件的影响下"生根发芽",否则一切便无从谈起。

应当说,经济学家对作为补充的要素禀赋论还是保有基本的共识,唯一的分歧,在于开启产业集群形成的要素禀赋是否有迹可循。其中,以克鲁格曼为代表的经济学家认为,对于"为什么有些地方会形成产业集群,而有些地方不会"这一问题,其实无需深究或者说难以解答,因为在他们看来,这是偶然的历史事件所带来的结果[1],各种各样的初始条件都有可能,无法给出比较明确的答案。与之相悖的,有些经济学家对这种开放性的回答显然并不满意[2],他们相信这是分析未能由表入里的"敷衍搪塞",在这背后一定存在着一些确定性的影响因素需要进一步揭示出来。为此,经济学家提出了一些主要的解释变量,如自然条件、劳动力资源、消费市场、交通运输、社会文化、

---

[1] Paul Krugman, "Increasing Returns and Economic Geography", *Journal of Political Economy*, Vol. 99, No. 3, 1991. 保罗·克鲁格曼:《地理和贸易》,张兆杰译,北京大学出版社,2000,第13、30页。

[2] Ron Martin, Peter Sunley, "Paul Krugman's Geographical Economics and Its Implications for Regional Development Theory: A Critical Assessment", *Economic Geography*, Vol. 72, No. 3, 1996. Steven Pinch, Nick Henry, "Paul Krugman's Geographical Economics, Industrial Clustering and the British Motor Sport Industry", *Regional Studies*, Vol. 33, No. 9, 1999.

生产传统、外来投资、区域政策等[1]，它们都构成某些产业出现的前置条件；而且，由于区域层面的资源禀赋往往具有不可分割性[2]，所以其更加成为集聚产生的驱动力。

当然，在这两种比较极端的观点之外，还有学者秉持居中立场[3]。其中，当属产业集群概念提出者波特的说法最为典型，认为虽然产业集群的形成往往是因为某地达到了"钻石体系"的部分条件，但难以言明的"机遇"，实际上也是一个关键因素。一方面，提炼自多数经验的"钻石体系"表明：独特易得的生产要素、特定急迫的本地需求、完整成熟的相关集群、创新强劲的个别厂商，这四点是形成产业集群的预测条件，只要其中任何一个条件得以满足，该地区都更容易形成产业集群；另一方面，现实生活中也确实存在地区毫无有利条件却出现产业集群的情况，其一般源于某个早期企业偶然的创业行动，而且，这个企业在此出现的概率与在其他地方出现的概率别无二致，所以便只能溯及"机遇"或"运气"之说。不过，波特对后者的运用亦十分慎重。他指出过分强调"机遇"实则并不可取，其必须与地区的情势关联起来看待。有些看似"机遇"之事，其实与当地情势有着千丝万缕的联系。因此，如果单纯把"机遇"作为解释产业集群形成的唯一因素，反倒会使这个理论丧失活力。

二、关系与产业集群形成：社会学说

如前所述，以分散化理性市场主体为基本分析工具的经济学说，主要将产业集群形成描述为一个旨在追求产业集群经济功能的自发过程。然而，这

---

[1] 徐康宁：《产业聚集形成的源泉》，人民出版社，2006年第50-53页。吴利学、魏后凯：《产业集群研究的最新进展及理论前沿》，《上海行政学院学报》2004年第3期。符正平等：《中小企业集群生成机制研究》，中山大学出版社，2004年第41-49页。金祥荣、朱希伟：《专业化产业区的起源与演化——一个历史与理论视角的考察》，《经济研究》2002年第8期。王珺：《衍生型集群：珠江三角洲西岸地区产业集群生成机制研究》，《管理世界》2005年第8期。

[2] 贾林·库普曼：《关于经济学现状的三篇论文》，蔡江南译，商务印书馆，1992，第160-164页。Nicholas Kaldor, *Economics Without Equilibrium*, (New York: M. E. Sharpe, Inc., 1985. pp. 57-79).

[3] Timothy Bresnahan, Alfonso Gambardella, AnnaLee Saxenian, "'Old Economy' Inputs for 'New Economy' Outcomes: Cluster Formation in the New Silicon Valleys", *Industrial and Corporate Change*, Vol. 10, No. 4, 2001. 迈克尔·波特：《竞争论》，高登第、李明轩译，中信出版社，2012，第216-218页。

种视人为无差别理性同质体的粗暴化约,尽管有助于像自然科学一样建立一种普适性的理论模型,但招致社会学家的不满和批评。因为在社会学视角看来,哪怕是经济行为,其也是嵌入在社会关系和社会网络之中并受其规制和影响的,实际生活中不可能存在完全脱离社会因素而纯粹靠理性驱使的行动[①]。因此,要想更加全面且贴近现实地理解产业集群的形成,不可避免地需要来自社会学的参与。这使得以经济社会学为基本学科底色的理论学派逐渐产生,并最终在更大的经济地理研究范畴内,汇流成新的"关系"型范式[②]。

具体而言,有关产业集群形成的社会学理论,源于20世纪70年代从意大利开启的"新产业区"(new industrial district)研究。在过去很长一段时间里,学界对意大利的地区发展基本秉持一种二元论看法——即认为意大利主要分为经济发达的以大企业为主导的西北部,以及经济落后的以农业和小企业为主导的南部、中部和东北部。然而,这种格局伴随着意大利在20世纪六七十年代的发展而出现了变化。原先中部、东北部那些被认为是依附的、无效率的小企业群,开始展现出一种面向终端市场的、自主的、有效率的集聚经济和柔性专业化特征。这一现象率先被意大利社会学家奥纳多·巴格纳斯科(Arnaldo Bagnasco)发现,并在1977年出版的著作中将其命名为"第三意大利"(Third Italy)[③],从而超越了传统的二元化认识。

巴格纳斯科提出的所谓"第三意大利"发展模式,用我们今天的术语来说,其实就是一种由众多小企业汇聚的、大家围绕某一劳动密集型产业进行专业化分工的、非常注重市场需求的产业集群形态。所以,另一位意大利学者乔卡姆·贝卡蒂尼(Giacomo Becattini),索性重新回到马歇尔那里,在1979年

[①] Mark Granovetter, "Economic Action and Social Structure: The Problem of Embeddedness", *American Journal of Sociology*, Vol. 91, No. 3, 1985. 理查德·斯威德伯格、马克·格兰诺维特:《第二版导论》,载马克·格兰诺维特、理查德·斯威德伯格主编《经济生活中的社会学》,瞿铁鹏、姜志辉译,上海人民出版社,2014。张其仔:《新经济社会学》,中国社会科学出版社,2001,第6-8页。

[②] Peter Sunley, "Relational Economic Geography: A Partial Understanding or a New Paradigm?", *Economic Geography*, Vol. 84, No. 1, 2008. 刘逸:《关系经济地理的研究脉络与中国实践理论创新》,《地理研究》2020年第5期。

[③] Arnaldo Bagnasco, *Tre Italie. La Problematica Territoriale Dello Sviluppo Italiano*, (Bologna: Il Mulino, 1977). 转引自:苗长虹:《"产业区"研究的主要学派与整合框架:学习型产业区的理论建构》,《人文地理》2006年第6期。

第二章 产业集群形成：一个文献综述

发表的一篇论文中，指出"第三意大利"实际上与马歇尔提出的具有外部规模经济效应的"产业区"(industrial district)模式十分相似[①]，可以借用马歇尔的理论对其进行更深刻的认识，如此终于在阔别远超半世纪之久后，重新开启了"产业区"研究。但需要注意的是，由于这一阶段的"产业区"与马歇尔时代的"产业区"并不完全相同，所以，为以示区分，后人往往把这一序幕的拉开冠以"新产业区"之名[②]。

真正将"新产业区"研究从意大利搬到国际学术舞台的作品，是20世纪80年代两位美国社会学家迈克尔·派尔(Michael J. Piore)和查尔斯·赛伯(Charles F. Sabel)出版的《第二次产业革命》(*The Second Industrial Decide*)一书。在这本著作中，两位作者认为资本主义的生产方式，已经由大企业主导的福特制，转向由众多小企业合作的柔性专业化制度，并着重介绍了来自"第三意大利"的产业发展经验，指出它们这种模式具有激发创新精神和抵御经济危机的优势，值得作为柔性专业化生产的典范来加以学习[③]。正是这一从意大利向国际学术界的传播和扩散，使得"新产业区"研究能受到各方学者的关注和接力，从而不断发现除意大利之外的其他国家和地区的相似经验[④]。

然而，尽管"新产业区"本质上就是一种产业集群形态，且命名还追溯到新古典经济学创始人马歇尔的传统"产业区"，但有关"新产业区"如何形成的问题，相关研究却并未从经济学角度进行解答，反而主要遵循一种来自社会学的进路。实际上，作为"新产业区"典型代表的"第三意大利"，起初发展的也是与意大利南部一样的农业经济。但与意大利南部的大地主农业有所不同的是，"第三意大利"的农业形态更加分散化。当地的农户大多数都拥有自己的土地，经营模式也是一种自给自足的灵活化生产，这使得他们在务农之外，还有余力开展家庭工业，并为了联合销售去成立合作组织，进而培养了一批

[①] Giacomo Becattini, "The Marshallian Industrial District as a Socio-economic Notion", *Revue d'economie Industrielle*, 157 | 1er trimestre 2017, Online since 15 March 2017, connection on 03 January 2020.

[②] 盖文启：《创新网络——区域经济发展新思维》，北京大学出版社，2002，第18-19页。

[③] M. J. 派尔、C. F. 赛伯：《第二次产业革命——走向繁荣之可能》，李少民、刘英莉译，桂冠图书股份有限公司，1989，第297-301页。

[④] Jonathon Zeitlin, "Industrial Districts and Local Economic Regeneration: Overview and Comments", in F. Pyke, W. Sengenberger (eds.), *Industrial Districts and Local Economic Regeneration*, (Geneva: International Institute for Labor Studies, 1992).

深谙商业技巧的"中间人"。正是仰赖上述基础,使政府转而扶持小企业后,那些原先的家庭工业便如雨后春笋般地成长为企业形态。这些小企业虽然普遍规模狭小且资金不足,但凭借过往密切的社会关系和深厚的社会信任,再加上同根同源的文化背景,很快就形成了协作良好的链条式专业分工和作为支持的行业协会,以面向市场灵活地进行生产[①]。

所以,相比经济学提供的功能性解释来说,"新产业区"的形成确实更依赖社会网络和社会资本。特别当吸收了马克·格兰诺维特(Mark Granovetter)复兴的"嵌入性"(embeddedness)概念[②],指出"新产业区"实则就是嵌入在当地社会文化网络中的经济后果后,很多学者甚至把在地的网络——"即区内行为主体间的正式合作联系以及它们在长期交往中所发生的相对稳定的非正式交流的关系"——当成是识别"新产业区"的首要标志[③],足见其社会学立场。如果说上面主要是从"新产业区"的产业组织结构维度去探寻其社会学起源的话,那"新产业区"发挥的优势功能,也同样依赖社会网络和社会资本的作用。其中,"新产业区"普遍获得认可的柔性专业化和创新长处,实际上源于区内企业彼此间所具有的低廉交易成本、稳定合作预期和信息学习共享三大机制,而这跟基于一般互惠规范和信誉担忧的社会资本、表现为"机构稠密性"(institutional thickness)的社会网络,以及只能通过在地互动关系传播的"默会知识"(tacit knowledge)密切相关[④]。所以从总体上说,"新产业区"的形成无论是在组

---

① 吕肖华:《"第三意大利"对东北振兴的启示》,《中国经济时报》2003 年 11 月 28 日第 1 版。
② Mark Granovetter, "Economic Action and Social Structure: The Problem of Embeddedness", *American Journal of Sociology*, Vol. 91, No. 3, 1985.
③ 王缉慈等:《创新的空间:企业集群与区域发展》,北京大学出版社,2001,第 128 页。
④ Walter W. Powell, "Neither Market nor Hierarchy: Network Forms of Organization", in B. Staw, L. L. Cummings (eds.), *Research in Organizational Behavior* (Vol. 12), Greenwich, Conn.: JAI Press, 1990. Bennett Harrison, "Industrial Districts: Old Wine in New Bottles?", *Regional Studies*, Vol. 26, No. 5, 1992. Ash Amin, "The Difficult Transition from Informal Economy to Marshallian Industrial District", *Area*, Vol. 26, No. 1, 1994. Gabi Dei Ottati, "Trust, Interlinking Transaction and Credit in the Industrial District", *Cambridge Journal of Economics*, Vol. 18, No. 6, 1994. Ash Amin, Nigel Thrift, "Living in the Global", in A. Amin, N. Thrift (eds.), *Globalization, Institutions, and Regional Development in Europe*, (Oxford: Oxford University Press, 1994). Peter Maskell, Anders Malmberg, "Localised Learning and Industrial Competitiveness", *Cambridge Journal of Economics*, Vol. 23, No. 2, 1999. Brian Uzzi, "The Sources and Consequences of Embeddedness for the Economic Performance of Organizations: The Network Effect", *American Sociological Review*, Vol. 61, No. 4, 1996.

织形态层面还是功能发挥层面，都建基于一种来自社会学视角的"关系"。

后面有些研究虽然不一定是在"新产业区"的概念语境下继续推进，但他们所秉持的社会学视角却与其一脉相承，同样是以社会网络和社会资本作为基本的叙事逻辑，去解释某些产业集群现象的产生和发展，其中的同质内容不再进行赘述。

第三节 "自上而下"：来自国家学派的视角补充

上一节已经比较系统地回顾了产业集群形成的传统解释路径，即经济学视角下的市场说以及社会学视角下的关系说，它们共同揭示了产业集群形成的两种主要动力。然而，这种理论进路把产业集群形成当成是一种"自下而上"的完全内生的过程，其当然对早期自发形成的产业集群具有良好的解释力和深刻的洞察力，但难以覆盖相对晚近的一些集群现象。特别当波特提出产业集群概念并被世界上许多国家当成是有效的区域发展战略后，一些被国家力量促动和制造出来的产业集群，就完全不适用于这套传统的解释逻辑。所以，实际上产业集群形成还有除经济学和社会学视角外的第三条道路，那就是源于政治学视角的国家。其作为近二三十年来才在人类社会兴起的新现象和新理论，同样值得被关注和重视。而本节的主要目的，就是为这一新兴的理论支脉，提供基本的文献梳理工作。

虽然源自国家的产业集群形成是比较新近的一种现象和理论，但如果将其放置在国家促进经济发展的文献脉络中来看，事实上并不新奇。因为尽管主流政治经济学把被描绘为制度国家角色的"善治—发展"论奉为圭臬，强调一国经济发展的政治根源，来自以民主和法治为核心的国家制度框架所带来的基于产权明晰的包容性经济[1]，但这种提炼自西方发达阶段的理论说辞，显然忽略了其当年作为后发经济体奋力赶超时的国家模样，这也是为什么早在

---

[1] 道格拉斯·C·诺斯：《制度、制度变迁与经济绩效》，杭行译，格致出版社、上海人民出版社，2008 第191-193 页。德隆·阿西莫格鲁、詹姆斯·A·罗宾逊：《国家为什么会失败》，李增刚译，湖南科学技术出版社，2015，第51-82 页。

两三百年前就已经出现"贸易保护""幼稚产业保护"等国家干预经济思想的原因[①]。当把经验触角从西方逐步转向东方，学者们发现，国家促进经济发展的社会实践更为普遍。20世纪80年代后，从以日本为代表的东亚经验提炼出来的"发展型国家"(developmental state)理论[②]，正是其中的典范。在这个理论看来，东亚国家的经济腾飞，是由专业官僚和产业政策组成的国家行动的结果，而国家对企业家社会网络的"嵌入式自主"(embedded autonomy)[③]，以及两者间"被治理的相互依赖"(governed interdependence)[④]，在相当程度上克服了产业政策制定的信息问题，同时又避免了国家被社会的利益相关者"捕获"。所以，经济与产业的国家驱动在过去就已经有了比较深厚的实践与理论传统，这让国家对产业集群的勃勃雄心，变得无比自然。

那国家与产业集群形成具有何种关联呢？实际上，早在波特提出产业集群概念的同时，就已经连带着提及国家能在这中间发挥的作用。但是，波特并不认为国家能制造产业集群，或者应该制造产业集群。因为在他看来，产业集群是在某地优势条件的基础上，由市场驱动自发形成的，只有通过市场检验的产业集群才有进一步发展的潜力。而国家的作用，恰恰是通过集群政策(cluster policy)为这些已经形成的产业集群的发展助力，核心思想就是"为其去除障碍、松绑限制及取消妨碍生产力和创新的无效率做法"。为此，波特根据钻石体系提出了很多具体举措(详见图2-1)[⑤]。然而，尽管波特这一思想在实践中有所影响，但在经验世界中，还是出现由国家制造出来的产业集群，这被研究者概括为"政策驱动的产业集群"(policy driven cluster)，区别于普遍意义上的"自发形成的产业集群"(spontaneous cluster)，从而构成现有产业集

[①] 陈玮：《"发展型国家"的三次理论辩论：政府介入的必要性、有效性和时机》，《公共行政评论》2019年第1期。

[②] 查默斯·约翰逊：《通产省与日本奇迹：产业政策的成长(1925—1975)》，金逸、许鸿艳、唐吉洪译，吉林出版集团有限公司，2010，第18-36页。

[③] Peter B. Evans, *Embedded Autonomy: States and Industrial Transformation*, (Princeton: Princeton University Press, 1995, pp. 10-18).

[④] Linda Weiss, "Governed Interdependence: Rethinking the Government-Business Relationship in East Asia", *The Pacific Review*, Vol. 8, No. 4, 1995.

[⑤] 迈克尔·波特：《竞争论》，高登第、李明轩译，中信出版社，2012，第222-230页。

群的两大类型[1]。正因如此，集群政策的目标定义，开始从波特所谓的"促进产业集群发展"，慢慢转变成"制造产业集群和促进产业集群发展"[2]，由此便桥接起国家与产业集群形成之间的关联性。

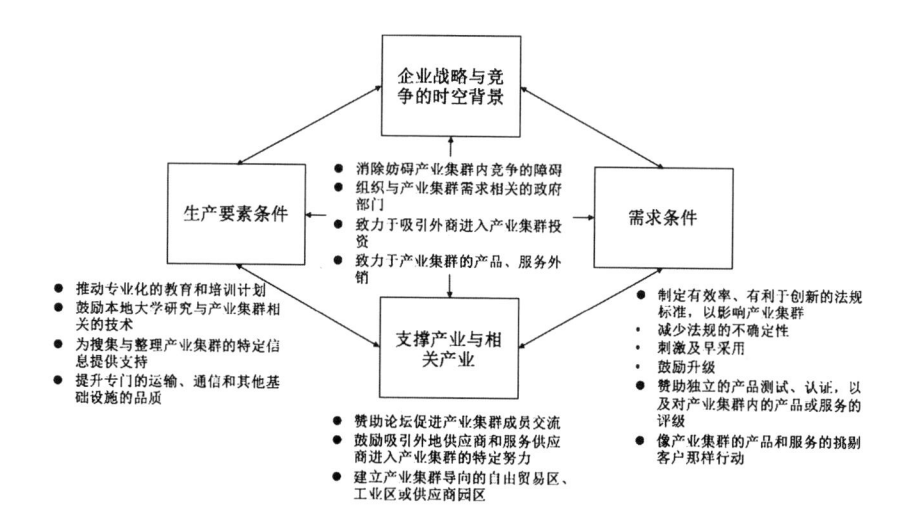

图 2-1　国家促进产业集群发展的具体举措

图片来源：迈克尔·波特：《竞争论》，高登第、李明轩译，中信出版社，2012，第227页。

不过，无论是国家促进现有产业集群发展，还是制造全新的产业集群，既有研究都围绕集群政策展开。其中，与集群政策极为相似的，还有一个名为"集群计划"（cluster initiative）的概念，两者都意指一种从外部促进产业集群形成和发展的举措。但略有不同的是，后者的范围更加广阔，其往往不特指由国家采取的"自上而下"的集群行动，而是也包括由企业等非国家主体"自

---

[1] Vittorio Chiesa, Davide Chiaroni, *Industrial Clusters in Biotechnology: Driving Forces, Development Processes and Management Practices*, (London: Imperial College Press, 2005, p. 214).

[2] Thomas Andersson, Sylvia Schwaag-Serger, Jens Sorvik, Emily Wise Hansson, *The Cluster Policies Whitebook*, (Holmbergs: IKED, 2004, p. 53). Anne-Lorene Vernay, Beatrice D'lppolito, Jonatan Pinkse, "Can the Government Create a Vibrant Cluster? Understanding the Impact of Cluster Policy on the Development of a Cluster", *Entrepreneurship, Regional Development*, Vol. 30, No. 7-8, 2018.

下而上"发起的倡议,所以集群政策是包含于集群计划的,尽管在有些时候两者几乎被无差别地进行使用①。但是,不管具体的概念指称如何,在既有研究看来,国家制造产业集群的过程,就是集群政策使用的过程,仿佛只要搞对了政策就能带来有效的产业集群形成,这使得相关研究对集群政策内容具有颇为殷切的期待。具体来说:有研究致力于把世界上不同国家或地区的集群政策实践描绘出来,以做得失探讨和经验借鉴②;有研究基于在理论或经验上寻求的各种依据,来为国家制定集群政策提供建议③;还有研究,则是在实证主义范式下,通过案例,探索产业集群是如何被国家制造出来的,当然最后

---

① Orjan Solvell, Goran Lindqvist, Christian Ketels, *The Cluster Initiative Greenbook*, (Stockholm: Bromma Tryck AB, 2003, p. 15). Thomas Andersson, Sylvia Schwaag-Serger, Jens Sorvik, Emily Wise Hansson, *The Cluster Policies Whitebook*, (Holmbergs: IKED, 2004, p. 52). Martina Fromhold-Eisebith, Gunter Eisebith, "How to Instutitionalize Innovative Clusters? Comparing Explicit Top-Down and Implicit Bottom-Up Approaches", *Research Policy*, Vol. 34, No. 8, 2005. Garola Jungwirth, Elisabeth F. Muller, "Comparing Top-Down and Bottom-up Cluster Initiatives from a Principal-Agent Perspective: What We Can Learn for Designing Governance Regimes", *Schmalenbach Business Review*, Vol. 66, 2014.

② 例如:Tilman Altenburg, Jorg Meyer-Stamer, "How to Promote Clusters: Policy Experiences from Latin America", *World Development*, Vol. 27, No. 9, 1999. Philip Raines (eds.), *Cluster Development and Policy*, (Surrey: Ashgate Publishing, 2002, Part 2). Daniel Hallencreutz, Per Lundequist, "Spatial Clustering and the Potential for Policy Practice: Experiences from Cluster-Building Process in Sweden", *European Planning Studies*, Vol. 11, No. 5, 2003. OECD, *OECD Reviews of Regional Innovation——Competitive Regional Clusters: National Policy Approaches*, (Paris: OECD Publishing), 2007. Part II

③ 例如:Maryann P. Feldman, Johanna L. Francis, "Homegrown Solutions: Fostering Cluster Formation", *Economic Development Quarterly*, Vol. 18, No. 2, 2004. Maryann P. Feldman, Johanna Francis, Janet Bercovitz, "Creating a Cluster While Building a Firm: Entrepreneurs and the Formation of Industrial Clusters", *Regional Studies*, Vol. 39, No. 1, 2005. Thomas Brenner, "Innovation and Cooperation During the Emergence of Local Industrial Clusters: An Empirical Study in Germany", *European Planning Studies*, Vol. 13, No. 6, 2005. Stuart Rosenfeld, "Industry Clusters: Business Choice, Policy Outcome, or Branding Strategy?", *Journal of New Business Ideas and Trends*, Vol. 3, No. 2, 2005. Andres Rodriguez-Clare, "Clusters and Comparative Advantage: Implications for Industrial Policy", *Journal of Development Economics*, Vol. 82, No. 1, 2007. Pard Teekasap, "Cluster Formation and Government Policy: System Dynamics Approach", Albuquerque: 27th International System Dynamics Conference, July 26-30, 2009.

的结论还是追溯到各种政策[1]。

既然集群政策被认为对产业集群形成如此重要,那到底什么样的集群政策才能发挥作用?其又是如何发挥作用?对此,有研究非常概括性地指出,集群政策设计的基本原理,旨在解决三大问题——即市场失灵、政府失灵和系统失灵。在此基础上,主要有五种类型的集群政策在实践中被运用(详见表2-3),并且取得比较良好的效果[2]。

表 2-3　集群政策的五种类型

集群政策类型	集群政策描述
中间人政策	产业集群的一个重要特征,就是产业相关行动主体的互动和交往。所以这类政策就是为一定地理区域范围内的企业与企业之间、企业与相关公共部门和非政府组织之间,提供一个对话和合作的框架。具体地,国家可以通过对话平台的创建支持企业与企业建立联系,可以采取让科学和产业相互作用的举措,可以凭借PPP(政府和社会资本合作)方式支持知识提升型的组织关联,还可以协调公私部门联合进行数据分析工作以共同描绘集群未来发展。而这些政策内容,一般在"集群能力系统""科学园""商业孵化器"等工具下实现运转
需求侧政策	这种类型的集群政策,主要是为一定地理区域范围内可能构成集群的企业或其他组织的需求,提供支持。其中,最常见且最不受争议的内容是围绕包含市场渠道、前景在内的各个方面进行信息收集和分享,当然,还可根据需要建立教育项目、促进知识和想法的流动、开放、碰撞等,诸如此类的服务举措大致都属于这个范围。不过,这些方式对企业等主体的帮助毕竟有限。还有一种颇受争议但更为有效的方式是公共采购,其可为集群或意欲打造为集群的特定区域企业提供大量订单,甚至还能附加有利于集群形成和发展的条件,这在美国的国防和高新技术产业集群实践中扮演了重要角色

---

[1] 例如:Martha Prevezer, Hang Tang, "Policy-Induced Clusters: The Genesis of Biotechnology Clustering on the East Coast of China", Discussion Paper Series in Center for New and Emerging Markets, London Business School, No. 41, Apr 2005. Justin Tan, "Growth of Industry Clusters and Innovation: Lessons from Beijing Zhongguancun Science Park", *Journal of Business Venturing*, Vol. 21, No. 6, 2006. Yu-Shan Su, Ling-Chun Hung, "Spontaneous VS. Policy-Driven: The Origin and Evolution of the Biotechnology Cluster", *Technological Forecasting*, *Social Change*, Vol. 76, No. 5, 2009.

[2] Thomas Andersson, Sylvia Schwaag-Serger, Jens Sorvik, Emily Wise Hansson, *The Cluster Policies Whitebook*, (Holmbergs: IKED, 2004), pp. 53-61.

续表

集群政策类型	集群政策描述
培训政策	这类政策旨在为中小企业提供技巧和能力提升，这对有效的集聚十分重要。除了跨企业、跨组织之间的联系和合作外，作为集群关键构成部分的中小企业也需要内部的技能更新。但由于信息不对称、中小企业自身的信誉局限以及市面上缺乏完全符合中小企业需求的培训项目，使得国家需要介入以提供相关服务。对此，国家可以搭建相应平台，把培训的供给和需求项目尽可能详尽地纳入，激励供需相互匹配；但是，国家最好只提供信息而避免自己涉足培训，以免阻碍私人商业服务的发展
国际联系促进政策	这类政策可被当作传统产业政策的一种延伸和扩展，其主要致力于加强目标集群区域的国际关联，分为"内入"和"外出"两个部分。其中，"内入"指的是吸引外资前来投资设企，这被认为可以加强产业基础和接收先进技术的传播和扩散，其一般采用对外宣传优势的策略和方法；而"外出"则指帮助区域内企业（特别是中小企业和初创企业）扩展国际市场，具体举措包括协助建立出口网络、支持参与国际贸易代表团、资助与外方在品牌和市场方面的联合活动等
广泛框架条件政策	这类政策则相对间接和基础，其主要是为所有影响因子提供一个有利的框架和环境——即稳定的宏观经济，功能良好的产品市场、要素市场、教育体系、基础设施（包括物理上、制度上和司法上）、治理体系，乃至是影响交易信任的社会资本和社会态度。国家通过实施促进上述目标的公共政策，为包括目标集群区域在内的更广泛范围营造一个顺畅的经济和创新环境，从而助力集群战略的达成

表格来源：作者自制。

不过，虽然上述五种集群政策是对繁杂实践的有效概括，但其只是根据政策特征进行的粗糙的类型划分，并没有在细化集群情境和不同问题的基础上，对具体的政策内容和举措进行比较条分缕析地呈现和介绍。因此，这个研究又进一步列举了在不同集群情境和问题前常常被采用的解决思路和具体举措（可见表2-4），如此丰富了我们对集群政策相关应用场景的认识。

表 2-4 不同集群情境和问题下的集群政策举措

改善集群动力			改善集群环境	
新技术和企业增长	行动者网络的建构	集群成型	要素市场	集群基础
问题：企业无法使用或确定战略性知识 解决思路： 1.支持基于集群的知识检索和传播 2.具体举措： (1)建立集群特定信息和技术中心(2)建立探索市场机会的平台(3)实施技术预演(4)实施战略性市场信息和战略性集群研究(5)支持基于集群的孵化器(6)提供商业援助	问题：企业无法抓住与其他企业合作的机会 解决思路：鼓励和支持企业间的交流 具体举措：1.支持中介和交流项目：跨机构集群团队形式；促进企业和个人网络；促进外部联系 2.刺激商业合作：支持出口网络和协调购买 3.建立技术标准 4.创立联盟和创新产品的公共采购 5.为多企业项目给予激励或建立基金	问题：创新系统内的行动者互动有限 解决思路：参与和提供服务 具体举措：建立对话的平台，例如中介和交流机构或项目，通过创建或正式化IFCs（国际金融中心），以及支持交流的沟通渠道	问题：集群要素缺乏 解决思路：吸引或促进集群企业增长 具体举措：1.将投资促进联结的注意力放在集群中最薄弱的地方 2.瞄准内部投资（如地方供应链的缺口）3.提高对外国直接投资的激励 4.吸引主要的研发设施 5.吸引新企业 6.支持特定集群中的初创企业	问题：政府管制妨碍创新、竞争或有效的市场运行 解决思路：识别管制瓶颈 具体举措：组织集群平台和注意调查有关税收和规制改革（如环境、劳动力市场、金融市场和竞争政策）的需求

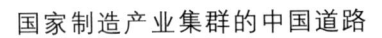

续表

	改善集群动力		改善集群环境	
新技术和企业增长	行动者网络的建构	集群成型	要素市场	集群基础
问题：企业无法利用知识供给的专业 解决思路：研发协作和集群特定研发支持 具体举措：1. 建立集群特定的技术研究中心/倡议 2. 协作研发和技术转化补贴	问题：（公共）知识、基础设施和市场需求的制度不适配 解决思路：建立优秀的联结"产—研"关系的中心 具体举措：1. 促进产—研合作 2. 支持大学和产业联系的专业化和本土化，例如鼓励地方联系的激励结构 3. 发展人力资本 4. 创立技术转化项目	问题：信息失灵 解决思路：集群分析 具体举措：1. 能力审查和描绘 2. 发起战略研究和分析 3. 模拟和细化系统性关系 4. 实施标杆管理 5. 组织和宣传集群信息 6. 通过基于集群的参照框架来考虑补充全国性统计数据	问题：专业劳动力供给的短缺 具体举措：1. 提供管理和技术培训 2. 把集群作为学习环境 3. 建立集群技术中心 4. 支持地区技术联盟 5. 地区引智	问题：不充分的基础设施 具体举措：1. 确保充足的基础设施、通讯设施和运输设施的供给 2. 以一种增强集群识别的方式考虑土地利用规划
问题：群聚效应缺乏 解决思路：促进企业增长 具体举措：1. 通过框架激励促进现有企业分化子公司和扩张 2. 注重萌芽风投的供给		问题：集群身份和意识缺乏 解决思路：促进集群认同和公共市场 具体举措：1. 提升集群外形 2. 创造集群品牌 3. 促进集群成员能力的内外提升 4. 地方、地区和全国政府通过商界来宣传集群信息	问题：需求缺乏 具体举措：鼓励公共采购政策	问题：社会资本的缺乏 具体举措：促进、支持个人和企业网络的建立

续表

改善集群动力			改善集群环境	
新技术和企业增长	行动者网络的建构	集群成型	要素市场	集群基础
			问题：资本市场失灵 解决思路：促进资本市场的专业化 具体举措：1.吸引新的风投企业 2.设立具有严格市场准则的提供共同筹资的专业化投资基金 3.提高对外国直接投资的激励	问题：科技、研发框架的缺乏 解决思路：增强科技基础 具体举措：1.将作为补充的公共投资和与之相关的集中的私人投资放在一起（例如，如果投资建立一个公共技术机构，可以把它建在集中的与之相关的企业附近）2.提高教育和技术 3.把研究机构和企业间的合作伙伴关系制度化 4.投资联合集群研发

表格来源：译自 Thomas Andersson, Sylvia Schwaag-Serger, Jens Sorvik, Emily Wise Hansson, *The Cluster Policies Whitebook*, (Holmbergs: IKED, 2004), p. 96.

然而，研究对集群政策或概括或详尽的描述，难以让大家在明晰具体政策指向的同时又大致了解不同的政策类别。所幸，这一问题在后来 OECD 编著的一本有关集群政策的专著中得到了一定程度的解决,并且还以许多成员国的案例拓展了更为广泛的经验基础。具体来说,这项研究进一步融合了政策类型的概括性优势和政策情境的指向性优势,以"目标—政策"的二元框架,归纳了为实现"吸引相关行动者""集体服务和商业联系""协作性研发和商业化"三大目标的三类政策举措(详见表 2-5)[①],以使现有集群政策的概貌能被更为清晰地展现。

表 2-5 融合类型和情境优势的集群政策归纳

目标		政策
吸引相关行动者	识别集群	1. 实施集群描绘(mapping)研究(定量和定性) 2. 使用服务性企业和其他中间人去识别可以一起工作的企业
	支持网络/集群	1. 举办提升集群认识的活动(会议、集群教育) 2. 为企业互联团体提供财政激励 3. 资助企业互联活动 4. 基准绩效评估 5. 描绘集群关系
集体服务和商业联系	提升供应者的能力、规模和技能(主要是中小企业)	1. 中小企业商业发展支持 2. 在供应者和购买者之间提供中介服务和建立中介平台 3. 编制综合的市场情报 4. 协调购买 5. 建立技术标准
	提升外部联系(外商直接投资和出口)	1. 给集群和区域打上标签并宣传推广 2. 帮助集群内部投资者 3. 提供国际指向的市场信息 4. 伙伴搜寻 5. 供应链联系支持 6. 出口网络支持
	提升战略性产业的技术劳动力力量	1. 收集和宣传劳动力市场信息 2. 促进专门职业化培训和大学培训 3. 支持企业群体和教育机构之间的伙伴关系 4. 用教育机会吸引有可能来到特定区域的学生

---

① OECD, *OECD Reviews of Regional Innovation——Competitive Regional Clusters: National Policy Approaches*,(Paris: OECD Publishing,2007,p. 92).

续表

目标		政策
协作性研发和商业化	提升研究和企业需求的联系	1. 支持企业、大学和研究机构间的合作项目 2. 把不同行动者聚集在一个地方以促进互动（科学园、孵化器） 3. 支持大学外围项目 4. 进行技术观察
	研究的商业化	1. 确保合适的知识产权法律框架 2. 克服公共部门在商业化激励方面的障碍 3. 提供技术转化支持服务
	提供获取企业拆分（spinoffs）融资的渠道	1. 提供特殊财务运作的咨询服务 2. 促进公共担保项目和风险投资 3. 促进可以支持私人风投发展的结构性条件

表格来源：译自 OECD, *OECD Reviews of Regional Innovation——Competitive Regional Clusters: National Policy Approaches*, (Paris: OECD Publishing, 2007), p. 92.

至此，我们对主流集群政策的工具手段和作用原理已经有了一个全方位、多角度的观察和理解，但细究之下不难发现，这些政策内容往往从具有一定产业基础的识别和纳入开始，而且十分遵循"经济自由主义"的价值规范——即尽可能地使用市场机制来达成政策目标，警惕国家对经济活动的过度干预。实际上，这是更偏向波特的传统理论的一种政策进路，有学者将其概括为"有机集群战略"（organic cluster strategy）和"催化战略"（catalytic strategy）。与之相对的，世界上也有不少国家采用一种更加国家主义的集群政策，其在毫无产业基础的情况下，通过税收减免、直接补贴、培训奖励和其他形式的直接帮助，吸引众多外部企业和机构集聚到特定地理区域中，并依据产业链规划布局和促进联系，进而从无到有地制造产业集群。这种被称为"移植集群战略"（transplant cluster strategy）和"干预战略"（interventionist strategy）的集群政策，相比前者尽管更难以挖掘基于地区特色的产业竞争力，但其却可以在前者无法想象的"不毛之地"建立庞大的"经济工程"，以促进区域经济的快速发展。而且，这两种类型的集群政策并非永远泾渭分明，其经常在一种集群政策使产业集群发展到一定阶段后，就融入另一种集群政策思路以优化发展。

此时，被称为"混合战略"(hybrid strategy)的第三种集群政策类型，便会粉墨登场[①]。

最后，在交代清楚集群政策这一主要解释进路的同时，还不得不提及有关集群形成国家学说的另一小支流派，即从东亚、东南亚经验发展出来的强调国家与企业家互动的文献脉络，他们是从发展型国家和后发展型国家(post developmental state)的理论传统去理解产业集群形成的。如前所述，发展型国家理论的核心，除了专业官僚所施行的产业政策外，还十分强调国家与企业家社会之间紧密且不失自主的联系，可以说这是东亚模式为经济发展的国家理论所贡献的一个独特经验。基于此，有研究探索了位于韩国首尔的"德黑兰谷"(Teheran Valley)案例，发现其产业集群的形成，源于国家与企业家群体的互动关系，正是国家的这种关系型能力，使其能以不同的国家面貌回应产业发展需求——该放权时放权，该收权时收权，从而形成了被称为"关系型治理"(relational governance)的有效模式[②]。与之相类似，还有研究从东南亚经验出发，继承了后发展型国家理论在新自由主义经济学背景下对国家与全球资本关系的重视，提出"分级式主权"(graduated sovereignty)概念，来描绘国家借助特殊经济区(special economic zones)亲和外资、吸引外资以实现区域产业发展的过程[③]，这同样也是强调国家与企业家互动的区域政治经济理论模型，只不过这里的企业家带有跨国属性。

[①] Michael J. Enright, "The Globalization of Competition and the Localization of Competitive Advantage: Policies towards Regional Clustering", in N. Hood, S. Young (eds.), *The Globalization of Multinational Enterprise Activity and Economic Development*, (Hampshire: Palgrave Macmillan, 2000).

[②] Namji Jung, "Relational Governance and the Formation of a New Economic Space: The Case of Teheran Valley, Seoul, Korea", *International Journal of Urban and Regional Research*, Vol. 37, No. 4, 2013.

[③] Aihwa Ong, "Graduated Sovereignty in South-East Asia", *Theory, Culture, Society*, Vol. 17, No. 4, 2000.

第二章 产业集群形成：一个文献综述

第四节 产业集群形成的国家理论：缺憾与推进

通过上述文献梳理工作，可以发现，面对产业集群这一早已有之的重要经济现象，社会科学三大基础学科——经济学、社会学、政治学——都试图对其形成机制，提出从自身学科视角出发的理论解释（见图2-2）。就不同学科介入的时间线来看，作为其"老本行"的经济学最早对其发表见解，百余年前就有经济学家提供较为系统的理论资源。后来不断完善成型的经济功能论和要素禀赋论，更是搭载经济学最为根本的理性市场假定，汇聚成解释产业集群形成的颇为完善的市场动力说。因此，新近的经济学文献主要是在这些理论基础上，运用新经验或新方法，从事相关假说的检验工作。社会学进入这个领域的时间晚于经济学，其大概在半个世纪前才伴随着新经济社会学的潮流从意大利经验发轫。与经济学对人性的极度理性抽象不同，社会学认为哪怕是经济行为也是镶嵌于社会结构之中的，所以尤为强调社会网络和社会资本对产业集群形成的影响。这种从社会学视角出发的关系动力说，目前也基本受学界认可，因而被广泛运用于对其他同类型产业集群现象的理解。政治学对产业集群研究的介入最晚。尽管关注国家与经济关系的政治经济学、制度经济学早有其传统，但产业集群是在20世纪90年代被波特成功复兴后，才日益风行于各国的区域发展战略并出现由国家促动形成的产业集群经验的。因此，实际上产业集群形成的国家理论，直到近二三十年才开始起步，而且研究相当有限。在这个意义上，称其为目前产业集群形成文献的前沿领域，一点也不言过其实。

除了前沿性外，产业集群形成的国家理论之所以重要，还在于它能理解经济学和社会学理解不了的全新的集群现象，即那些在最近几十年才逐渐出现的由国家促动形成的产业集群。如果说在过去自发形成的产业集群时代政治学还无用武之地的话，那如今这些与国家力量紧密关联的产业集群的出现，却非政治学视角的解读不可。特别在这些知识还可能对旨在促进人类区域经济发展和改善人类福祉的理性行动有所助益的情况下，其在实践方面的重要性不言而喻。

正因如此,既有的有关产业集群形成的国家学说,正在日益壮大并贡献了不少富有洞见的研究成果,这为我们理解这一现象打开了一扇窗。概括来说,目前关注"国家与产业集群形成"的研究文献,主要围绕集群政策来加以展开。在他们看来,国家制造产业集群的过程,就是一个集群政策使用并发挥作用的过程,各种各样以产业集群理想形态为目标、并针对不同情境和问题的具体政策工具被提炼和归纳出来,以作为国家促动产业集群形成的密码。还有一小部分研究,尽管不以"集群政策"这一概念表意,但他们同样关注国家的策略性作为,无论是强调国家与企业家群体弹性互动关系的"关系型治理",还是概念化以经济特区举措吸引外资的"分级式主权",都莫不如是。

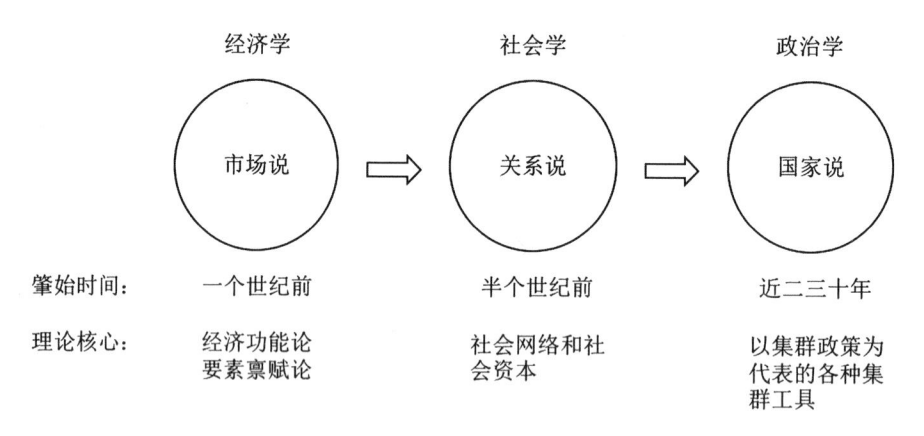

	经济学	社会学	政治学
	市场说 ⇒	关系说 ⇒	国家说
肇始时间:	一个世纪前	半个世纪前	近二三十年
理论核心:	经济功能论 要素禀赋论	社会网络和社会资本	以集群政策为代表的各种集群工具

图 2-2 解释产业集群形成的既有理论图景

图片来源:作者自制。

总体来说,这一研究进路十分强调国家制造产业集群的工具属性,其核心逻辑一直在寻找能使国家"有形之手"正确摆动起来的理性指引,即所有让产业集群形成的国家行动,一定是因为国家采用了某种有效的集群工具,这被称为指向产业集群的"社会工程学"(social engineering)[1]。在这种极端理性

---

[1] Pierre Desrochers, Frederic Sautet, "Cluster-Based Economic Strategy, Facilitation Policy and the Market Process", *The Review of Austrian Economics*, Vol. 17, No. 2/3, 2004.

化的理解下，工具当然是可以通用的。其潜台词是一个国家只要选择了正确的工具，那"下一个硅谷"便在向它招手。但是，这种复制所谓"最佳实践"（best practice）就能取得成功的做法正在遭受否认，很多学者撰文警告政策制定者不要盲目地进行模仿，因为各地情况不尽相同，难以照搬照抄。因此，只有遵循因地制宜的"地区现实主义"（regional realism），才是一条可行的出路[1]。

这种批评试图从另一个侧面提醒我们，当前对国家制造产业集群的工具论解释，似乎存在一些问题，至少解释是不全面的。原因在于，如果国家与产业集群形成的中间机制真的是以集群政策为代表的各种理性工具，那其他地区为制造产业集群而复制"最佳实践"的做法应该不会失败，毕竟目前集群政策内容的发展已完善得犹如一份"集群工程"的施工图，意欲建造此工程的行动者，只要按图选择合适的手段和工具即可。然而，上述研究反馈出来的结果是此路不通，这意味着可能对国家制造产业集群的机制理解本身就是有缺陷的，我们必须重新审视这个问题的既有解释。

实际上，工具论面临的最大挑战，是工具使用者与工具的适配性问题。具体来说，工具论的预设前提，是把工具使用者——国家——统一当成是一个具有拟人化行动理性的充足能力者，仿佛只要提供了正确的工具，任何一个国家都可以"按图索骥"。而这个逻辑之所以会出现，是因为当把国家制造产业集群的过程简单归结于外显的工具时，其实就抛弃了对工具使用者的刻画和探索，进而只能将其作为一个毫无区别的背景板放置起来，存而不论。但从事实层面来看，国家自主性和国家能力从来就不是一个常量，其嵌于不同国家的政治系统和政治过程而有差异化的发挥，很多从"最佳实践"提炼而来的高效集群工具，不一定每个国家都有能力使用甚至有自主性采用，这恰恰是很多学者呼吁的"地区现实主义"的政治维度。

可以说，产业集群形成的既有国家理论，与其说是研究国家与产业集群

---

[1] Manuel Palazuelos, "Clusters: Myth or Realistic Ambition for Policy-Makers?", *Local Economy*, Vol. 20, No. 2, 2005. Gert-Jan Hospers, Pierre Desrochers, Frederic Sautet, "The Next Silicon Valley? On the Relationship between Geographical Clustering and Public Policy", *International Entrepreneurship, Management Journal*, Vol. 5, No. 3, 2009.

形成之间的关系,还不如说是研究国家集群工具与产业集群形成之间的关系,国家仅做背景之用。因此,如果想突破这一瓶颈,接下来的研究必须真正重视国家,将其从背景拉到台前。在这点上,承袭自发展型国家和后发展型国家理论的若干研究做得更好,尽管他们最后得出的结论也是具有工具属性的国家策略行动,但至少跨越了极度"社会工程学"的集群政策,走向了对国家与企业家群体互动的关注,让我们略微窥探到了国家的身影。不过无论如何,既有研究都始终没有打开国家的"黑箱",对于旨在促发产业集群形成的行动,国家这个庞大、复杂的"机器"内部,究竟是如何实现基于制度与行动者、行动者与行动者互动的耦合,使得各种集群工具能被顺利生产出来并且发挥作用,这是目前我们知之甚少的内容。但唯有朝这个方向努力,我们才能在政治学意义上解开实施"地区现实主义"的谜团,通过深入一个制造产业集群的国家的政治肌底,去看看那些过去仅浮于表面的看似有用的集群工具,是在何种政治条件下被促发和驱动的,从而为后来者的经验借鉴提供可被判断的限度和边界。

基于这个出发点,本书将超越既有文献简单的工具论解释,试图深入到国家内部,去探寻一个真正意义上的国家制造产业集群的过程,而非只关注那些如"植被"一般显露在外面的集群工具,但不去深究其生长的"土壤"和"环境"。具体来说,本书将在当代中国情境下探索国家是如何制造产业集群的问题。

选择中国的原因如下:

首先,理论适配性。如前所述,现有的有关国家制造产业集群的现象,从根本上来说,可以划分为"有机集群战略"和"移植集群战略"两大类:前者意指国家对有一定产业基础的地区进行符合其产业特色的集群促发;后者则指国家通过诸如税收减免、直接补贴等扭曲市场价格的方式,吸引目标产业主体在特定区域范围内集聚,进而从无到有地打造产业集群的过程。在中国,与此相关的经验现象主要有两种:一种是地方性国家力量扶持的"专业镇",看似与"有机集群战略"相吻合,实则不然,因为其往往是国家对已经自发形成的产业集群的进一步支持和发展,而不是对初具产业基础的区域的集群制造,故并非"有机集群战略";另一种是以国家级开发区这类特殊经济区为载体,通过特殊政策来吸引企业、发展产业和打造集群的具体实践,这符合"移

第二章 产业集群形成：一个文献综述

植集群战略"的典型套路，所以可以认为中国的确具有实施"移植集群战略"的事实[①]。特别地，由于"移植集群战略"是国家制造产业集群现象的两大类型之一，因此，具体以国家级开发区为抓手，或者说体现在国家级开发区场域中的国家制造产业集群的中国经验，当然适用于探索本书关注的理论问题。

其次，实践重要性。一方面，中国自改革开放以来的发展，取得了被誉为"中国奇迹"的举世瞩目的经济成就，这使得中国在经济方面的发展道路，不仅被世界各方广为重视，而且也成为学术研究的关键对象[②]。在这个意义上，隶属于这一脉络的有关中国国家如何制造产业集群的经验，无疑同样具有十分宝贵的借鉴和研究价值。另一方面，在中国层面上，其最有质量和最具竞争力的所谓高端产业集群，恰恰出现在国家级开发区这种特殊经济区中，即由国家制造的产业集群更加优秀，而那些自发形成的产业集群，反倒主要处于劳动密集型行业这种较为低端的位置[③]。这意味着，选择中国来回应本书的理论旨趣，既能因满足对经验优质性的要求而使这一问题变得足够重要，也能因其自身在国家制造产业集群领域的优长而变得更加值得挖掘。

由此，实际上不难发现，要从理论层面回应中国国家如何制造产业集群的问题，应当具体关注中国国家级开发区中的产业集群是如何被国家力量塑造出来的，但由于这里涉及从抽象研究问题到具象研究问题的过渡，需要再夯实一下被国家促动形成的产业集群与国家级开发区这种特殊经济区的勾连，如此方能使逻辑衔接更加顺畅，也便于开展下一步的理论建构工作。

概括而言，本书之所以认为要研究中国国家如何制造产业集群的问题，只需关注从国家级开发区中生长出来的产业集群现象，是因为：在中国，较受认可的严格意义上的产业集群总体只有两类，一类是因历史、禀赋、社会

[①] Michael J. Enright, "The Globalization of Competition and the Localization of Competitive Advantage: Policies towards Regional Clustering", in N. Hood, S. Young (eds.), *The Globalization of Multinational Enterprise Activity and Economic Development*, (Hampshire: Palgrave Macmillan, 2000). 道格拉斯·曾智华：《中国两大增长引擎：经济特区和产业集群——它们是如何引领中国经济高速发展的》，李桐译，载袁易明主编《中国经济特区研究》（第1期），社会科学文献出版社，2010。

[②] 徐湘林、李国强：《改革战略与中国奇迹——中国政治经济改革研究述评》，《经济体制改革》2007年第6期。

[③] 道格拉斯·曾智华：《中国两大增长引擎：经济特区和产业集群——它们是如何引领中国经济高速发展的》，李桐译，载袁易明主编《中国经济特区研究》（第1期），社会科学文献出版社，2010。

网络等因素自发形成的产业集群，常见于江浙、广东等沿海地区的乡镇，从事如鞋袜、纺织等较为低端的制造业，尽管其成功也与国家力量的支持分不开，但"这些支持通常出现在中后期阶段当产业集群表现出一定的发展潜力时"①，故这属于"国家支持产业集群发展"而非"国家制造产业集群"的范畴，不必纳入本书的讨论范围；此外，还有一类产业集群就是从开发区这种特殊经济区中生长出来的，即"政府在没有切实产业基础的地区征用土地完善基础设施，然后再利用一些优惠政策招商引资，吸引企业进驻……可以称之为先建园区后引产业的发展模式"②，由于其满足"移植集群战略"这一国家制造产业集群现象的主要类型，故成为本书应当关注的经验对象；不过，中国开发区还存在国家级、省级等不同层次之分，虽然它们都有致力于打造产业集群的目标，但事实上真正成功的开发区，还是基本集中在国家级这一层次，文献中被学者认可和讨论的开发区产业集群，也主要是北京、上海、深圳等地的国家级开发区③，这使得本书最终将目光锁定在中国的国家级开发区身上，认为要理解中国国家如何制造产业集群，就是要理解中国国家级开发区中的产业集群是如何被国家促动形成的。

对此，当然已经有研究试图提供解释。例如：玛莎·普雷夫史(Martha Prevezer)等学者，通过考察北京、上海、深圳三地的生物医药产业集群，指出其形成源于政策促发，其中尤以吸引"海归"回国创业的人才政策和促进制度变革的相关政策最为重要④；与之类似，苏玉山(Yu-Shan Su)等学者基于对美国旧金山湾区和上海张江高新区生物医药产业集群的比较研究，也认为其最主要的驱动力包含人力资本，除此之外，他们还提出金融资本也同样重要，

---

① 道格拉斯·曾智华：《中国两大增长引擎：经济特区和产业集群——它们是如何引领中国经济高速发展的》，李桐译，载袁易明主编《中国经济特区研究》(第1期)，北京：社会科学文献出版社，2010。

② 李国武：《产业集群与工业园区关系的研究》，《中央财经大学学报》2006年第8期。

③ 李国武：《产业集群与工业园区关系的研究》，《中央财经大学学报》2006年第8期。王缉慈、王敬甯：《中国产业集群研究中的概念性问题》，《世界地理研究》2007年第4期。道格拉斯·曾智华：《中国两大增长引擎：经济特区和产业集群——它们是如何引领中国经济高速发展的》，李桐译，载袁易明主编《中国经济特区研究》(第1期)，社会科学文献出版社，2010。

④ Martha Prevezer, Hang Tang, "Policy-Induced Clusters: The Genesis of Biotechnology Clustering on the East Coast of China", Discussion Paper Series in Center for New and Emerging Markets, London Business School, No. 41, Apr 2005.

并指出两地的产生方式有所不同,其中上海张江高新区主要依靠国家力量提供的人才政策和产业基金来加以获致,由此又影响了该区域的企业家精神、社会资本和社会网络形态,从而构成一种政策驱动形成的产业集群[1];刘筱等学者,在探索深圳案例的基础上,尽管没有如"政策驱动型产业集群"等定性判断,但其所提供的解释,也主要围绕一系列的政策工具展开,包括战略决策、建设外部环境、金融和税收优惠、衍生和聚集政策、弹性人才政策五大方面[2],总体而言与前面学者的理论思路别无二致,只不过挖掘出的政策实践更为多样。

不难看出,上述解释也同样陷于前文总结的工具论视角而难以自拔。特别现存文献对此类问题的研究还极为有限,正如有学者批评的,虽然学界普遍认为产业集群很重要,但对于被用来创造产业集群的开发区却关注甚少[3],这使得绝大多数所谓关注国家与产业集群关系的研究,其实都只偏重"国家支持产业集群发展"这一部分,即探讨国家与自发形成的产业集群之间的关系[4],而鲜有正视那些处于开发区之中的、由国家制造出来的产业集群现象。因此,本书可能具有的突破和价值至少体现在如下两方面:一是在总体理论视角上,尝试超越产业集群形成的既有国家理论的工具论局限,把目光从原先外显的集群工具,拓展到包含国家内部运转在内的深入过程,以展现"地区现实主义"的政治面向;二是在具体经验关切上,进一步发展对中国国家级开发区中被国家制造出来的产业集群的理论解释,使其既能推进现有研究略显粗糙的政策性理解,又能以实际行动呼吁更多研究者加入对这一问题的探讨。

---

[1] Yu-Shan Su, Ling-Chun Hung, "Spontaneous VS. Policy-Driven: The Origin and Evolution of the Biotechnology Cluster", *Technological Forecasting, Social Change*, Vol. 76, No. 5, 2009.

[2] 刘筱、王铮、赵晶媛:《政府在高技术产业集群中的作用——以深圳为例》,《科研管理》2006年第4期。

[3] Justin Tan, "Growth of Industry Clusters and Innovation: Lessons from Beijing Zhongguancun Science Park", *Journal of Business Venturing*, Vol. 21, No. 6, 2006.

[4] 例如:朱华晟:《地方政府产业集群战略中的政府功能——以浙江嵊州领带产业集群为例》,《经济理论与经济管理》2004年第10期。邱海雄、徐建牛:《产业集群技术创新中的地方政府行为》,《管理世界》2004年第10期。吕文栋:《产业集群发展中的政府作用——一个理论框架与案例研究》,科学技术文献出版社,2005年。邬爱其、张学华:《产业集群升级中的匹配性地方政府行为——以浙江海宁皮革产业集群为例》,《科学研究》2006年第6期。阮建青、石琦、张晓波:《产业集群动态演化规律与地方政府政策》,《管理世界》2014年第12期。

第三章 配置"特权": 一个理论框架

通过上一章的文献回顾工作,发现产业集群形成这一理论问题,历经经济学和社会学的解答,现在已经进入到一个政治学作为前沿的时代,因为越来越多由国家促动形成的产业集群,难以适用于传统的理论解释。然而,产业集群形成的既有国家理论,却因秉持简单的工具论视角而具有缺陷,这使得接下来的研究需要深入到国家内部去描绘一个更加完整的国家制造产业集群的过程,如此方能呈一种基于政治维度的"地区现实主义"图景,以便后来者认清可被借鉴的限度和边界。循此进路,本书聚焦于理论上适配且经验上重要的中国情境,试图去深入理解中国国家是如何制造产业集群的问题。而本章的主要任务,就是建构一个回答这一问题的理论框架。具体地,将围绕构成这一框架的相互耦合的三大系统——上层国家的激励系统、下层国家的执行系统、上下互动的试验系统——逐一展开,进而把这一机制过程概念化为配置"特权",以作为中国国家制造产业集群的理论模型。

第一节 上层国家的激励系统: 央地激励下的双重目标

要深入中国国家内部去理解其如何制造产业集群,首先需要对中国的纵向治理框架有一个基本的认识。自古以来,贯穿于中国治理故事的一条核心

第三章 配置"特权":一个理论框架

线索,就是处理一统体制与有效治理之间的关系①,无论是中国历史上的帝国时期,抑或当代中国,都是如此。简单来说,要想保持一个大一统的权威体制,又想实现对各地情况千差万别的大国的有效治理,中央集权与地方分权的适度均衡十分必要。对此,中国采取的解决办法,就是不同层级地方国家逐级向上,直至中央国家的依次代理人制度。其中,在下级国家进行属地管理的同时,上级国家保有对下级国家的"控制权"②,这构成被有些学者称之为"行政逐级发包制"③或"上下分治"④的国家纵向治理框架。

改革开放后,中国拉开了从计划经济向市场经济转型的帷幕,同时将整个国家的关注重心转移到了经济建设方面。为配合这一重大的战略调整,国家纵向治理框架的"天平"进行了一些分权化的倾斜,以解放地方国家的经济发展活力。具体来说,从 20 世纪 80 年代开始,地方分权式的"财政包干制"被开启,其意味着地方国家拥有对财税的剩余索取权,只要交足了上级的,剩下的都是自己的,这种"财政联邦主义"⑤大大鼓舞了地方国家为扩大财税收入而努力发展经济。不过遗憾的是,"财政包干制"使中央国家的收入大为减少,后来发展到其甚至需要向地方国家举债度日。故从 1994 年开始,旨在令中央回收部分财权的分税制改革取代了原先的"财政包干制",成为延续至今的一个基础财税框架。面对这一重新集权化的制度调整,尽管有学者提出因

---

① 周雪光:《权威体制与有效治理:当代中国国家治理的制度逻辑》,《开放时代》2011 年第 10 期。
② 周雪光、练宏:《中国政府的治理模式:一个"控制权"理论》,《社会学研究》2012 年第 5 期。
③ 周黎安:《行政发包制》,《社会》2014 年第 6 期。周黎安:《再论行政发包制:对评论人的回应》,《社会》2014 年第 6 期。
④ 曹正汉:《中国上下分治的治理体制及其稳定机制》,《社会学研究》2011 年第 1 期。
⑤ Yingyi Qian, Chenggang Xu, "Why China's Economic Reforms Differ: The M-Form Hierarchy and Entry/Expansion of the Non-State Sector", *Economics of Transition*, Vol. 1, No. 2, 1993. Yingyi Qian, Barry R. Weingast, "China's Transition to Markets: Market-Preserving Federalism, Chinese Style", *The Journal of Policy Reform*, Vol. 1, No. 2, 1996. Yingyi qian, Barry R. Weingast, "Federalism as a Commitment to Reserving Market Incentives", *Journal of Economic Perspectives*, Vol. 11, No. 4, 1997. Yingyi Qian, Gerard Roland, "Federalism and the Soft Budget Constraint", *The American Economic Review*, Vol. 88, No. 5, 1998. Yingyi Qian, Gerard Roland, Chengang Xu, "Why Is China Different from Eastern Europe? Perspectives from Organization Theory", *European Economic Review*, Vol. 43, No. 4-6, 1999. Justin Yifu Lin, Zhiqiang Liu, "Fiscal Decentralization and Economic Growth in China", *Economic Development and Cultural Change*, Vol. 49, No. 1, 2000.

其破坏对地方国家的良性激励而造成了严重的负面影响[1],不过多数研究还是倾向于认为:其更多只是改变了地方国家的一些行为选择,使之从原先大力发展乡镇企业走向了以土地开发为核心的城市化,把"土地财政"当成是一条重要的财源补充[2];但与此同时,其并没有削弱地方国家继续发展经济以扩大税基的动力[3],只不过是在"抓住土地开发权"的基础上,把发展方式从开办乡镇企业的"经营企业",变成了招商引资的"经营辖区"[4],然"财政联邦主义"式的激励效应,依旧存在。

更何况,对中国地方国家奋力发展经济的制度激励,其实远不止分权所带来的"经济人"意义上的财税,还包括集权所带来的"政治人"意义上的晋升[5]。有研究已经发现,在近几十年来中国经济快速增长的背后,实际上蕴含着将以 GDP 为表征的经济绩效,与地方官员政治晋升联系起来的政治经济学逻辑,这被称为"晋升锦标赛"模式[6]。换言之,如果一个地方官员想在政治上有所进展,其必须在"锦标赛"中拼命发展经济,以在基于上级国家评价的"自上而下的标尺竞争"中获胜[7]。而且,这种择优选用的竞争格局意味着没有所谓的"终点"存在,而是无论如何都要比作为竞争对手的其他地方官员更胜一

---

[1] 陈抗、Arye L. Hillman、顾清扬:《财政集权与地方政府行为变化——从援助之手到攫取之手》,《经济学(季刊)》2002 年第 4 期。

[2] 周飞舟:《分税制十年:制度及其影响》,《中国社会科学》2006 年第 6 期。周飞舟:《生财有道:土地开发和转让中的政府与农民》,《社会学研究》2007 年第 1 期。渠敬东、周飞舟、应星:《从总体支配到技术治理——基于中国 30 年改革经验的社会学分析》,《中国社会科学》2009 年第 6 期。周飞舟:《大兴土木:土地财政与地方政府行为》,《经济社会体制比较》2010 年第 3 期。徐建牛:《从经营企业到经营土地——转型期乡镇政府经济行为的演进》,《广东社会科学》2010 年第 4 期。孙秀林、周飞舟:《土地财政与分税制:一个实证解释》,《中国社会科学》2013 年第 4 期。

[3] 吴群、李永乐:《财政分权、地方政府竞争与土地财政》,《财贸经济》2010 年第 7 期。

[4] 曹正汉、史晋川:《中国地方政府应对市场化改革的策略:抓住经济发展的主动权——理论假说与案例研究》,《社会学研究》2009 年第 4 期。

[5] Oliver Blanchard, Andrei Shleifer, "Federalism with and without Political Centralization: China Versus Russia", NBER Working Paper 7616, 2000. Xiaobo Zhang, "Fiscal Decentralization and Political Centralization in China: Implications for Growth and Inequality", *Journal of Comparative Economics*, Vol. 34, No. 4, 2006.

[6] 周黎安:《晋升博弈中政府官员的激励与合作——兼论我国地方保护主义和重复建设问题长期存在的原因》,《经济研究》2004 年第 6 期。周黎安:《中国地方官员的晋升锦标赛模式研究》,《经济研究》2007 年第 7 期。

[7] 王永钦、张晏、章元、陈钊、陆铭:《中国的大国发展道路——论分权式改革的得失》,《经济研究》2007 年第 1 期。

筹。同时，为使评估结果更加准确、科学，增强激励效果，其最终往往还是以超越简单 GDP 的相对经济增长绩效论胜负①。这使得除财税逻辑之外，地方官员还有非常强的激励，因晋升逻辑去促进地方经济增长。

可以说，正是这些宏观制度框架，使得市场转型后的中国被激发出了无与伦比的经济活力，进而在短短的几十年间，就取得了备受瞩目的中国经济奇迹。然而，尽管中国与从苏联脱胎而来的俄罗斯都在进行市场经济体制改革，但与俄罗斯激进的"休克疗法"不同②，中国走的是一条"渐进式改革"的道路③，这也被很多学者认为是中国取得巨大经济成就的另一关键④。其中，极为重要的一个"渐进"方式，就是中国的改革开放并非从一开始就全面铺开，而是先在经济特区和开发区中，凭借中央国家给予的优惠政策和地方国家从各个渠道自筹的起步资金，去吸引外资和从事市场经济活动⑤。如此以相对保守的方式减少改革阻力、控制改革风险和探索改革经验，并打开了展示改革成果的平台窗口，从而在争取更多支持者和提供示范样本的基础上，将其由点到面地逐步推开⑥。

不难看出，在中国的改革开放过程中，开发区发挥了重要作用。但是，其作用不仅体现在作为改革开放的"排头兵"和"试验田"而承担了初期试验市场经济的重任，还体现在作为特殊经济区被寄予的发展先进产业和成为区域

---

① Hongbin Li, Li-An Zhou, "Political Turnover and Economic Performance: The Incentive Role of Personnel Control in China", *Journal of Public Economics*, Vol. 89, No. 9-10, 2005.

② 李绍荣、程磊：《渐进式与休克疗法式改革的比较分析》，《北京大学学报（哲学社会科学版）》2009 年第 6 期。

③ 林毅夫、蔡昉、李周：《论中国经济改革的渐进式道路》，《经济研究》1993 年第 9 期。

④ 王绍光：《学习机制与适应能力：中国农村合作医疗体制变迁的启示》，《中国社会科学》2008 年第 6 期。王绍光：《学习机制、适应能力与中国模式》，《开放时代》2009 年第 7 期。韩博天：《红天鹅：中国独特的治理和制度创新》，石磊译，中信出版社，2018，第 62 页。

⑤ 徐现祥、陈小飞：《经济特区：中国渐进改革开放的起点》，《世界经济文汇》2008 年第 1 期。

⑥ Chenggang Xu, "The Fundamental Institutions of China's Reforms and Development", *Journal of Economic Literature*, Vol. 49, No. 4, 2011. Richard Auty, "Early Reform Zones: Catalysts for Dynamic Market Economies in Africa", in T. Farole, G. Akinci (eds.), *Special Economic Zones: Progress, Emerging Challenges, and Future Directions*, (Washington DC: World Bank, 2011). Ciqi Mei, Zhilin Liu, "Experiment-Based Policy Making or Conscious Policy Design? The Case of Urban Housing Reform in China", *Policy Sciences*, Vol. 47, No. 3, 2014.

经济增长极的厚望[1]。所以，与许多其他国家类似，本质上属于特殊经济区的开发区，其实还是中国在改革开放进程中区域经济发展的主要抓手，其在产业集群概念被提出并风靡全球后，当然也毫不意外地成为中国国家制造产业集群的承载平台[2]。具体来说，这些开发区处于一种相对比较特殊的"央—地共管"体制中[3]。一方面，其作为国家级开发区，享受中央国家赋予的一些特殊政策，当然也定期接受中央国家的考核评比；另一方面，其虽然是国家级开发区，但建制不依凭中央国家，而是由开发区所在母城的地方国家负责[4]。这意味着，国家级开发区实际上受双重主体的管理。其中，既有来自中央国家的考核，也有来自作为直接上级的母城地方国家的辖制。所以从总体上看，其行为模式受央地激励逻辑的双重驱动。

如前所述，中国地方国家因镶嵌在"财政联邦主义"和"晋升锦标赛"的宏观制度框架下，使其一心追求地方经济的发展与进步。因此，对于其下辖的国家级开发区来说，无论如何都要在经济上"促发展、保增长"的压力，会从作为其上级的母城地方国家传导下来，这是中国"压力型体制"[5]所具有的常态。然而，单纯只在经济上保持增长是远远不够的，因为经济发展有质量优劣之分，满园遍布低技术、高污染、高营收的经济活动是经济发展，形成有高附加值、高技术含量的产业形态也同样是经济发展，但作为国家级开发区另一管理主体的中央国家，显然要的是后者。在这种情况下，国家级开发区一方面，要囿于母城地方国家的压力，去努力发展经济以保持经济增长；另一方面，在发展经济和产业的过程中，又不能过于粗放且无所规划。尽管有

---

[1] 道格拉斯·曾智华：《中国两大增长引擎：经济特区和产业集群——它们是如何引领中国经济高速发展的》，李桐译，载袁易明主编《中国经济特区研究》（第1期），社会科学文献出版社，2010。

[2] 托马斯·法罗尔：《开发区和工业化：历史、近期发展和未来挑战》，许俊萍译，《国际城市规划》2018年第2期。

[3] 汤志林、殷存毅：《治理结构与高新区技术创新：中国高新区发展问题解读》，社会科学文献出版社，2012，第43页。

[4] 这些开发区由所在母城的地方政府建制，最初人、财、地都由其一手包办，中央只提供政策。所以开发区的日常管理运营，是由母城地方政府的下属机构负责，一般作为其派出机构的情况居多。而且，开发区与母城地方政府下辖的行政区一样，都属于其辖区的一部分，因而开发区的财税收入与母城分成，经济绩效也纳入母城之中。

[5] 荣敬本等：《从压力型体制向民主合作体制的转变：县乡两级政治体制改革》，中央编译出版社，1998，第28页。杨雪冬：《压力型体制：一个概念的简明史》，《社会科学》2012年第11期。

些时候不得不迫于前者的压力而需要解短期经济增长的燃眉之急,但从总体和长远的理性思考来看,其需要一边保持增长,一边打造品牌。

所谓"品牌",其实就是在同侪比较中能凸显的亮点之处。这对致力于经济和产业发展的开发区来说,无疑就是要打造出有辨识度的重点优势产业。虽然这一说法在乍听之下具有"形象工程"[①]的负面可能性,但对于这些开发区而言,其大概率不会凭糊弄去蒙混过关,而会选择真抓实干。原因在于:一来这是其无可争议的主职工作,且来自中央的考核评比年年有之,他们很清楚应付短期博弈的投机行为,无法在长期博弈中奏效,况且考核结果还关乎国家级开发区这一"帽子"及其实际利好,不可马虎;二来从服务于另一个目标的角度看,开发区若想保持可持续经济增长的潜力,确实也需要发展以重点优势产业为基础的"增长极",否则终将难以为继;三来虽然在短期抉择的约束下,保持增长和打造品牌可能具有一些冲突,但从长期来看,二者并非不可兼容的关系:不仅保持增长和打造品牌完全可以共存,而且在此基础上,作为开发区直接上级的母城地方国家,还会对其打造品牌乐见其成,甚至鼓励支持。

所以,当打造品牌这一主要目标无可回避地指向发展重点优势产业时,其基本就在往产业集群的必经之路和核心特征靠近。因为在一个体现空间感的相对狭小的开发区范围内,发展重点优势产业,很自然地意味着要在深化某些产业方向的基础上,将其相关优质企业不断聚集到以开发区为界的地理空间范围中,进而帮助它们更好地成长以提升竞争力。而由此带来的结果,实际上跟制造产业集群的方向是相当一致的。后面产业集群理念兴起并产生更为详细的理论指导时,只会优化其行动目标与方案,但不会与开发区基本的行事逻辑相悖。这也是为什么尽管产业集群概念的风靡晚于中国的开发区实践,且开发区一开始的目标设立也并非为了制造产业集群,但后来中国的开发区却能毫无龃龉地将其吸收并成功制造出来的原因。

至此,这些国家级开发区在来自地方国家和中央国家的双重激励下所形

---

① 莫勇波:《论地方政府"形象工程"的蜕变及其治理》,《理论导刊》2006年第12期。郑志刚、李东旭、许荣、林仁韬、赵锡军:《国企高管的政治晋升与形象工程——基于N省A公司的案例研究》,《管理世界》2012年第10期。

成的两大主要目标,已经被比较清楚地揭示出来:一个是保持增长,另一个是打造品牌。然而,追求这些目标的过程是需要付出代价的,其往往构成了一种类似商业行为的投资(成本)与收益之间的关系。从这个意义上看,负责开发区日常管理运营的下层国家,实际上是以一种"公司化"①的逻辑,把开发区当作一个平台企业在经营②。二者相似之处在于:对平台企业(开发区)来说,当中商户(企业)的多少好坏、经营能力,都与其业绩(经济绩效)和营利(财税收入)水平息息相关,只有当中的商户(企业)越来越好,平台企业(开发区)才会越来越好;而且,为了提升相较于其他平台企业(开发区)的竞争力,其还得规划当中的商户(企业),以打造出属于自己的品牌和特色(重点优势产业和产业集群),如此方能立于不败之地;当然,这一切良好愿景都不会凭空实现,其仰赖于平台企业(开发区)持续的投资经营。

所以,综上所述,国家级开发区在地方国家和中央国家的双重激励下,会被型塑出如经营平台企业一般经营开发区的组织目标,而这一目标,具体表现为保持增长和打造品牌两部分。

第二节 下层国家的执行系统:
混合型国家角色与集群绩效

把国家级开发区当成一个平台企业经营后,作为其实际管理运营者的下层国家,为实现保持增长和打造品牌两大目标,便需要采取一些措施和手段,而首当其冲的就是招商引资。这实际上与"移植集群战略"的前期思路是完全一致的。因为如前所述,"移植集群战略"从无到有地制造产业集群的一个重要步骤,就是通过税收减免、直接补贴、培训奖励和其他形式的直接帮助等优惠政策,先把企业吸引到特定区域中集聚。所以,虽然国家级开发区一开始并没有设立制造产业集群的目标,但在后面产业集群概念风靡并有此意识

---

① 赵树凯:《地方政府公司化:体制优势还是劣势?》,《文化纵横》2012年第2期。
② 此处借鉴了"经营辖区"的概念。详见曹正汉、史晋川:《中国地方政府应对市场化改革的策略:抓住经济发展的主动权——理论假说与案例研究》,《社会学研究》2009年第4期。

之后，其也能完全耦合，只不过需要在此基础上进一步依据产业链进行规划并促进企业间交流与合作而已。在这个意义上，我们完全可以把国家级开发区虽然是在后期才出现的制造产业集群的举措，与其前期行动贯通起来，当成是一个前后连续的、完整的制造产业集群的工具图景来看待，以进行一个系统性的陈述。换言之，哪怕制造产业集群是国家级开发区近些年来才兴起的一个主要目标，但其从建区开始的所作所为，就可以看成一直在往这个目标靠近，所以关于其制造产业集群所采取的治理手段，我们可以在一个从建区开始的长时间段内综合考察。

总体来说，尽管国家级开发区因享有一些优惠政策而显得有些特殊，但其日常运作毕竟嵌于中国国家系统特别是地方国家系统中，这使其基本的经济发展工具思路，不会脱离中国地方国家的普遍共性。当然，由于产业集群制造方式与一般区域经济发展还是有所区别，所以在另一个维度上，我们还要考虑产业集群形态和"移植集群战略"的基本逻辑，如此方能在理论层面综合推导出国家级开发区制造产业集群的微观治理实践。在前面文献综述部分已经提及，关于产业集群最公认的两个基本特征，就是地理临近性和领域关联性；再加上对"移植集群战略"的考察，我们不难想象国家级开发区在制造产业集群方面可能具有的实践思路。具体而言，其大致可以划分为两大步骤：第一步是依据产业链或产业相关性，吸引产业主体在开发区范围内集聚（"外招"）；第二步是促进、支持这些产业主体发展（"促发"），同时，引导其在彼此之间进行联系与合作（"内联"）。不过，这些方式与其说是举措，毋宁说是路线，其还需要仰赖可操作的工具手段帮助实现。而这，必须在把握中国地方国家于经济发展中的角色定位的基础上，深入其发展经济的工具箱寻找，如此方能系统、全面。

首先，学界对中国地方国家在经济发展中的第一重角色描绘，是源于社会主义传统的"企业家型国家"。这种国家角色强调的是国家直接参与企业经营的发展意涵。而与之相关的最有影响力的学术表达，当属"地方法团主义"（local state corporatism），其是从 20 世纪 80 年代盛行的乡镇企业经验中所提炼出来的一个概念。简单来说，这个理论把中国经济的腾飞，归因于以一种类公司集团制组织起来的地方政企关系模式。其中，地方国家是类似集团总部的中心枢纽，统筹支配着辖区范围内像分公司一样存在的乡镇企业的生产经营，同时凭借国家力量不遗余力地为有前途的企业分配生产资料、提供公共服务和疏通投资贷款，由此促进其迅速发展①。实际上，这是一种"地方性市场社会主义"模式（local market socialism）②，或者反过来说，是一种所谓"作为厂商的地方政府"（local government as industrial firms）③，但无论如何，其都以计划经济时期遗留下来的制度遗产——国家与企业相融的"企业家型国家"角色——在促进地方经济发展④。

不过，像"地方法团主义"这种直接以国家"经营企业"来实现发展的模式，更多出现在各方面制度不完善的市场转型初期。随着社会主义市场经济体制日益成熟，地方"国家资本主义"⑤所发挥的主要作用，就不再是凭借体制内支持来加强自身发展以促进地方经济，而是成为地方国家"经营辖区"的辅助工具。具体来说，地方国家下属国企既能用以建设基础设施，又能被腾挪利润或资产来实现发展目标，甚至还能举债融资⑥，其几乎作为地方国家的市场身份而存在，以满足地方国家在经济发展过程中所面临的市场化运作需要。与之相类似，开发区中当然也存在国企这一常见的治理工具。尽管中国开发区的治理实践甚为纷繁多样⑦，但最为通行的还是"管委会＋开发公司"的政企统

---

① Jean C. Oi, "Fiscal Reform and the Economic Foundations of Local State Corporatism in China", *World Politics*, Vol. 45, No. 1, 1992.

② Nan Lin, "Local Market Socialism: Local Corporatism in Action in Rural China", *Theory and Society*, Vol. 24, No. 3, 1995.

③ Andrew G. Walder, "Local Government as Industrial Firms: An Organizational Analysis of China's Transitional Economy", *American Journal of Sociology*, Vol. 101, No. 2, 1995.

④ 张汉：《"地方发展型政府"抑或"地方企业家型政府"？——对中国地方政企关系与地方政府行为模式的研究述评》，《公共行政评论》2014年第3期。

⑤ 胡乐明、刘志明、张建刚：《国家资本主义与"中国模式"》，《经济研究》2009年第11期。

⑥ 张汉：《地方统合主义与文化导向的城市更新：从轮船码头到宁波美术馆》，《开放时代》2011年第3期。黄宗智：《国营公司与中国发展经验："国家资本主义"还是"社会主义市场经济"？》，《开放时代》2012年第9期。陈国权、毛益民：《第三区域政企统合治理与集权化现象研究》，《政治学研究》2015年第2期。

⑦ 黄建洪：《转型升级期的SEZ治理：体制本质、运行逻辑及面临挑战》，《上海行政学院学报》2010年第6期。赵晓冬、王伟伟、吕爱国：《国家级经济技术开发区管理体制类型研究》，《中国行政管理》2013年第12期。钟本章：《分类解析开发区治理模式》，《中国社会科学报》2020年5月6日第8版。

合模式①，其中开发公司基本是受制于管委会的国企。所以，国家级开发区在制造产业集群的过程中，完全有可能扮演"企业家型国家"的角色，利用区属国企去实施一些集群举措。

其次，学界对中国地方国家在经济发展中的第二重角色描绘，是源于资本主义传统的"服务型国家"。西方资本主义经济对国家角色的主流定位，无论是过去古典自由主义（classical liberalism）范式下的"守夜人"，还是近代旨在反对凯恩斯主义而再次复兴的强调自由化、私有化、市场化和全球化的新自由主义（neo-liberalism），都主张国家对市场的不干预②。在这个意义上，资本主义传统的国家角色，往往恪守的是一种较为消极被动的服务型职能③，或者说其更多作为一组保障市场机制良好运行的制度框架存在，使得市场主体能因包容性经济制度而获得繁荣发展④。实际上，对于西方提供的这套经济发展方法论，不少学者认为其对中国改革开放道路和成就产生了巨大影响，除了引入市场、产权这些最为根本的制度外⑤，有人提出中国的改革开放举措，是一种接近古典自由主义经济创始人——亚当·斯密——的思路⑥，更有甚者，还将其视为是与同时代的里根、撒切尔改革一样的世界新自由主义潮流的一股支流⑦，足见他们对中国发展本质的西式判断。

当然，这些讨论相对比较抽象和宏观。如果说资本主义传统下的"服务型国家"角色能有什么具象的表达，可能日渐成熟并风靡全球的"营商环境"（doing business）概念最为合适。这个概念与近几十年来被资本主义国家大力

---

① 吴金群：《网络抑或统合：开发区管委会体制下的府际关系研究》，《政治学研究》2019年第5期。
② 中国社会科学院"新自由主义研究"课题组：《新自由主义研究》，《马克思主义研究》2003年第6期。李小科：《澄清被混用的"新自由主义"——兼谈对New Liberalism和Neo-Liberalism的翻译》，《复旦学报（社会科学版）》2006年第1期。
③ 陈华森：《自由主义政府服务职能的历史变迁》，《探索》2009年第1期。
④ 德隆·阿西莫格鲁、詹姆斯·A·罗宾逊：《国家为什么会失败》，李增刚译，湖南科学技术出版社，2015，第51-82页。
⑤ 张维迎：《中国改革的逻辑》，《当代财经》2009年第1期。周其仁：《中国经济增长的基础》，《北京大学学报（哲学社会科学版）》2010年第1期。
⑥ 乔万尼·阿里吉：《亚当·斯密在北京——21世纪的谱系》，路爱国、黄平、许安结译，社会科学文献出版社，2009，第362页。
⑦ 大卫·哈维：《新自由主义简史》，王钦译，上海译文出版社，2010，第137页。

推崇的新自由主义基调十分吻合,目前最受认可的是世界银行提出的指标体系,其关注企业所处制度框架的便利化、法治化和国际化属性①,由此暗示了国家应该努力建设的制度方向。具体到中国,虽然"营商环境"一词直到最近一些年才被纳入中国经济发展的官方话语,同时中国也开始接受世界银行的"营商环境"评价,但早在这个概念出现之前,中国国家特别是负责实际发展任务的地方国家,其实就有诸如此类的扮演"服务型国家"角色的实践②。这可能因为,在中国的改革开放发展史上,有很多对外学习借鉴的经历。其中,如新加坡这种与中国文化背景相似且先行发展一步的国家最为典型,其与中国从中央到地方层级一直保持着极为密切的交流和合作关系,这使得中国自改革开放初期开始,就陆续受到一些它们以亲西方经济制度方式吸引外资的经验的影响③,而当中,大概率也包括如今被概念化为"营商环境"的部分,毕竟新加坡在这方面建树非凡④。

此外,在中国开发区层面,确实已经有研究发现了与之相关的一些证据。在一个被提炼为"超自主体制"⑤的概念中,展现了这样一幅图景:中国开发区因高授权、高自主的体制设计,使其可以为入区企业提供一种一般具有高信任、低成本的政企交易关系,这是处于相同背景下的其他一般行政区所难以拥有的"营商环境",所以容易吸引企业。正是在上述意义上,我们完全可以相信国家级开发区在制造产业集群的具体实践过程中,还会以一种"服务型国家"的角色去构建一个良好的营商环境,从而吸引产业主体集聚和促进其发展。

最后,学界对中国地方国家在经济发展中的第三重角色描绘,是介于社

---

① 宋林霖、何成祥:《优化营商环境视阈下放管服改革的逻辑和推进路径——基于世界银行营商环境指标体系的分析》,《中国行政管理》2018年第4期。

② Shu Keng, "Developing into a Developmental State: Explaining the Changing Government-Business Relationships behind the Kunshan Miracle", in T.-k. Leng, Y.-h. Chu (eds.), *Dynamics of Local Governance in China during the Reform Era*, (Lanham: Lexington Books, 2010).

③ 孙景峰、刘佳宝:《新加坡经验对中国改革开放的影响》,载李路曲主编《比较政治学研究》(第2辑),商务印书馆,2019。

④ 在世界银行的"营商环境"评价中,新加坡2007—2016年连续十年位居世界榜首,2017和2018年位居世界第二。参见宋林霖、何成祥:《优化营商环境视阈下放管服改革的逻辑和推进路径——基于世界银行营商环境指标体系的分析》,《中国行政管理》2018年第4期。

⑤ 鲍克:《中国开发区研究——入世后开发区微观体制设计》,人民出版社,2002,第73-86页。

第三章 配置"特权":一个理论框架

会主义传统和资本主义传统之间的"发展型国家"。虽然"发展型国家"理论最早成型于20世纪80年代对日本经验的归纳与总结[①],且引来一些试图用以解释其他东亚国家经验的追随者[②],但其理论渊源却可回溯到更早的后发国家赶超理论[③]。具体来说,这些理论都主张一种以国家干预来促进经济发展的基本模式。不过,这种模式既不等同于社会主义传统下取缔市场机制的国家计划经济,也不依循西方资本主义传统所鼓吹的那种消极被动的自由主义国家观,而是强调在有市场的前提下,国家通过实施扭曲市场价格机制的产业政策,来扶持某些幼稚产业或朝阳产业成长,以使其逐渐获得在市场上的竞争力[④]。但是,这套偏向相关性描述的理论说辞,因缺乏对国家介入与产业发展之因果关系的可靠展现,而在有效性方面饱受质疑。所幸第二代"发展型国家"理论[⑤]通过提出国家对企业家社会的"嵌入式自主"[⑥],以及刻画两者间关系的所谓"被治理的相互依赖"[⑦],使其在一定程度上解决了有关国家介入有效性的难题[⑧]。尽管后来全球化浪潮的席卷和劳工运动的高涨使"发展型国家"的国内政商关系走向破裂,进而导致了此种模式在实践上的衰落[⑨],但对作为理论的"发展型国家"而言,对于很多同样使用产业政策进行赶超发展的案例,仍然具有深刻的解释力。

其中,中国自改革开放以来的经济发展道路,正是"发展型国家"理论试

[①] 查默斯·约翰逊:《通产省与日本奇迹:产业政策的成长(1925—1975)》,金逸、许鸿艳、唐吉洪译,吉林出版集团有限公司,2010,第18-36页。

[②] 相关的经典研究例如:Alice H. Amsden, *Asia's Next Giant: South Korea and Late Industrialization*, (New York: Oxford University Press, 1989). Robert Wade, *Governing the Market: Economic Theory and the Role of Government in East Asian Industrialization*, (Princeton: Princeton University Press, 1990).

[③] 陈玮:《"发展型国家"的三次理论辩论:政府介入的必要性、有效性和时机》,《公共行政评论》2019年第1期。

[④] 耿曙、陈玮:《发展型国家:理论渊源与研究进展》,载张广生主编《中国政治学》(2019年第2辑),中国社会科学出版社,2019。

[⑤] 黄宗昊:《"发展型国家"理论的起源、演变与展望》,《政治学研究》2019年第5期。

[⑥] Peter B. Evans, *Embedded Autonomy: States and Industrial Transformation*, (Princeton: Princeton University Press, 1995, pp. 10-18).

[⑦] Linda Weiss, "Governed Interdependence: Rethinking the Government-Business Relationship in East Asia", *The Pacific Review*, Vol. 8, No. 4, 1995.

[⑧] 宋磊:《发展型国家的研究传统与中国悖论》,《公共行政评论》2021年第2期。

[⑨] 朱天飚:《比较政治经济学》,北京大学出版社,2006,第245页。

图囊括的重要对象之一。虽然目前学界对中国究竟是不是一个"发展型国家"还存在争议[①],但能够肯定的是,中国确实在某些方面与经典的"发展型国家"特征——国家能力与产业政策——甚为接近[②]。除了这种基于理论与经验比对而得到的依据外,还有研究在事实上发现,中国自20世纪80年代开始,就向以日本为代表的"发展型国家"学习产业政策的相关经验,并日益转化为具体的政策实践[③],这使得针对中国的"发展型国家"论进一步被支持。有趣的是,由于中国施行一种如前所述的比较特殊的央地纵向治理框架,所以大家除了对中国进行整体意义上的"发展型国家"判断外,还对中国地方国家是否也扮演这一角色颇感兴趣。面对这一问题,实际上已经有一些研究通过经验观察得出了正面结论。他们发现,有的中国地方国家会在自己的辖区范围内,通过实施支持性政策来帮助某些在地产业发展[④],这其实就是一种从属于"发展型国家"的产业政策的地方变体。具体到开发区,由于其本身就是旨在吸引企业、促进产业发展的平台区域,同时作为特殊经济区,还会使用与一般行政区不同的特殊优惠政策[⑤],所以对开发区来说,扮演"发展型国家"角色,实施空间意义上的扭曲市场价格机制的区域产业政策来制造产业集群,应该是一件再自然不过的事情。

至此,我们从理论上建构出了国家级开发区可能兼而有之的三重国家角色及其对应的三大工具,分别是:"企业家型国家"下的区属国企、"服务型国家"下的营商环境、"发展型国家"下的产业政策。这意味着,国家级开发区制造产业集群的实践路线——"外招""促发"和"内联"——会依赖这三大工具落地。而既有研究已经在不同程度上表明,这些工具确实能发挥作用。首先,

---

[①] 黄宗昊:《中国模式与发展型国家理论》,《当代世界与社会主义》2016年第4期。

[②] 耿曙、陈玮:《"发展型国家"模式与中国发展经验》,《华东师范大学学报(哲学社会科学版)》2017年第1期。

[③] 宋磊、郦菁:《经济理念、政府结构与未完成的政策转移——对产业政策的中国化过程的分析》,《公共行政评论》2019年第1期。

[④] Marc Blecher, Vivienne Shue, "Into Leather: State-Led Development and the Private Sector in Xinji", *The China Quarterly*, Vol. 166, 2001. 张永宏:《发展型政府与地方产业的成长:乐从现象分析》,《广东社会科学》2006年第2期。

[⑤] Thomas Farole, *Special Economic Zones in Africa: Comparing Performance and Learning from Global Experience*, (Washington DC: World Bank, 2011), p23.

有问卷调查指出，企业能否被招引，很多时候取决于该地是否拥有良好的营商环境和有吸引力的优惠条件[①]，在这个意义上，上述工具应当能取得相当不错的"外招"效果，即便从产业集群的角度看，"外招"的对象其实不仅企业，但总体上建基于环境和利好的"吸引"逻辑，大概并无区别。其次，虽然学界对"发展型国家"所强调的产业政策的有效性还存在争议，但有不少经验都传递出其与产业发展之间的正向关系[②]，因此，至少我们有一定的理论依据相信上述工具可以带来"促发"。最后，"内联"是相对来说最具有产业集群指向的实践路线，在前面的文献回顾部分，我们看到很多国家都有实施与之相关的集聚举措，本质上围绕创建平台和补贴激励展开，这完全可以搭载上述工具实行，故以之促进国家级开发区中的目标产业"内联"，应该也能实现。

循此逻辑，当国家级开发区如上所述地开展微观治理实践后，将会产生集群绩效，使其区内产业形态开始逐步往产业集群的方向靠近。不过，可以看出，这个过程需要开发区投入大量的成本，特别是产业政策和营商环境，十分依赖作为开发区实际管理运营者的下层国家的直接支出，因为产业政策涉及减免的税收和给付的奖励、补贴，营商环境包含甚为耗费资财的硬件基础设施，这都需要与可能获得的回报通盘考虑。在这个意义上，正如前面所述，运营国家级开发区与经营一家企业并无区别，其基本逻辑无非如何所得，如何用所得继续扩大所得，并打造出属于自身的品牌和特色，做大做强。唯一的差异，可能在于办企业源于内驱的动力，而办开发区则来自国家内部自上而下的激励。

第三节 上下互动的试验系统：
绩效增叠与集群制造

虽然国家级开发区通过日常经营就能产生集群绩效，但集群绩效与最终形成的产业集群，仍然具有本质区别。它们中间横亘着一个从量变到质变的

[①] 张兆同：《企业区位选择与区域招商引资政策安排——基于苏南企业区位选择影响因素的调查》，《经济体制改革》2010年第1期。

[②] 侯方宇、杨瑞龙：《产业政策有效性研究评述》，《经济学动态》2019年第10期。

过程。若想实现跨越，需要仰赖集群绩效的不断增叠。这里的"增叠"包含两层意思：一方面，从量的角度看，只有集群绩效持续叠加，才有最终趋于质变的量的积累；另一方面，从质的角度看，如果一直仅是原初水平的集群绩效的复制，可能远远不够，在这中间，集群绩效还得有逐步"质增"的过程，否则到头来也不过是大量低水平集群绩效的重复叠加，无法达到质变的状态。何况，在约束条件恒常不变的情况下，即便是相同低水平集群绩效的反复生产，也有一个限度和边界，更不用说想让集群绩效逐步跃升。这意味着，如果集群绩效想变为产业集群，还需要一个能不断放松约束的动态机制。具体而言，影响国家级开发区发展的外在约束，大概只有区位和制度两大部分。然而，前者这一先致性因素，基本在其建制落地时，就变为一个难以撼动的常量。因此，国家级开发区能够试图放松的关键约束，只有其服膺的制度规则，而这实际上关联着一系列资源和权限，与集群绩效所能达到的品质息息相关。

如前所述，中国国家级开发区的诞生，是紧随经济特区而来的旨在尝试开放和市场体制的试验区域。其中，经济特区的原型，来自1979年时任中共广东省委书记的吴南生在汕头提及的台湾地区的高雄出口加工区[①]；而国家级开发区，则是在创办经济特区取得阶段性成绩后，国家于第二批次设立的模仿经济特区的更小范围区域[②]。在这个意义上，国家级开发区具有双重身份：一方面，其是类似台湾地区的高雄出口加工区那种试图促进区域经济发展的特殊经济区；另一方面，其还在中国的改革开放实践中，被赋予了进行政策试验的试验区角色。而且，后者这个角色并没有因为开放和市场体制的全面推开而遭遇废止，反倒是在持续深入的改革开放进程中被保留下来，用以试验各种各样新的政策举措，从而成为中国特色政策试验机制中的关键载体[③]。

按照德国学者韩博天（Sebastian Heilmann）的考据，中国特色政策试验制度并非改革开放才出现的创举，其实际上具有源远流长的实践传统，最早可以追溯到革命战争时期。之所以称其为实践传统，是因为此举既非经典马克

---

① 徐现祥、陈小飞：《经济特区：中国渐进改革开放的起点》，《世界经济文汇》2008年第1期。
② 厉无畏、王振：《中国开发区的理论与实践》，上海财经大学出版社，2004，第3页。
③ 韩博天：《中国经济腾飞中的分级制政策试验》，石磊译，《开放时代》2008年第5期。

第三章 配置"特权":一个理论框架

思主义作家所蕴含的思想元素,亦非中国共产党向苏联学习的结果,而完全是中国共产党在革命过程中,根据实际情况摸索出来的实践经验。当然,在韩博天看来,这一做法可能有来自中国共产党党外的思想源头。在20世纪20年代的中国,晏阳初、瞿菊农、梁漱溟等人领导了平教运动和乡村建设运动,而我们今天所熟知的一些中国特色政策试验机制和原理,实际上早在那场平教运动和乡村建设运动中就获得广泛运用。不管二者是否存在事实上的关联,但中国共产党确实从1928年的土地改革试验开始,就在尝试类似的做法;后来,经过一系列的实践和发展,于1943年被提升为官方的工作指导方针,从而在中国共产党的治理过程中被反复使用。至于改革开放后是否施行相同的政策试验方法,韩博天通过比较,发现除了极小部分细节上的差异外,政策试验思路基本一致。其本质上都是在为验证上级正确意志的基础上寻找一套合适的政策工具,并为其他地区的工作开展创造学习的样板,因而挑选的试验对象,通常都是最有条件使试验成功的地方[1]。

正是这套样板式政策试验逻辑,奠定了国家级开发区向上互动以获取资源权限的制度基础,使其能通过承接政策试验,来放松制度约束。具体来说,在中国的"分级制政策试验"过程中[2],无论其发起方向是自上而下还是自下而上,都免不了作为"控制方"的上级的说明和选择[3],特别当政策试验还伴随着非均衡赋权机制所带来的政策红利时[4],意味着谁能成为试验方,实则是一个上位决定的过程。在这种情况下,完全不同于科学主义政策实验的样板式政策试验逻辑开始发挥作用[5],其渴求的是有能力为其主张探索合适政策工具并形成示范作用的试验方,或者是更有利于开展试验的对象[6],而非那些致力于

---

[1] 韩博天:《通过试验制定政策:中国独具特色的经验》,《当代中国史研究》2010年第3期。
[2] 韩博天:《中国经济腾飞中的分级制政策试验》,石磊译,《开放时代》2008年第5期。
[3] 刘培伟:《基于中央选择性控制的试验——中国改革"实践"机制的一种新解释》,《开放时代》2010年第4期。
[4] 杨宏山、周昕宇:《中国特色政策试验的制度发展与运作模式》,《甘肃社会科学》2021年第2期。
[5] 刘军强、胡国鹏、李振:《试点与实验:社会实验法及其对试点机制的启示》,《政治学研究》2018年第4期。
[6] 周望:《中国"政策试点"研究》,天津人民出版社,2013,第81页。Wen-Hsuan Tsai, Nicola Dean, "Experimentation under Hierarchy in Local Conditions: Cases of Political Reform in Guangdong and Sichuan, China", *The China Quarterly*, Vol. 218, 2014.

减少推论偏误的实验样本。这使得有集群绩效的国家级开发区，往往很受青睐。原因在于：一是国家级开发区本来就是用以政策试验的试验区，其"理所当然地承担着国家改革创新综合试点工作"[①]；二是国家级开发区曾经从事过政策试验的宝贵经验，以及实践过程中形成的工作绩效，证明其有成为样板的潜力和条件，从而符合上级的期待和要求；三是国家级开发区除了是试验区外，也是作为改革开放"排头兵"的经济区，其在相对超前的发展过程中，确实会遇到需要克服的体制机制阻碍，这一方面直接构成需要开展政策试验以为后来者提供借鉴的动力，另一方面也有助于国家级开发区的进一步发展，这完全满足"优先考虑将试验点自身发展的现实需求和整个改革试点的内容结构相结合"的选点原则[②]。

因此，当已有一些集群绩效的国家级开发区，无论是通过向上申请还是上级选择的上下互动方式而获得政策试验任务后，便拥有了特殊的优惠政策和试验权限，使其可以开展更有力度和更加灵活的微观治理实践，从而相当于以放松制度约束的升级形式投入新一轮的集群绩效创造工作，如此一来，相比过去无疑会产生更多数量且更具质量的集群绩效。而且，国家的政策试验工作还在继续，上述的政策试验逻辑仍然保持，这意味着承接过更多政策试验任务且据此绩效日佳的国家级开发区，不仅不会丧失政策试验的可能性，反倒会因为这点而被上级"青眼相加"。由此，更多更重要的政策试验任务便会纷至沓来，使得国家级开发区继续依凭其进一步放松制度约束，用更多资源权限支撑下的集群工具和手段，去接着创造数量更多、质量更好的集群绩效，循环往复。不难看出，这一过程是一个首尾相连、自我支持的自循环系统。只要激励恒定，每一次循环都会带来更多更好的集群绩效的动态更新。同时，这些绩效会在国家级开发区这个特定空间范围内积累下来，而不会在迭代中消失。这说明，一方面，集群绩效会随着政策试验机制在"质"上逐步跃升；另一方面，被创造出来的慢慢变好的集群绩效还会在"量"上不断叠加。这完全符合前文陈述的从集群绩效到产业集群所需要的绩效增叠过程，所以

[①] 温家宝：《顺应新形势 办出新特色 继续发挥经济特区作用》，《人民日报》2005年9月20日第2版。

[②] 周望：《中国"政策试点"研究》，天津人民出版社，2013，第82页。

假以时日，产业集群便会被制造出来。

第四节　抽象深层内核：从三大系统到配置"特权"

上述三节在理论上推导出了中国国家制造产业集群的过程机制。具体地，其是由中央国家、地方国家和国家级开发区这三层国家主体相互协同的结果；而协同过程，主要体现在如齿轮般耦合传导的三大支撑系统，依次是上层国家的激励系统、下层国家的执行系统和上下互动的试验系统（见图3-1）。

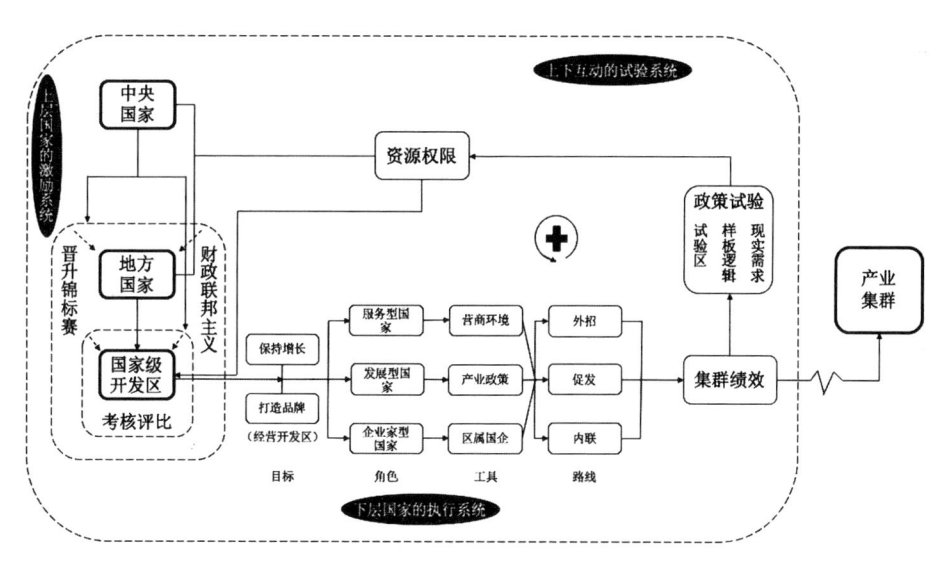

图 3-1　中国国家制造产业集群的过程机制

图片来源：作者自制。

首先，上层国家的激励系统，是整个过程机制的起点和"发动机"，主要解决"何以可欲"的问题。具体来说，由于国家级开发区镶嵌在比较特殊的"央地共管"体制中，呈现出一种"中央考评、地方辖制"的景观，使其一方面，要在层层下解的"压力型体制"下，承担地方国家面对中央国家施以的"财政联邦主义"和"晋升锦标赛"激励而迸发出的繁重经济发展任务；另一方面，还要回应来自授予国家级开发区"帽子"及其实际利好的中央国家的要求,发展比较高级、有特色的产业形态。这种来自央地的双重激励结构,意味着国家级开发区的发展要又"快"(保持增长)又"好"(打造品牌)。然而,从长远角度看,后者能涵盖前者,但前者无法兼容后者,所以国家级开发区会选择对后者真抓实干,而不会策略性应对。如此一来,国家级开发区会自然而然地在开发区范围内深化对某些重点产业的建构和发展,使得无论是在产业集群概念兴起前还是兴起后,都完全符合制造产业集群的目标方向。

其次,下层国家的执行系统,是整个过程机制的"工具箱",主要解决"何以可为"的问题。在国家级开发区有了制造产业集群的动机和目标后,其具有加以实现的工具和能力。因为国家级开发区的日常运作寓于地方国家系统中,所以在理论上,其完全可以混合扮演中国地方国家常见的三种国家角色,分别是"企业家型国家""发展型国家"和"服务型国家",并采用相对应的得力工具——区属国企、产业政策和营商环境。在这些工具思路的支持下,制造产业集群的路线——"外招""促发"和"内联"——是可以被实现的,如此将产生集群绩效。虽然在产业集群理念兴起前,国家级开发区主要从事的是招商引资等活动,但这些本身就构成制造产业集群的前期步骤,后面产业集群理念被接受,无非就是再加入产业相关性规划和促进内部联系等举措,所以从本质上说,可以把前后阶段贯通起来,视国家级开发区一直都在践行制造产业集群的路线。

最后,上下互动的试验系统,以政策试验的方式,为国家级开发区的发展不断放松约束。尽管在前两个系统的作用下,国家级开发区已经能产生一些集群绩效,但要从集群绩效变为产业集群,还需要不断趋好的集群绩效的大量叠加,这要求一个动态的约束放松机制,而中国特色的政策试验实践正好可以发挥这一功能。对于有绩效的国家级开发区来说,往往会成为政策试验的对象。因为一是试验区角色令其拥有政策试验的天然合法性,二是其试验经验和工作绩效满足"寻优"的样板式政策试验逻辑,三是身为经济区的超前发展确实有所需求。当国家级开发区接受政策试验任务后,意味着放松制度约束的优惠政策和试验权限会随之而来,如此相比过去势必会产生更多更好的集群绩效;之后,积累下来的试验经验和更好绩效,又会令其更受上级青睐，进而承接更多更重要的政策试验，由此循环往复。在这个集群绩效与政策试验互强的过程中，集群绩效会不断地提升质量和叠加积累，最终便会形成产业集群。

当然，作为包含细致逻辑链条的呈现，上述过程机制虽然详尽，却也略显繁杂，其还可进一步理论抽象（见图3-2）。实际上，有少部分学者已经发现，研究国家与经济关系的主流政治经济学，往往更关注横向的国家、市场与社会之间的关联如何促进经济发展，但就国家内部纵向层级结构所能发挥的影响，着墨甚少，这对理解中国这种以央地关系为关键线索的大国治理实践来说，是一种缺失。因此，尽管夏明（Ming Xia）认为中国自改革开放以来的发展密码，从根本上来说，还是一种"发展型国家"模型，但他也深刻地意识到，这种提炼自较小规模东亚经济体的强调中央国家集权的理论，不能照搬照抄于中国，故其提出了一个变体式的概念——"双重发展型国家"（dual developmental state）——来试图对中国进行解释。其中，除了更新传统的"发展型国家"理论所抑制的代议机关角色而指出中国特有的行政机关（政府）与代议机关（人大）的"双重"搭配外，还有一个"双重"维度，就是体现在中央和省的央地关系上[①]。不难看出，本书发展出的理论框架，本质上就是属于这一条理论脉络，只不过与夏明指向中央和省的双层国家模型不同的是，我们基于国家级开发区这一特殊制度安排所形成的理论看法，展现出的是一种以国家级开发区及其之上的央地国家为双层国家主体的新模式。而这，其实更接近曹正汉所谓的"上下分治"模型[②]，即上层国家（中央和省市等高层级或中间层级）治官，下层国家（县和乡镇等基层）治民。虽然曹正汉的这个双层国家模型并非为了解释中国的经济发展，而是为了理解中国这套体制是如何分散风险和保持稳定的，但其衍生出来的"上层国家治理下层国家，下层国家治理具体事务"的结构内核，却有助于被用来提炼本书理论框架的深层属性。

[①] Ming Xia, *The Dual Developmental State: Development Strategy and Institutional Arrangements for China's Transition*, （London: Routledge, 2000）, pp. 1-6.

[②] 曹正汉：《中国上下分治的治理体制及其稳定机制》，《社会学研究》2011年第1期。

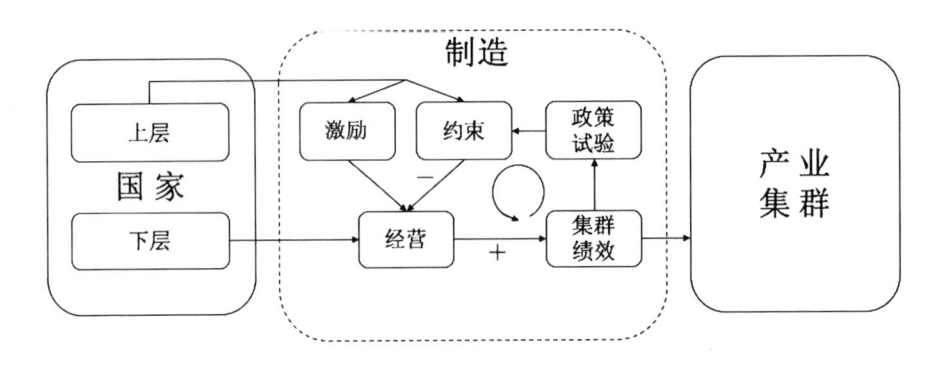

图 3-2　对中国国家制造产业集群的过程机制的理论抽象

图片来源：作者自制。

在这当中，上层国家(中央和母城地方)为下层国家(国家级开发区)创设了激励和约束，使下层国家(国家级开发区)在特定的制度框架下，能按照上层国家(中央和母城地方)的期望方向进行发展。不过，如果一切皆成定数，即便下层国家(国家级开发区)能在一定程度上发挥作为行动者的能动性，但久而久之，也会走向难以突破的均衡稳态，从而发展受限。好在，样板式政策试验机制为解决这一难题贡献了力量。因为其意味着，在保持激励恒定不变的情况下，上层国家(中央和母城地方)会以绩效为判断依据，将政策试验交付给表现良好的下层国家(国家级开发区)。此举使下层国家(国家级开发区)收获了有关优惠政策和试验权限的利好，由此相当于放松了对下层国家(国家级开发区)的制度约束，使其能进一步发展。在这个意义上，我们完全可以把政策试验当成是一个分配资源的过程，而且由于样板式政策试验逻辑的作用，其还十分类似于市场机制，因为资源都被分配到具有效率的地方，只不过这里的资源表现为用以放松约束的特殊政策和权限而已。此外，类市场机制往往蕴含着"马太效应"，即不仅效率(集群绩效)吸引资源(政策试验)，而且资源(政策试验)还会产生效率(集群绩效)，并再吸引更多的资源(政策试验)，如此循环互强，叠加积累，到一定程度后，自然会产生跨越式发展(产业集群)。

正因如此，可以认为中国国家制造产业集群之过程机制的深层内核，是

第三章 配置"特权":一个理论框架

一个发生于国家内部的类市场资源配置过程。因为从本质上说,带来产业集群形成的不断趋好的集群绩效积累,就得益于此。所以,本书取"市场配置资源"话语中体现效率和去人格化色彩的"配置"(相对于"分配")一词,再把"资源"替换成独属于政治系统的体现为特殊政策和权限的所谓"特权",从而将其概念化为配置"特权"这一说法,用以作为对整个中国国家制造产业集群之过程机制的抽象性概括。

需要特别提及的是,倪星等研究者通过对深圳经济特区的观察,也得出了与本书较为相近的理论看法[①]。不过,二者既有联系也有区别。为进一步定位清楚本书理论逻辑的实质,有必要在此进行一些讨论。在倪星看来,深圳之所以能取得如今的全面发展,跟中央依次从经济、政治、社会各个方面不断下放的权限相关。具体来说,这里面蕴涵着一种中央与深圳共演的逻辑,即深圳在每次中央下放权限后,都能牢牢地抓住机会,好好表现以回馈优异的绩效,使得中央能施以信任、彰显合法性乃至收获实惠,从而接连不断地赋权其进行各方面的改革。毫无疑问,这一理论看法增强了本书的理论信心,因为其跳出了传统零和博弈视阈下的中国央地关系,描绘了一幅层级国家协作促发的生动图景,并揭示了上下层级国家间"权—绩互动"的内在逻辑,这些都能为我们前述理论建构提供相关文献支持。

但是,二者也有一些不一样的地方。首先,对于"权—绩互动"所依托的机制基底,与本文强调的作为中国重要治理机制的样板式政策试验不同,倪星更多是将政策试验——深圳最初的经济特区角色——当成是开启展现深圳实力的"序章",后续中央与深圳的互动放权,主要是一种政治意义上的、缺乏制度化机制支撑的"互探""互嵌"和"互惠",当然这可能与深圳这一较为特殊的案例有关,但在深圳之外,其就难以让人评估到底在何种意义上是可能具有普适性的中国治理实践。其次,正是由于这一原因,使得本书最终建构出来的理论机制类型,是一种集群绩效与政策试验互相积累的下层国家(国家级开发区)"增叠模型",而非如倪星所示的上层国家(中央)与下层国家(深圳)

---

① 倪星、郑崇明、原超:《中国之治的深圳样本:一个纵向共演的理论框架》,《政治学研究》2020年第4期。

互促的"共演模型",这构成二者最实质性的区别。

由此,我们可以更清晰地看到,配置"特权"的理论实质,并不是目前比较风靡的共演,尽管它们都因具有上下层级国家间的互动和权力与绩效间的互动而颇为相似,但从根本上来说,其还是一种针对特殊政策与权限的"分配"。此时上层国家与下层国家的角色关系是"分配者"与"被分配者",而不是互相促进的"互助者"。只不过在样板式政策试验的作用下,这种分配具有了"市场配置资源"的效率和去人格化特征,使被分配的对象能在特殊政策和权限这些"资源"层面好上加好、越来越好,从而实现产业集群这种跨越式发展,所以才取能体现市场色彩和国家色彩的两个词汇加以组合,形成与之贴合的配置"特权"概念

第四章 操作化：方法、假说与案例

在提出研究问题和建构理论框架的基础上，本章将开始聚焦于理论与经验联结的操作化部分，重点论述操作化的整体思路及其合理性。具体而言：第一节将首先说明本书拟采用的研究方法和具体技术，并澄清本书所秉持的基本方法论立场，以使本书的发现和贡献能被更有针对性地评估；第二节将提出理论框架成立的预测经验表现，即能被经验检验的六个研究假说；第三节将交代本书选择广州开发区作为案例的具体缘由，其中尤为关注广州开发区案例的效度，包括建构效度、内部效度和外部效度三部分，即分别回答"为何广州开发区适合本书研究问题""为何广州开发区有助于排除竞争性假设"以及"以广州开发区为经验支撑的理论在何种程度上能外推至其他经验"的问题；而在效度之余，第四节将紧接着探讨源自广州开发区的经验材料的信度，在这过程中，将具体呈现资料来源和资料收集方式等细节；第五节将转向案例内容，通过对广州开发区的介绍，使大家对案例有一个较为全面的背景性和概览性认识。

第一节 研究方法：选择、应用与澄清

科学研究都建基于一套合适、透明的方法思路。所以，本节将在交代本书所选择的研究方法及其具体应用的基础上，进一步从方法论角度对其进行科学性的探讨，以尽可能澄清相关误解和非议。

一、方法选择

本书将采用个案研究方法中的理论检验型过程追踪技术，理由如下：

第一，由于本书探索的是"如何"(how)类型的研究问题，因此相比其他研究方法而言，案例研究方法可能更为合适①。进一步地，从政治科学乃至整个社会科学孜孜以求的"圣杯"②——因果关系——来看，实际上所谓"如何"类型的研究问题，其背后隐藏的是对因果机制的好奇和追寻。"而过程追踪法可以说是唯一能让我们去研究各种因果机制的方法"③。因此，本书将在案例研究方法下具体采用过程追踪的相关技术④。

第二，作为隶属于案例研究方法的一种技术手段，过程追踪实际上具有特定的方法论内涵⑤。一般来说，根据案例数量的不同，案例研究可分为个案研究和多案例研究两种类型。后者因为案例数量的非单一性，使其可通过研究者的设计有意识地控制住不同案例间的混淆变量，从而比较准确地识别目标变量间的共变关系，以进行跨个案推论(cross-case inferences)；而前者由于案例数量单一，无法比较，所以其采取的是一种在个案内推论(within-case inferences)因果机制的思路，以解密自变量与因变量间的传导过程。这二者是当代社会科学界认可度较高的两种因果关系推论进路⑥，而过程追踪技术，其实就是服膺于个案因果机制推论传统下的一种具体策略。因此，更准确地说，

---

① 罗伯特·K.殷：《案例研究：设计与方法》(第5版)，周海涛、史少杰译，重庆大学出版社，2017，第13页。

② 左才：《政治学研究中的因果关系：四种不同的理解视角》，《国外理论动态》2017年第1期。

③ 德里克·比奇、拉斯穆斯·布伦·佩德森：《过程追踪法：基本原理与指导方针》，汪卫华译，格致出版社、上海人民出版社，2020，第2页。

④ 尽管过程追踪常被人直接称为一种方法，但当它与案例研究方法并置时，为了凸显二者在方法论层次上的差异，本书将统一使用比"方法"次一层的"技术"来表述过程追踪。亦即，案例研究是一种方法，而过程追踪只是进行案例研究的其中一种可选择的技术，因为事实上还有其他可进行案例研究的技术，比如"一致法"(the congruence method)。关于"一致法"，可详见 Alexander L. George, Andrew Bennett, *Case Studies and Theory Development in the Social Sciences*, (Cambridge: MIT Press, 2005), Chapter 9.

⑤ 德里克·比奇、拉斯穆斯·布伦·佩德森：《过程追踪法：基本原理与指导方针》，汪卫华译，格致出版社、上海人民出版社，2020，第4页。

⑥ 刘骥、张玲、陈子恪：《社会科学为什么要找因果机制——一种打开黑箱、强调能动的方法论尝试》，《公共行政评论》2011年第4期。

本书要采取的案例研究方法是个案研究。

第三，根据研究情形和研究抱负的差异，过程追踪技术还可被区分成三种变体，分别是理论检验型、理论建构型和解释结果型。前两种类型的过程追踪技术以理论为中心，试图就某一单个案检验成立，或从某一单个案归纳而来的因果机制，进行可推广至其他有限个案总体的一般化；而最后一种类型的过程追踪技术则对解释个案本身的现象更感兴趣，因此，其只需要就事论事地提供最低限度的充分解释即可[①]。由于本书旨在针对研究问题提出基于理论和逻辑推导的解释框架，再寻求有效的经验检验，所以总体上更适合使用理论检验型过程追踪技术。

二、方法应用

在比奇和佩德森（Derek Beach, Rasmus Brun Pedersen）专门就过程追踪所著的集成之作——《过程追踪法：基本原理与指导方针》（*Process-Tracing Methods: Foundations and Guidelines*）——的指引下[②]，结合本书探索的具体议题，在此作一个大致的操作说明：第一步，由于本书探索的是在中国情境下国家如何制造产业集群的理论问题，所以在理论层面上，关注介于国家与产业集群之间的因果机制，这在前面的理论框架部分已经进行了详细的论述；第二步，对于理论框架所展现的因果机制，需要操作化成可观察到的经验表现，即提出"如果理论框架成立，则其在现实中应该呈现出何种表征"的假说，与此相关的内容将在下一节中涉及；第三步，在明确因果机制成立应当具有的经验表现后，需要选择合适的案例经验材料与其进行比对，从而检验因果机制是否真实存在，这里会涉及案例选择的效度问题（建构效度、内部效度和外部效度）和资料收集的信度问题，这部分内容将在第三和第四节中展开。上述三步就是本书应用理论检验型过程追踪技术的完整流程，关于其更直观的展示，见图4-1。

[①] 德里克·比奇、拉斯穆斯·布伦·佩德森：《过程追踪法：基本原理与指导方针》，汪卫华译，格致出版社、上海人民出版社，2020，第21页。

[②] 德里克·比奇、拉斯穆斯·布伦·佩德森：《过程追踪法：基本原理与指导方针》，汪卫华译，格致出版社、上海人民出版社，2020，第14-16页。

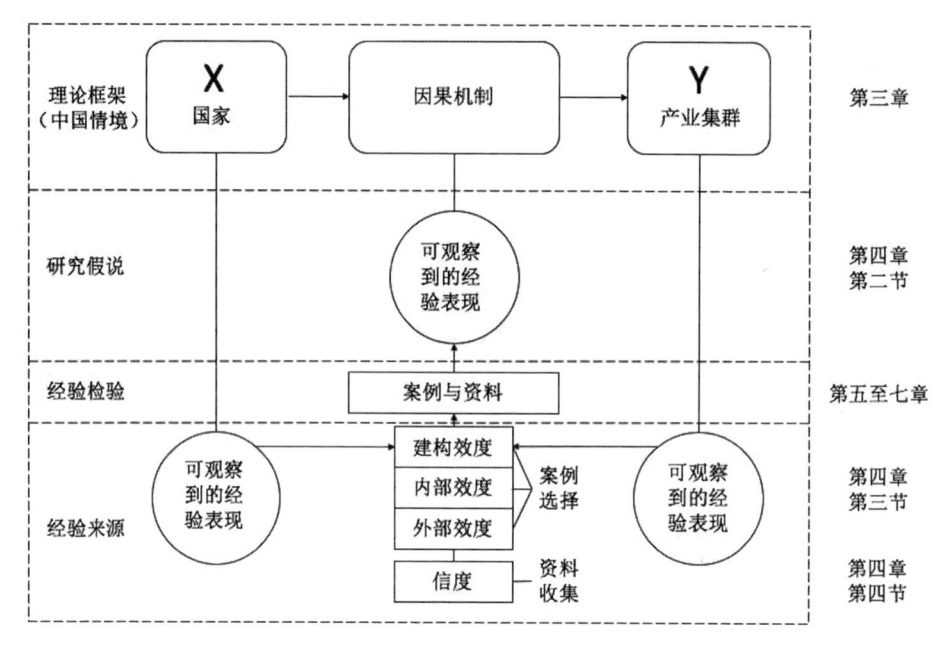

图 4-1 本书应用理论检验型过程追踪技术的思路

图片来源：作者自制。

三、方法澄清[①]

在开始假说提出、案例选择与资料收集等相关论述之前，还需花费一定的篇幅，进行一些方法上的澄清和讨论。不难看出，本书完全采用定性研究的方法进路。尽管定性研究和定量研究都属于经验主义的研究范式，但在科学主义和后实证主义大行其道的背景下，定性研究与定量研究之间的方法论争经久不息，而且往往始于定量研究的强势"挑衅"[②]。在这个意义上，所有试图完全采用定性研究方法的研究者，都不免需要对来自科学主义的诘问有所准备，特别当其不满足于阐释主义传统（interpretive traditions）就事论事的

[①] 这部分主要内容已成文为《定性研究科学价值的争议》，发表于《社会科学报》2024年1月18日第5版。

[②] 盛智明：《超越定量与定性研究法之争——KKV对定性研究设计的启发》，《公共行政评论》2015年第4期。

第四章 操作化：方法、假说与案例

"理解"（understanding），而想在一定程度上寻求具有普遍性的"解释"（explaining）时[1]，这种需求便变得更为强烈。总体来说，定量研究由于在统计学基础上，更擅长以相对标准化的观察方式去获致一般化的结论，使其占据了社会研究方法的"科学主义高地"。这给案例研究这种传统定性方法带来的选择是：要么尽量接受控制比较或随机抽样等定量逻辑的"改造"和"收编"，要么被以定量研究为代表的后实证传统贴上非科学化的标签从而"不上台面"。因此，在科学主义标准下，如果说定量研究与定性研究之间已经有所谓的鄙视链的话，那在案例研究这种定性阵营内部，同样存在比较案例研究与个案研究的鄙视链，因为相较之下，个案研究与定量研究的距离更加遥远，且难以被兼容。

遗憾的是，本书正好选择了最不被科学主义"待见"的个案研究方法，还尝试以发展具有一定外推性的普适理论为目标。所以，与许多定量研究批评的定性研究"不讲方法"[2]恰恰相反，本书认为要多讲方法，讲好方法，如此才有助于更好地判断究竟可从何种程度来信任本书的结论和贡献。与自然科学的研究对象——物质世界——在本体论上明确的客体性不同，关注人及其衍生关系的社会科学，在模仿自然科学方法的过程中，面临着研究对象主体性与自反性的深刻张力，对这一问题的不同理解，构成了实证主义与阐释主义两支传统的根本分歧[3]。对定量研究来说，由于其本身就脱胎于实证主义范式，所以在科学主义成为社会研究主流的当下，其不仅毫无抵牾，而且还被奉为典范；但对定性研究而言，当其不满足于原先的阐释主义传统而试图寻求科学性的加持时，就不免需要在"骑墙之势"下遭受比较多的非议和讨论。因此，与其把定性与定量之争描绘成是一场势均力敌的论战，还不如坦然接受现实，承认更多是主流的科学主义话语下，定量研究对定性研究不科学的

---

[1] 朱天飚：《定性研究：从实证到解析》，载巫永平主编《公共管理评论》（2017年第3期），社会科学文献出版社，2017。

[2] 加里·金、罗伯特·基欧汉、悉尼·维巴：《社会科学中的研究设计》，陈硕译，格致出版社、上海人民出版社，2014，第222页。

[3] W. Lawrence Neuman：《当代社会研究法：质化与量化途径》，王佳煌、潘中道、郭俊贤、黄玮莹译，学富文化事业有限公司，2002，第132-142页。朱天飚：《〈社会科学中的研究设计〉与定性研究》，《公共行政评论》2015年第4期。

攻讦和批评。正是在这一意义上，所有想挤进"主流圈"的定性研究都不得不在方法层面反思自己到底如何以及在何种程度上能接近科学主义强调的规范。当然，鉴于此法始终难免"王婆卖瓜"之嫌，因而本书更为主张通过为定性研究寻求各种方法论资源的方式，来客观呈现不同学派就定性之科学价值这一议题所作的争议，如此或能在尽量规避因视野局限而导致的方法偏见甚至是方法霸权的基础上，将对一项定性研究的评价视野与品鉴自由拓展至一个更宽广的境地。为实现这一目标，我们需聚焦于本书具体采用的个案研究方法及其所在的定性研究阵营，看看现有的方法"百家"是如何从不同角度理解其科学可能性的。

目前最为悲观的论调，大抵源自以 KKV[①] 为典型代表的定量研究强硬派。他们认为，观察值等于1的所谓个案研究，几乎不可能取得科学的因果推论。"在这些研究中研究者手头只有一个观察值，即 n=1。也许有人质疑，如果确实只有一个观察值的话，如何避免'因果识别中的根本问题'呢？我们的答案是：无法避免。但实际情况是，即使在这些单样本案例研究中，研究者仍然可以在样本内发现一些观察值并做比较"[②]。正如这句话想表达的，KKV 尝试给定性研究树立一套科学化的标准，方法就是把定性研究完全统合到定量范式中[③]，这使得他们的思路整体上根植于定量因果效应推论的比较逻辑。在他们看来，就算是用个案进行证伪性的反常案例分析，或是用极少数案例进行控制比较的"类比推理"，都具有缺陷。因为从定量逻辑来看，一方面，世界运行的本质是概率性的，用个案试图证伪理论毫无意义；另一方面，无论是要验证假设还是减少测量偏误，都需要更多的观察值来为我们提振信心，只有纯粹的比较设计被认为是远远不够的。然而，一味强调尽可能多的观察值数量而不给出底线式的论断未免差强人意。因此，在经过一番严格的

[①] KKV 特指加里·金(Gary King)、罗伯特·基欧汉(Robert O. Keohane)、悉尼·维巴(Sidney Verba)所著的《社会科学中的研究设计》(*Designing Social Inquiry: Scientific Inference in Qualitative Research*)一书。为行文方便，本书以这个广泛流传于政治科学界的缩写指代。

[②] 加里·金、罗伯特·基欧汉、悉尼·维巴：《社会科学中的研究设计》，陈硕译，格致出版社、上海人民出版社，2014，第202页。

[③] 陈玮、耿曙、钟灵娜：《白话〈社会科学中的研究设计〉：日常思考的语言与研究设计的逻辑》，《公共行政评论》2015年第4期。

第四章 操作化：方法、假说与案例

数理论证后，KKV估计出了起码的观察值数量，"在最简单的情况下，即残差方差较小、核心解释变量方差较大、核心解释变量与控制变量不相关且对推论确定性不高的情况下，大约5到20个观察值足够了"[①]。以上这些论述均指向KKV的一个总体观点，即个案研究难以胜任科学性的因果效应推论，唯一的解决方案，就是研究者尽可能运用各种方式去增加观察值的数量，除此之外别无他法。不难看出，KKV之说，实际上完全否定了个案研究的科学价值，这给已经采用或者试图采用个案研究方法的研究者带来了巨大的压力。不过所幸的是，他们作出的论断也仅是一家之言，因为有许多研究者提供了另一些截然不同的逻辑和观点。

以格尔茨和马奥尼（Gary Goertz，James Mahoney）所著的《两种传承：社会科学中的定性与定量研究》（*A Tale of Two Cultures：Qualitative and Quantitative Research in the Social Science*）为典型代表的新兴定性学派，开创性地将布尔代数和集合论的数学思想引入到对定性研究的科学认识中[②]，以此反抗建基于线性代数逻辑的定量研究的粗暴指责。在他们看来，经典的定性和定量研究实则根植于不同的数理逻辑。定量研究所依凭的线性代数更多关注对总体内平均效应的因果估计，这使得他们对定性研究主张的"立意取样"嗤之以鼻，因为所有对特定样本的有意偏私，都会影响到统计模型估计的准确性。但是，当小样本的定性研究更多遵循的是集合论式的因果模型时，情况则大为不同，此时样本选择的偏差不再体现于按照因变量选择案例或非随机所带来的系统性偏误[③]，而是研究者所选取的观察对象能否用以检验充

[①] 加里·金、罗伯特·基欧汉、悉尼·维巴：《社会科学中的研究设计》，陈硕译，格致出版社、上海人民出版社，2014，第210页。

[②] 实际上更早将布尔代数和集合论思想引入社会科学研究领域的，是拉金（Charles C. Ragin）开发的号称超越定性与定量研究的定性比较分析（qualitative comparative analysis，简称QCA），但格尔茨和马奥尼的这本著作将布尔代数和集合论逻辑上升至定性研究传统的高度。关于拉金的著述，可参见：Charles C. Ragin, *The Comparative Method：Moving Beyond Qualitative and Quantitative Strategies*, (Berkeley：University of California Press, 1987); Charles C. Ragin, *Redesigning Social Inquiry：Fuzzy Sets and Beyond*, (Chicago：The University of Chicago Press, 2008).

[③] 陈超、李响：《逻辑因果与量化相关：少案例比较方法的两种路径》，载巫永平主编《公共管理评论》（2019年第1期），社会科学文献出版社，2019。

分/必要条件类型的理论假设[1]。因此，尽管有些追求因果效应推论的定性研究也可以遵循来自定量的指导，但是，不能简单反推所有不符合定量规范的定性研究就完全失去了科学价值，因为有相当一部分定性研究并不处于线性代数的数理逻辑之下，而是另一种布尔代数和集合论式的因果思路。在这种情况下，定量研究对小样本定性研究所宣称的诸种取样批评，实际上难以成立。

还有一支与此相关的方法论文献，虽然不是从两种数学思想的区分出发，但也同样反对定量抽样逻辑对案例研究的误解和规训。在他们看来，定量研究的那套抽样技术是为服务于统计学原理支配下的"样本—总体"式推论而诞生的。这种从样本推论总体的思路，要求必须符合统计学的一些前提假设，随机样本就是当中很重要的一个方面。但是，盲目将这套规则平移至案例研究中，实际上并不合理。因为案例研究的推论逻辑从来就不是统计推论，而是一种与实验研究相似的类型学（typology）。这种类型学方式，通过寻求符合类型属性的案例，在"类型同质"思路的指导下，以对案例的分析来推论类型的特征，从而实现直接的理论建构或对话[2]。除了类型学外，有些学者也将案例研究的这种推论思路概括为"分析性归纳"（analytic generalization）。与定量研究把案例看成样本的"统计性归纳"（statistical generalization）不同，基于"分析性归纳"逻辑的案例研究，是把自身看作"揭示一些理论概念或原则的机会"，而非推导总体属性的工具[3]。这一方面强调了案例研究中的案例并不是用以推论总体的样本，另一方面突出了案例研究进行理论外推的方式，是寻求案例在类型学上的典型性，而不是统计学上的代表性[4]。如此一来，定量研究对案例研究取样缺乏代表性的指控，便显得全然文不对题。

第二种个案研究的辩护方式源自对因果关系本体论的辨析和拓展。目前

---

[1] 加里·格尔茨、詹姆斯·马奥尼：《两种传承：社会科学中的定性与定量研究》，刘军译，格致出版社、上海人民出版社，2016，第 216-217 页。

[2] 耿曙、陈玮：《比较政治的案例研究：反思几项方法论上的迷思》，《社会科学》2013 年第 5 期。

[3] 罗伯特·K.殷：《案例研究：设计与方法》（第 5 版），周海涛、史少杰译，重庆大学出版社，2017，第 50-52 页。

[4] 王宁：《代表性还是典型性？——个案的属性与个案研究方法的逻辑基础》，《社会学研究》2002 年第 5 期。

第四章 操作化：方法、假说与案例

学界对因果关系的主流认知，除了定量研究最擅长推论的以"因素"为表现形式的因果效应外，还包括解释变量与被解释变量间以"过程"为表现形式的因果机制[1]。尽管定量研究也凭借"中介变量"(intervening variables)思路来试图填补机制识别的空白[2]，但有一些学者指出，以在解释变量与被解释变量间再塞入变量的形式来充当因果机制，实则同样难以摆脱因果效应推论的窠臼[3]。因为中介变量的出现虽然让人对解释变量与被解释变量之间的关系多了一层认知，但还是无法揭示两个目标变量间的力量传导过程。用更形象的比喻加以表达就是，中介变量最多把解释变量与被解释变量之间的机制从"黑匣子"变成"灰匣子"，但当中更为深入复杂的"通道"则依旧是一团迷雾。正是在这一意义上，定量研究用开辟中间因果效应的方式来替代因果机制的尝试是失败的，因果机制区别于因果效应的独特的本体论属性应该被予以正视。

简单来说，因果机制可以被描述为在解释变量与被解释变量间传递因果力量的一系列相互连结的部件所组成的系统[4]，因果机制是"一项效应产生的转动装置或中介"[5]，将其视为效应形成的路径或过程，是总体上大家最能接受的共识[6]。这一定义明确区分了因果效应与因果机制的本体差异，同时也决

---

[1] 约翰·吉尔林：《案例研究：原理与实践》，黄海涛、刘丰、孙芳露译，重庆大学出版社，2017，第34页。

[2] 加里·金、罗伯特·基欧汉、悉尼·维巴：《社会科学中的研究设计》，陈硕译，格致出版社、上海人民出版社，2014，第83页。Tulia G Falleti, Julia F. Lynch, "Context and Causal Mechanisms in Political Analysis", *Comparative Political Studies*, Vol. 42, No. 9, 2009. Peter Hedstrom, Petri Ylikoski, "Causal Mechanisms in the Social Sciences", *The Annual Review of Sociology*, Vol. 36, 2010.

[3] Mario Bunge, "Mechanism and Explanation", *Philosophy of Social Sciences*, Vol. 27, No. 4, 1997. James Mahoney, "Beyond Correlational Analysis: Recent Innovations in Theory and Method", *Sociological Forum*, Vol. 16, No. 3, 2001. David Waldner, "Process Tracing and Causal Mechanisms", in H. Kincaid (ed.), *The Oxford Handbook of Philosophy of Social Science*, (Oxford: Oxford University Press, 2012), pp. 65-84.

[4] Stuart S. Glennan, "Mechanisms and the Nature of Causation", *Erkenntnis*, Vol. 44, No. 1, 1996. Stuart S. Glennan, "Rethinking Mechanistic Explanation", *Philosophy of Science*, Vol. 69, No. S3, 2002.

[5] Gudmund Hernes, "Real Virtuality", in P. Hedstrom, R. Swedberg (eds.), *Social Mechanisms: An Analytical Approach to Social Theory*, (Cambridge: Cambridge University Press, 1998), pp. 74-101.

[6] John Gerring, "The Mechanismic Worldview: Thinking inside the Box", *British Journal of Political Science*, Vol. 38, No. 1, 2008.

定了二者识别策略的分歧：对前者来说，其主要依靠以控制比较为基本原理的跨个案推论来实现；而后者则需要进入案例内部，通过深入挖掘的个案内推论来加以追踪。正是这种对因果关系本体论的辨析和拓展，使得原本饱受定量研究批评的个案研究，不仅不需要与定量研究在同一个因果维度下想方设法地自证"清白"，反而摇身一变，成为研究另一类因果关系的独具优势者，从而与以定量研究为典型代表的比较思路互为补充。

最后，还有一些学者从"理论目标"的角度出发，去认识包含个案研究在内的定性研究的独特科学价值。在他们看来，以演绎和证伪为主要逻辑思路的定量研究，更多承担的是对既有理论在更大观察值规模上的系统检验工作。换言之，定量研究的"理论目标"是检验理论，是在逐步扩大经验范围的基础上，去看既有理论是否还得以成立，从而不断更新学术共同体对某项理论的信心。不过科学研究的"理论目标"显然不只有检验理论，还包括发展理论，这二者共同构成科学知识进步的完整闭环。与定量研究对观察值信息的抽象降维不同，定性研究更主张对观察对象经验情境与丰富细节的深度描绘。在这过程中，部分源自真实世界且异于既有理论认知的崭新经验，经过研究者适当的归纳和提炼，就可被概念化和理论化成新的研究假说。这是定量研究所难以胜任的，但却是定性研究之所长。因此，学者们指出，从"理论目标"的角度看，定性研究的科学价值正体现在其发展理论的独特功能[1]，只有通过定性研究不断提出新的理论假说，再续以定量研究大范围的系统性检验，方能使人类的社会科学知识去芜存菁，更新发展。

需要强调的是，对定性研究基于小范围经验提出理论可能性的科学价值，可以在传统的归纳逻辑之外予以拓展。实际上，在现有的定性研究中，从经验归纳概念或理论固然是其中一种形式，但也存在不少先推论出理论假说，再以个案或少量案例进行"检验"或"说明"的呈现方式。尽管后者看似更接近

---

[1] David A. Freeman, "On Type of Scientific Inquiry: The Role of Qualitative Reasoning", in H. E. Brady, D. Collier(eds.), *Rethinking Social Inquiry: Diverse Tools, Shared Standards* (Second Edition), Plymouth: Rowman, Littlefield Publishers, Inc., 2010, pp. 221-236. Alexander L. George, Andrew Bennett, *Case Studies and Theory Development in the Social Sciences*, (Cambridge: MIT Press, 2005), Chapter 1.

第四章 操作化：方法、假说与案例

定量研究的演绎思路，也容易招致"循环论证"的批评[1]，但只要经过定性资料支持的理论洞见有所新意，而非用新经验对既有理论进行检验，其实就满足定性研究发展理论的科学功能。因为总体上定性研究在理论发展方面的价值并不取决于成果呈现上的"先经验、后理论"或"先理论、后经验"，而是看基于一定经验支撑的理论说法是否为新。苛求定性研究的归纳形式，甚至以此作为评价标准，实则是把科学研究过程的非线性逻辑（在理论与经验间不断穿梭）与成果呈现的线性形态相混淆，而没有意识到这本质上是一个理论对话问题[2]。

通过上述有关个案研究乃至定性研究科学价值的争论，本书力图表明一个基本观点，即尽管学界对科学主义旗帜下的社会研究方法保有一些起码的共识，但在不同方法流派之间，分歧还是远大于共识，且彼此很难争论出是非对错与高低贵贱，反而更多呈现出的是一种百花齐放与优劣互补的并行状态。这实际上与华勒斯坦等人（Immanuel Wallerstein et al.）对社会科学知识所作出的"多元化的普遍主义"[3]判断如出一辙，即不仅社会科学知识无法实现如自然科学知识一般的范式转换[4]，而且用以研究社会科学知识的方法本身，也很难声称某一种方法思路具有可替代他者的绝对优势与主导地位。所有试图展现方法霸权的尝试，至少在目前看来都并不成功。因此，对绝大多数理性的社会科学研究者来说，尊重方法多元主义形态，抛弃偏执狭隘的方法成见，或许是一个更为高级、健康的方法观念[5]。

具体到本书所使用的个案研究方法，我们旗帜鲜明地反对以KKV为典型代表的定量研究强硬派对个案研究和定性研究科学价值的全然抹尽。因为从前文展现的对个案研究和定性研究科学价值的诸种辩护来看，本书应当能通过搭载过程追踪技术的个案研究方法，来挖掘中国情境下国家与产业集群之

---

[1] 蒙克、李朔严：《公共管理研究中的案例方法：一个误区和两种传承》，《中国行政管理》2019年第9期。侯志阳、张翔：《公共管理案例研究何以促进知识发展？——基于〈公共管理学报〉创刊以来相关文献的分析》，《公共管理学报》2020年第1期。
[2] 于文轩：《中国公共行政学案例研究：问题与挑战》，《中国行政管理》2020年第6期。
[3] 华勒斯坦 等：《开放社会科学》，刘锋译，生活·读书·新知三联书店，1997，第64页。
[4] 托马斯·库恩：《科学革命的结构》，金吾伦、胡新和译，北京大学出版社，2003，第61页。
[5] 唐世平：《超越定性与定量之争》，《公共行政评论》2015年第4期。

间的因果过程机制，这主要凭借个案典型性的类型学推论来实现，从而使这一理论能在相当程度上解释当代中国的其他同类型案例；就算对个案研究的外部推论逻辑持有一些怀疑态度，那本书至少也能在个案经验基础上，提出一种解释中国国家如何制造产业集群的理论可能性，以供后来研究进一步检验和参考。当然，正如前文所述，所有社会科学研究方法的争论，归根结底，与其说是理性之争，不如说是信仰之战，这使得很多方法偏好和批评实际上难以避免。在这个意义上，本书所能做的努力，无非是在尽量呈现多元方法图景的同时，鲜明地提出自身的方法论立场，至于余下的品评之权，只能尽数交予众人。

第二节 研究假说：理论框架成立的经验表现

由于理论框架是在理论和逻辑上推演的抽象模型，所以如果想让其适用于具体经验的检验，还需要一个从抽象到具象的操作化过程。对此，一个与过程追踪技术相匹配的简明的指导思路如下："过程追踪中经验检验的逻辑是，如果我们期望 X 导致 Y，则 X 和 Y 之间的机制的每个部件都应留下可在经验材料中观察到的预测经验表现。要探查这些表现形式或指纹，就需要提出精心制定的就事论事的预测，预测若假设的机制部件存在则哪些证据是我们应预期看到的"[①]。在这个意义上，本书要想用经验材料来检验前文提出的理论框架是否成立，得先根据理论框架所呈现出的"故事"，分机制部件，进一步推导出其会在经验层面表现出来的状态，以作为可被经验判断的研究假说。如此，方能接续后面的经验检验工作，通过看研究假说被经验支持的情况，来回溯推定本书理论框架的可靠程度。

从第三章理论框架部分不难得知，中国国家制造产业集群的过程机制，可分为上层国家的激励系统、下层国家的执行系统和上下互动的试验系统，

[①] 德里克·比奇、拉斯穆斯·布伦·佩德森：《过程追踪法：基本原理与指导方针》，汪卫华译，格致出版社、上海人民出版社，2020，第102页。

第四章　操作化：方法、假说与案例

共三大机制部件。它们彼此环环相扣、耦合互连，一起构成中国情境下从国家到产业集群的中间进路。因此，在提出研究假说的过程中，可直接以这三个系统为界来进行划分，根据其各自描绘的理论逻辑，来预测在相应机制部件下，应该会出现何种经验表现。

首先，在上层国家的激励系统中，其主要强调扮演下层国家角色的国家级开发区，受到了作为上层国家的中央国家和地方国家的双重激励。具体来说，地方国家在中央国家的"财政联邦主义"和"晋升锦标赛"激励框架下，十分注重经济数量增长，所以分解压力至下属的国家级开发区，要求其保持经济数量增长；而另一边直接来自中央国家的考核评比却有所不同，其比较关注国家级开发区在经济和产业发展质量方面的成绩。基于此，可以预测若其得以成立，则最先应该在经验上观察到中央国家和地方国家与国家级开发区的上下级关系，否则一切便无从谈起。此外，国家级开发区应当确实面临来自中央国家关注经济和产业发展质量的考核评比行为，以及来自地方国家下解的经济增长压力。因此，本书提出有关上层国家的激励系统的两个研究假说，分别是：

H1-1　国家级开发区有来自中央和地方的双头管理者。

H1-2　**中央管理者侧重从经济和产业质量方面考核国家级开发区，地方管理者侧重要求国家级开发区保持经济数量增长。**

其次，在下层国家的执行系统中，其主要突出在双重激励型塑了国家级开发区重数量又重质量的发展方向后，面对后者这一指向特定重点产业的开发区集聚和发展的更高要求，国家级开发区有能力加以实现的合理性。通过挖掘"企业家型国家""发展型国家"和"服务型国家"这三重地方国家角色，指出日常管理运营镶嵌于中国地方国家的国家级开发区，完全可以在混合扮演这三重国家角色的基础上，凭借对应的区属国企、产业政策和营商环境工具，去依据产业链或产业相关性，招引外部企业或机构进入开发区，并促进其发展和联系，从而产生集群绩效。如果这套理论逻辑成立，应当看到国家级开发区在其日常管理运营中，会去吸引各种企业和机构入驻开发区，同时实施一些政策举措，来帮助和支持区内主体成长，并让它们有相互联系和合作的机会或动力。而且，做这些事情的工具主要有三类：一是让其下属的国有企业发挥作用，二是实行有各种优惠的产业政策，三是不断优化开发区的营商环境。当然，他们所有的这些行动都是围绕某些重点产业展开的，甚至会有明显的产业相关性思路和产业链布局，而非杂乱无章地肆意妄为。因此，本书提出有关下层国家的执行系统的两个研究假说，分别是：

H2-1 国家级开发区围绕重点产业方向，依据产业链和产业相关性思路，招引区外企业和机构入驻开发区，并促进区内相关主体发展、联系与合作。

H2-2 在这过程中，国家级开发区主要使用三类工具，分别是让下属国有企业予以协助、实施优惠性的产业政策和构筑便捷良好的营商环境。

最后，在上下互动的试验系统中，其主要论述了中国特色的样板式政策试验实践，会十分青睐有绩效表现、有现实需求且本身就作为试验区存在的国家级开发区，从而给它赋予伴随着优惠政策和试验权限的政策试验任务，使其能在放松制度约束的情况下，创造更多更好的集群绩效，进而再承接更多更重要的政策试验任务，如此循环往复，绩效增叠，最终导致从量变到质变的产业集群得以出现。所以，这套理论逻辑试图告诉我们，政策试验所带来的制度约束放松，对国家级开发区制造产业集群而言，是尤为必要的。而且，其往往要经历多次政策试验的加持，才能实现从集群绩效到产业集群的跨越。这意味着，如果上述说法成立，我们应当在经验上观察到那些成功制造出产业集群的国家级开发区，会有多次政策试验的叠加。但是，本身就作为试验区角色的国家级开发区，承接过多次政策试验任务，并不必然说明上述逻辑的成立。不过，如果理性、能动的国家级开发区，很清楚承接政策试验对其自身发展来说有所作用，并且事实上也为此采取行动，那就为支持本书的理论逻辑，形成了一个有力的补充。因此，本书提出有关上下互动的试验系统的两个研究假说，分别是：

H3-1 国家级开发区在成功制造出产业集群的过程中，有着多次政策试验的叠加。

H3-2 国家级开发区很清楚政策试验对其发展的作用和意义，并会为了承接政策试验而采取行动。

综上所述，本书根据中国国家制造产业集群之过程机制的三大机制部件——上层国家的激励系统、下层国家的执行系统和上下互动的试验系统——各提出了两个可供经验检验的研究假说,共计六个研究假说。具体而言:本书认为中国国家制造产业集群的过程机制,本质上是一种配置"特权",这在第三章理论框架部分的末尾,已经进行了提炼;而这个机制的运转,是由上述耦合互连的三大系统共同完成的;但是,由于这些仍属于理论逻辑上的抽象模型,难以被现实经验检验,所以,我们进一步预测了若其得以成立所应当表现出来的经验状态,以作为操作化的研究假说。至此,一个包含理论实质、理论内容和理论测量的完整理论模型已被建构出来(见表4-1),后续将通过典型案例经验的检验,来看其能否被证实。

表4-1 中国国家制造产业集群之过程机制的理论实质、内容和测量

理论问题	理论实质	理论内容	理论测量
中国国家如何制造产业集群?	配置"特权"	三大机制部件	
		上层国家的激励系统	研究假说H1-1:国家级开发区有来自中央和地方的双头管理者
			研究假说H1-2:中央管理者侧重从经济和产业质量方面考核国家级开发区,地方管理者侧重要求国家级开发区保持经济数量增长
		下层国家的执行系统	研究假说H2-1:国家级开发区围绕重点产业方向,依据产业链和产业相关性思路,招引区外企业和机构入驻开发区,并促进区内相关主体发展、联系与合作
			研究假说H2-2:在这过程中,国家级开发区主要使用三类工具,分别是让下属国有企业予以协助、实施优惠性的产业政策和构筑便捷良好的营商环境
		上下互动的试验系统	研究假说H3-1:国家级开发区在成功制造出产业集群的过程中,有着多次政策试验的叠加
			研究假说H3-2:国家级开发区很清楚政策试验对其发展的作用和意义,并会为了承接政策试验而采取行动

表格来源:作者自制。

第三节　案例选择：关注广州开发区的缘由

对一项个案研究来说，案例选择至关重要，它既关乎经验资料收集的边界和范围，还决定了整个研究如何在经验和理论适配的基础上作出成功的推论（包括相对准确无混淆的内部推论，以及尽可能解释其他同类型案例的外部推论）。正因如此，本书单开一节，讨论案例选择问题。本书选择广州开发区作为案例。在下面的部分中，将首先阐明选择开发区作为分析单位的理由，接着再把重心放在广州开发区案例的效度方面，逐一分析其在何种意义上具有建构效度、内部效度和外部效度，从而适合检验本书提出的理论框架。

一、分析单位

分析单位（analytic units）是科学研究中一个很关键的概念。一般来说，分析单位决定了研究的观察单位，如果不确定一项研究的分析单位是什么，则不清楚该观察谁[1]。故分析单位对个案研究而言，起到了圈定案例对象之层次类型的作用，这将直接影响到对具体案例的挑选。此外，从个案研究对理论的外部推论来看，分析单位也锚定了可进行理论外推的类型范围。总体上，基于何种分析单位发展出的理论，只能外推至同种分析单位下的其他案例。所以，明确分析单位是进行一项个案研究的重要工作之一。

如前所述，由于中国国家制造产业集群的经验，发生在国家级开发区中，所以可以比较确定的是，要以此作为经验研究对象。但是，根据社会科学案例的两种类型[2]，本书既可以选择开发区这一侧重主体的"实体"（entity）作为分析单位，也可以选择产业集群这一侧重叙事的"事件"（event）作为分析单位，此处需有所取舍。经慎重考虑后，本书决定选择前者。因为开发区几乎不会只发展一个产业，往往都是多种产业并行推进，这就导致以产业事件为分析

---

[1] 艾尔·巴比:《社会研究方法》(第十一版)，邱泽奇译，华夏出版社，2018，第97页。
[2] 罗伯特·K. 殷:《案例研究：设计与方法》(第5版)，周海涛、史少杰译，重庆大学出版社，2017，第40页。

单位的案例，在实际调查中很难被剥离出来。这主要是由于在现实运作中，他们的工作多数不是按照产业条线来划分，而是依据职能事项分工，这使得产业在他们的工作叙事中只不过是一块块破碎的片段，不仅在经历漫长的集群形成时间后，很难通过访谈或资料被完整无误地拼凑出来，而且很多以开发区为中心的基础举措，其效用更是难以在不同产业事件间识别界分。相比之下，选择开发区这一实体作为分析单位就更为恰当。一方面，具体考察某个已制造出产业集群的开发区，同样适合研究问题；另一方面，从可操作性层面看，此举还可规避上述产业事件型分析单位的困难，既不必反复权衡该如何处理案例边界的问题，在实际资料收集过程中也会更加通顺自然，只要聚焦开发区范围即可。

二、效度

确定分析单位为开发区后，本书具体选择广州开发区作为个案，下面将从建构效度、内部效度和外部效度三个方面来陈述如此选择的理由。

(一)建构效度

建构效度(construct validity)是指对所要研究的概念给予一套正确、可操作且成体系的测量指标[①]。这在定量研究中已经形成了相当成熟的操作规范，但在定性的案例研究中，其受重视的程度还相对不足。然而，如果一个案例研究想参与到科学主义话语的评价标准中，实际上这一步不可或缺，否则就会让人质疑整个研究受研究者主观驱动过强，使得很难判断研究者的结论是否为真，以及在何种意义上可被接受和信任。

具体到案例研究的案例选择部分，建构效度主要体现在案例是否适合研究问题上。一般社会科学的研究问题都在追问两个及以上概念的关系，因此，当研究者想要用案例探索这些研究问题时，首先要做的，就是确认所选案例具有反映目标概念的属性特征，否则这些案例对研究问题而言就是个无效案例。本书想探索在中国情境中国家是如何制造产业集群的，所以选择的案例

---

① 罗伯特·K.殷：《案例研究：设计与方法》(第5版)，周海涛、史少杰译，重庆大学出版社，2017，第57页。

必须同时具备两个特征。第一，它必须是一个中国国家制造产业集群的案例，这个相对比较简单，因为如前所述，其发生在国家级开发区中，所以只要本书选择的案例属于中国的国家级开发区，就满足这一标准；第二，这个案例必须已成功制造出产业集群，只有如此，才能探索这个目标达成的过程，从而适配本书提出的研究问题。

本书所选择的广州开发区案例，首先满足第一个标准，因为其是中国在1984年设立的首批国家级开发区之一[①]；此外，发展至今的广州开发区也已经成功制造出了一些产业集群，从而满足第二个标准。此处做出如此判断的依据，主要源于2020年广州开发区委托专家团队为其完成的一份大型的内部咨询报告，当中有对广州开发区产业集群的精细识别与测算。这份名为《打造世界级创新型产业集群的中国样本(CWII)——黄埔区 广州开发区产业集群发展思路研究》的报告，是广州开发区委托若干知名高校科研院所联合的专家团队调查研究所著，旨在为广州开发区进一步打造世界级的创新型产业集群建言献策，所以其中很重要的一项基础工作，便是对广州开发区现有的产业集群进行科学精准地识别。具体来说，在广州开发区政策研究室、广州高新区高质量发展研究院等园区内部研究力量提供资料协作与支持的基础上，这份报告主要由来自北京大学、中国社会科学院、中央财经大学、美国国际高新技术研究院、澳大利亚墨尔本皇家理工大学等国内外一流高校科研院所的十数名研究人员协作完成，学科背景以专业对口的区域经济学为主。报告完成后，收到了作为委托方的广州开发区的高度评价，所以应当对认识和论证广州开发区的产业集群状况具有重要的支撑价值。

在这份报告中，研究团队介绍了目前最为通用的一些产业集群识别与测算方法，并且在陈述相关理由的基础上，详细交代了他们最后选择的用以识别和测算广州开发区产业集群的方法与指标：

> 现有的产业集群定量识别方法相对丰富，包括集聚程度识别法、区位商识别法、主成分法、聚类分析法、图谱、空间自相关、空间基尼系数及网络

[①] 王金定、何立胜、赵泉民：《中国改革开放与开发区建设》，人民出版社，2017，第72页。

第四章 操作化：方法、假说与案例

分析法等。根据对产业集群的两个本质特征"产业联系"和"地理邻近"的不同考虑，可以将现有的产业集群定量识别方法大致归纳为产业集中度法、产业关联法、点密度法三类方法上……本报告基于国家级社科重大课题《中国产业集群地图系统******》课题组已有的研究基础，以"可计算产业集群研究范式"作为本课题的研究方法依据，以产业关联和地理邻近特征为识别基础，依据《国民经济行业分类》（GB/T4754-2017）中的工业产业分类标准，并结合广州市和黄埔区产业集群划分标准，对黄埔区产业集群进行识别。考虑到地区实际情况，以及数据的可得性约束，本报告对于黄埔区产业集群的识别准则如下：

地理临近特征 波特定义的产业集群是指在某一特定领域中通常以一个主导产业为核心，大量产业联系密切的企业相关支撑机构在空间上集聚，并形成强劲、持续竞争优势的经济现象，因此空间集聚是产业集群形成的基本要求。对地理邻近特征的界定通常要结合地区实际发展情况，由于黄埔区、广州开发区实行"合署办公"，黄埔区、广州开发区整体成为产业政策和集群政策的最小政策制定和实施单元，属于集群地理邻近范畴。除此之外，黄埔区、广州开发区企业以工业园区为产业集群培育的平台和载体，园区并未产生产业类型分化，因此以黄埔区、广州开发区作为地理邻近单元最为符合地区发展要求。

集聚类别关联特征 产业集群是一些产业链上相互联系的企业和机构在特定地域形成产业空间集聚，并形成强劲、持续竞争优势的现象。可见，产业集聚是产业集群形成的内在要求。产业集聚水平可以从两个方面来衡量：一是企业总数。特定区域的产业集群绝大多数是由大量类似或相关的中小企业组成，也可以包括大型企业，由大中小企业共同组成；二是区位商。出于其他产业关联数据的可得性约束，本报告采取集聚的类别相关的企业数量作为集群产业关联特征的识别基础，认定在黄埔区、广州开发区内行业类别相近且空间集聚的企业具有产业关联。这种产业关联特征也符合黄埔区、广州开发区内龙头企业带动的行业发展特征。以生物医药产业为例，广州开发区已经形成了以广州国际生物岛、广州科学城、广州知识城为核心的生物医药集聚区，以百济神州、香雪制药、金域检验等龙头企业为带动，集聚相关企业超过1000家。对于黄埔区产业集群的主导产业和龙头企业的选择基于定性和定量双重标准。在定性角度，主导产业主要考虑产业的带动能力、与发展定位的吻合度、与周边区域发展产业的差异度、产业的科技含量等。在定量分析方面，主要考虑产业发展基础、发展潜力、盈利能力、就业带动能力、环境好程度等。

标准化行业分类特征　为保证集群识别的可标准化和横向可比性，本报告依据《国民经济行业分类》(GB/T4754-2017)中的工业产业分类标准，以及广州市IABNEM分类标准，通过企业行业代码对于黄埔区内企业进行集群划分。

【资料来源：广州开发区内部报告《打造世界级创新型产业集群的中国样本(CWII)——黄埔区 广州开发区产业集群发展思路研究》第151-155页】

通过上述地理临近特征、集聚类别关联特征和标准化行业分类特征三个指标所集成出的地图落点，报告识别出广州开发区具有六大产业集群，分别是高端化工产业集群、汽车及零部件产业集群、食品饮料加工制造产业集群、新一代信息技术产业集群、生物医药产业集群和人工智能产业集群。前三者归属传统支柱性产业，后三者归属战略性新兴产业。

报告对广州开发区传统支柱性产业的三大产业集群描述如下：

高端化工产业集群和汽车及零部件产业集群发展较差，食品饮料加工制造产业集群则具有良好的集群态势。具体来看，高端化工产业集群中重点企业创新能力不如中小企业，但凭借其规模竞争力在获取政策扶持方面有优势；汽车及零部件产业集群的集聚形态松散，虽然产业基础较好，但创新能力远远不足，且中小企业成长能力较差，亟待产业转型；食品饮料加工制造（产业）集群的集聚态势明显，并形成了初具规模的集群竞争力，且重点企业是创新的主力军。

【资料来源：广州开发区内部报告《打造世界级创新型产业集群的中国样本(CWII)——黄埔区 广州开发区产业集群发展思路研究》第32页】

报告对广州开发区战略性新兴产业的三大产业集群描述如下：

新一代信息技术产业集群虽然产业基础更好，但集群化发展程度弱于人工智能集群和生物医药集群。其中，新一代信息技术产业集群处于加速发展阶段，但存在"政策扶持中心偏离创新中心"的现象；生物医药（产业）集群具有显著的研发中心集聚特征，且现有政策兑现情况较好地覆盖了重点企业、瞪羚企业和创新企业；人工智能（产业）集群形成以科学城为核心的"单中心"发展模式，其他地区则相对较差。

【资料来源：广州开发区内部报告《打造世界级创新型产业集群的中国样本（CWII）——黄埔区 广州开发区产业集群发展思路研究》第66页】

虽然广州开发区具有的产业集群与所谓的"世界级创新型产业集群"还有一定的差距，但难以否认的是，广州开发区确实已经成功制造出产业集群。而对此论断的支撑，除这种由第三方专家团队基于科学标准所作出的评价外，还有广州开发区运营者通过大量实务经验对自身集群状况进行的总结（可见表4-2）、梳理[①]乃至测算[②]，其可与上述专家评估结果相互印证。

表 4-2 广州开发区产业集群情况介绍

序号	行业门类	产业链特征	代表企业	布局状况
1	精细化工	重点行业领域包括石油化工日用化学品、合成材料、专用化学品、涂料油墨等。产业链涵盖基础原料、中间产品和终端产品等各环节	广石化、宝洁、安利、金发科技、立邦、高露洁棕榄、蓝月亮	广园路以北、永和、东区、西区、科学城
2	新一代信息技术（含平板显示）	产业链较完整，包含研发和检测、原材料、电子元器件和配件、系统及终端产品制造等各产业链环节，其中研发和监测环节实力雄厚。平板显示领域已形成以LG液晶模组工厂为核心的产业集群	LG、创维、光宝、京信通信、海格通信、捷普电子、广电运通	科学城、东区、西区

[①] 广州开发区投资促进局：《招商4.0：新时代区域招商的战略思维》，广东高等教育出版社，2018，第114-148页。

[②] 沈奎、钟梓坚、黄瑾：《广州开发区产业集群图谱分析》，载沈奎主编《创新引擎：第二代开发区的新图景》，广东人民出版社，2011。此书是广州开发区政研室将他们对广州开发区的研究成果集结起来的汇编之作，充分反映了广州开发区实务工作者的经验和观点。

续表

序号	行业门类	产业链特征	代表企业	布局状况
3	汽车及关键零部件	已形成集上游钢材模具、基础部件、下游整车于一体的汽车产业链	广汽本田、本田中国、加特可、艾帕克、阿雷提斯	丰乐北、永和、东区
4	食品饮料	产业链涵盖了食品生产装备制造、食品饮料加工制造、食品添加剂、物流、食品监测、流通等环节	箭牌糖果、娃哈哈、百事、旺旺、统一、康师傅	永和、西区、东区、云埔工业区
5	金属冶炼及加工	产业链较完整,涵盖冶炼、压延加工、金属深加工和金属制品、物流、贸易等环节	联众、台一江铜、武钢、马钢、太平洋马口铁	东区、永和、西区
6	新材料	重点行业领域包括高分子材料、生物医用材料、金属材料、电子信息材料、节能环保材料等。产业链基本覆盖研究、开发到产业化的环节	金发科技、泛亚聚酯、天赐高新材料	永和、西区、科学城
7	生物医药	产业链涵盖研究、开发、生产、销售等环节,形成了中药、化学药以及基因工程药物为主体、医疗器械为特色、检测服务和流通为市场价值链终端的产业体系	安利(保健品部分)、冠昊生物、香雪制药、白云山中一药业	科学城、永和、东区、生物岛
8	智能装备	重点领域包括船舶制造、工业机器人、数控机床、智能成套设备等。智能装备领域初步形成了从上游关键零部件、中游整机到下游应用集成的完整产业链。	文冲造船厂、广州数控、达意隆、明珞汽车装备、广州机研院	黄埔、科学城、东区、护林路、永和
9	现代服务业	行业细分领域主要包含商务服务业、科技研究和技术服务业、软件和信息技术服务业、物流、仓储等。	苏宁易购、晶东贸易、广东电力设计研究院、中外运	黄埔、科学城、东区、西区

表格来源:广州开发区内部资料《黄埔区 广州开发区建设发展情况汇报材料》中的"产业集群情况"部分。

综上所述,本书所选择的广州开发区案例,既是作为中国国家制造产业

第四章 操作化：方法、假说与案例

集群之发生场域的国家级开发区，又已成功制造出产业集群，从而完全适用于探索"中国国家如何制造产业集群"的理论问题，故具有良好的建构效度。

(二)内部效度

内部效度(internal validity)是指研究能从各种纷乱的因果联系中尽可能确定某一特定因果关系的状态，其主要关注研究所作的推论与对应的经验证据之间是否适配，即追问"这种推导正确吗""研究者是否考虑到了与之相对的竞争性解释或可能性""所有证据都支持这一结论吗""论证过程是否无懈可击"等问题[①]。在这当中，与个案研究的案例选择最密切相关的，是如何在案例选择上尽量排除竞争性解释，这实际上也是最影响某项研究之内部效度的关键。因为一旦无法妥善处理混淆因素，就难以有力论证自身提出的因果关系。特别当个案研究方法对常用于控制变量的比较研究思路力有不逮时，便只能在一开始的案例选择阶段，就尽可能阻断来自其他理论可能性的干扰。

具体而言，本书所选择的广州开发区案例，就具有较好的排除竞争性解释方面的内部效度。从上述文献回顾部分可以得知，有关产业集群形成的既有理论解释，除了政治学视角下的国家学说外，还有更为主流的经济学市场说和社会学关系说。因此，如果我们选择的是一个已具有一定的产业萌芽，再在国家力量的介入下形成产业集群的案例（如北京中关村），实际上就很难厘清究竟是国家的作用还是其他如市场、社会网络等自发性因素的作用。此时基于这一经验所作的理论推论，其内部效度便会大打折扣。然而，选择广州开发区作为案例能在很大程度上避免这一情况的发生。因为广州开发区是一个从"蕉林"上从无到有拓荒出的产业园区，国家力量在整个广州开发区的建设发展过程中贯穿始终，并没有其他竞争性因素的混淆空间，故选择广州开发区作为案例，应当具有比较良好的内部效度。

广州开发区的起步，更非一帆风顺。万事开头难，开发区建设初期，遇到前所未有的困难，其中最大的困难就是起初的"孤岛"地势低洼，没有现存的大片建设用地，要抵抗百年一遇的洪水，必须将地面填高两米。面对荒滩

---

① 罗伯特·K.殷：《案例研究：设计与方法》（第5版），周海涛、史少杰译，重庆大学出版社，2017，第57-59页。

蕉林，面对资金短缺、人力资源等窘况，开发区该如何起步，该如何书写第一份答卷，开发区初创者们意志坚定、信心满满。他们积极克服交通极为不便、地质条件非常恶劣等困难，发扬泥深就赤脚、路远就露营、饥饿就啃包、迎沙戴罩的精神，一路吹沙填土，一路平整蕉滩，一路开辟荒地，一路打桩建房，稳扎稳打、步步为营，荒无人烟的孤岛开始变得热闹起来①。

【资料来源：广州开发区公开出版的历史纪念书籍《开发区精神——广州开发区思想轨迹》第 15 页】

(三) 外部效度

"外部效度"(validity)强调研究结果具有可推广至其他案例的一般性②，即如果一个基于部分经验而得出的研究结论能在一定程度上解释其他经验现象，则说明这个研究具有外部效度。因此，实际上外部效度表达的是一个是否以及如何从经验推断理论的问题，而这恰恰是研究体现科学色彩的关键。从上述有关方法的讨论中不难得知，面对外部效度，定量和定性方法采取不同的实现思路。前者以统计学为基本原理，通过随机抽样技术和模型估计方法，得到从代表性样本到总体的统计推断；而后者则借助类型学逻辑，通过探索反映类型之特征的典型性案例，来提出类型意义上的一般化推论，以跨越少量案例经验。所以，对定性阵营的个案研究而言，判断其选择的案例是否具有外部效度，取决于该案例在何种程度上是目标类型的典型。

由于本书探索"中国国家如何制造产业集群"的理论问题，且其在经验层面发生于国家级开发区，加之选择开发区作为分析单位，所以中国已成功制造出产业集群的国家级开发区是本书试图解释的目标类型，这也构成本书进行外部推论的边界。明确目标类型后，接下来得先讨论一下何为典型，如此才能进一步检视广州开发区究竟在何种程度上具有案例典型性。按照吉尔林(John Gerring)的说法，所谓"典型案例"，是指能代表更多个案的案例，其也可被操作化地理解为拥有某些特定维度之均值、中值或众值的案例；当然，

---

① 广州开发区政策研究室编:《开发区精神——广州开发区思想轨迹》，广东人民出版社，2015，第 15 页。

② 罗伯特·K. 殷:《案例研究：设计与方法》(第 5 版)，周海涛、史少杰译，重庆大学出版社，2017，第 59 页。

第四章 操作化：方法、假说与案例

此处的"某些特定维度"可进一步深化，其往往以我们感兴趣的自变量与因变量为准[1]。在这个意义上，典型案例是那些在我们目标变量上呈现均值、中值或众值的案例。根据这一定义，符合本书之目标类型的典型案例就应该具有如下特征：首先，属于中国国家级开发区，但其在国家性这个维度上，不能过于特殊；其次，需要已经成功制造出产业集群，但在已经制造出产业集群的那些国家级开发区中，集群绩效不能是过于拔尖的，也不能是过于落后的，最好处于一个相对中间的水准。

基于如上标准，便可以开始评估广州开发区的案例典型性。实际上，如果论及中国目前最蜚声中外的国家级开发区，大家会更多把目光放在北京中关村、上海张江高新区和深圳高新区等地，因为它们凭借产业方向明晰和精度水平较高的创新型产业集群，已经在相当程度上成为中国高质量产业园区的宣传名片，同时也率先进入到很多学术作品的研究视野中。但是，它们难以成为本书试图寻找的典型案例。原因在于，这些国家级开发区所处的城市——北京、上海、深圳——对中国来说过于重要且特殊，无论是政治地位还是经济社会发展实力，都非其他城市可比。其中，北京和上海是中国最关键的两个直辖市乃至省级单位，前者还肩负首都重任；深圳是中国最成功且最受中央重视的经济特区，一直以来都是改革开放的领跑者。这意味着，不仅这些城市本身与中央联系紧密，而且这些城市的国家级开发区，也会具有更强的向上资源动员能力与相对特殊的国家内部互动关系。

受访者1：中关村管委会是一个单独的机构，是市政府派出机构，而且力量比较强大，跟北京科技局可以抗衡的……而且他跟部委沟通的能力是很强的，影响力是很大的，我们就比较差点。

受访者2：其实深圳（也）挺强的，跟国家部委的联系可能都比广东省强。
【资料来源：深圳高新区访谈SZHTZ-GOV20191014】

访谈者：你刚才这两个介绍，（是说）张江（高新区）每走一步的关键节点，

---

[1] 约翰·吉尔林：《案例研究：原理与实践》，黄海涛、刘丰、孙芳露译，重庆大学出版社，2017，第69-70页。

实际上都是来自于中央领导人和上海市委领导的一个观念的变化?

受访者:你这么理解也可以……但实际上这些东西都是根据上下,你也不能说完全是他,他有什么想法也是我们提供,抛砖引玉,我得做出来然后引导他去做这个东西,我觉得是一个上下互动的过程。

【资料来源:上海张江高新区访谈 SHZJHTZ-GOV20201015】

而反观广州开发区所处的广州市,虽然其也与北京、上海、深圳一起被称为是中国的一线城市之一,但谈及政治地位与经济社会发展水平,还是与前面三者有一定的差距。一方面,广州不是直辖市,也非经济特区,其是作为广东省省会的副省级城市,在政治与行政方面的资源不算特别出挑,这使得广州开发区在国家性方面,更接近一种寻常状态;另一方面,广州用以支持高质量产业集群形成的要素禀赋并不出众,科创资源和高端人才吸引力逊色于北京和上海,资本和市场也不如深圳,所以总体上广州开发区的成长轨迹更像是改革开放以来中国发展图景的缩影,先从低端的代工、制造起家,再逐步往高附加值的高端创新研发转型,一步一个脚印地取得今天虽不拔尖但仍不俗的集群成就。从这个意义上看,广州开发区应当还是比较符合本书对典型案例的判定标准,至少不存在如北京中关村、上海张江高新区、深圳高新区一样极为特殊的属性值,使其丧失对已经制造出产业集群的国家级开发区的代表价值。

第四节 资料来源:收集方式与信度讨论

在明确选择广州开发区作为案例后,接下来就需要讨论具体的资料收集问题,并评估资料的信度,这是本节的主要内容。

一、资料收集方式

广州开发区资料主要源于两个途径:

第一,是对广州开发区的实地调查。具体来说:在资料类型上,收集到的资料包括访谈信息、内部调查报告、内部咨询报告、内部汇报材料、内部文件、内部总结、统计数据等；在调查对象上，除了广州开发区/黄埔区党政机关下属职能部门外，还涉及区内运营的企业（包括私企、国企、区属国企）、新型科研机构以及广州开发区的分园区管委会，主体较为齐全，不过因条件所限，难以穷尽所有对象，所以党政职能部门只挑选了最为相关的若干部门，而其余类型主体则选择了最具典型性的几家；在资料规模上，一共进行了59次访谈，范围覆盖广州开发区/黄埔区党政职能部门16个、区属国企3个、分园区管委会2个、区内新型研发机构2个、区内私营企业22个、区内国企2个，其中有些重要职能部门访谈了不止1次，积累了约3200分钟的访谈录音，此外还收集了大量的广州开发区运营主体的内部文件资料，超3700页文档。

第二，是通过权威渠道的信息检索。包括与广州开发区相关的各级政府机关的官网、官方微信公众号等发布的信息，还有权威媒体报道以及公开出版的与广州开发区相关的历史回忆性书籍、区志、史录等记载的数据资料，以进行信息完善和补充。

需要提及的是，尽管本书只以广州开发区作为个案，但对中国已经制造出产业集群的头部开发区的经验视野却不止于广州开发区。实际上，我们还先后调查走访过北京中关村、上海张江高新区、深圳高新区、深圳前海自由贸易区、苏州工业园区、天津滨海高新区等国内一流开发区，并收集了一些相关经验材料。当然，与广州开发区相比，这些地方的经验素材还不够丰富和系统，不足以将其作为案例纳入研究。但是，这些经验并非毫无用处。一方面，其有助于给本书的论断提供更宽广的视野和更强劲的信心；另一方面，从实用角度来说，本书也可能会在某些需要的场合予以使用。因此，这里也对这些潜在的辅助资料情况做一个简单说明。

二、资料信度讨论

在交代清楚本书的资料收集情况后，接下来需要对这些资料的信度进行一个讨论。所谓"信度"（reliability），简单来说就是资料真实可靠，从而呈现出稳定的状态①。总体上，本书所使用的经验资料应当具有较高信度，理由如下：

首先，在实地调查中，多有内部人士的引介，其甚至还会陪同我们进入调查现场，这对拉近调查者与被调查者的心理距离、赢得被调查者信任从而获取更多实情，应该具有比较良好的促进作用。

其次，实地调查多伴随着完成委托课题的任务性和正当性进入田野，调查对象的配合度和积极性整体较高，而且我们还会凭借各种正式、非正式的途径或场合尽量获取真实有效的信息，这都在相当程度上保障了资料的信度。

最后，由于收集到的经验资料较为充分多样，所以在资料处理过程中，也会尽可能运用三角检验（triangulation）思路，对一些关键信息进行多信源的比对和核实②，以进一步提升资料信度。

第五节 案例描述：广州开发区概况

前四节主要交代和讨论了有关研究方法使用、研究假说提出、研究案例选择和案例资料收集的问题。从本节开始，将着重转向经验描述，呈现个案研究设计的另一重要部分——案例基本情况介绍，由此使大家对广州开发区案例有一个较为清晰的背景性认识。

一、起步（1984—1992）

1984年春天，中央决定要在深圳、珠海、汕头、厦门四个经济特区之外，再于沿海城市兴建一批享受特区政策的开发区。但由于四个经济特区有三个放在广东省，所以最初中央属意的沿海开放城市并不包括广州。消息经中央广东省委传来后，时任中央广州市委书记的许士杰立即使人着手拟稿发报，

---

① W. Lawrence Neuman：《当代社会研究法：质化与量化途径》，王佳煌、潘中道、郭俊贤、黄玮莹译，学富文化事业有限公司，2002，第307页。

② Sharan B. Merriam, Elizabeth J. Tisdell, *Qualitative Research: A Guide to Design and Implementation (Fourth Edition)*, (San Francisco: Jossey-Bass A Wiley Brand, 2016), pp. 244-245.

第四章　操作化：方法、假说与案例

希望能尽量向中央争取。好在最后公布第一批沿海开放城市时，广州得以入选，因而广州经济技术开发区才能作为中国第一批开发区于1984年诞生。接到获批的消息后，中共广州市委立即紧锣密鼓地开展工作。同年4月，就成立了开发区管委会筹备领导小组，以时任中共广州市委副书记朱森林为组长，以时任广州副市长兼建委主任石安海和时任中共广州市委政研室主任缪恩禄为副组长，再搭配相关经、商口负责人为成员，共计7人主事。

在管委会机构设置方面，一开始只设立了条例法规处[①]、经济综合处、人事处和办公室四大职能部门以及工业、建设和商业三大总公司。这种配置运转几年后，随着开发区建设的不断扩展，征地工作日益繁重，所以才又在原先的"三处一室"基础上增设征地办公室；后来征地工作基本完成，征地办公室逐步转向开发区的基础建设，便更名为基建办公室。此外，开发区的发展伴随着越来越多企业的入驻，所以相关的企业管理事务和财税征缴[②]事务日益增多，这又使对口负责的企业管理办公室和财税局应运而生。至此，开发区管委会早期的组织架构已基本确立。之后很长一段时间内，即使面对外部要求"增加机构，对口设置"的声音，开发区管委会也并没有再扩大机构规模，而是选择在原先的职能部门上增挂不同的牌子，一兼多职，从而确保能轻装上阵、精简高效。

在选址方面，一开始有三个备选：一是在番禺大石附近；二是从珠江新城往东到员村一带；三是在黄埔区东部临黄埔新港地区。然而，由于第一个地方水网密布、交通不便，第二个地方离广州市区太近且改造成本高，所以前两者很快被排除。后来考虑再三，决定把开发区放在第三个地方，因为黄埔区东部不仅水上交通便利，远离广州市区，还人烟稀少，便于开展人员迁移工作，各方面条件都比较合适。地点确定后，紧接着就面临范围问题。当时实际上也有大、中、小三个方案，对应面积分别是55平方千米、33平方千米和9.6平方千米。不过，时任国务院副总理谷牧视察时，认为还是采取小

[①] 开发区从建区伊始就很重视法制工作，单独设立条例法规处，出台了很多相关制度条例。详情可参见广州开发区政策研究室编：《开发区精神——广州开发区思想轨迹》，广州：广东人民出版社，2015，第17页。

[②] 开发区的财税收入是全部自留的。除此之外，广州市还给予了一些支持，比如：3000万美元以下的项目可自行审批；副局以下干部可开发区自行审批。

方案为宜,因为其三面临江临河,只要把唯一的桥路一堵,就形成了一个封闭区域,而不会如大、中方案一样难以区隔监管①。果不其然,方案上报后,国务院特区办批准了 9.6 平方千米这一范围。

在实际运营方面,由于开发区选址在远离市区的荒滩蕉林之上,建设和产业基础几近为零,一切都得从头开始。在租下新港码头附近一个原先供外国海员娱乐的空置俱乐部后,这里成为开发区建设的指挥部和根据地。每天早晨工作人员搭乘班车花费数小时从市区到开发区工作,晚上再用相同时间回到市区,这是最初一段时期开发区独有的工作常态。正因如此,再加上开发区对当时的人来说实在是一个过于新奇而未知的事物,使得国家内部要开展前往开发区的调任工作变得十分困难。很多干部前往开发区看过之后不愿留下,最后只能通过在报纸刊登招聘广告和借由外省回调粤籍干部的方式,来为开发区建设补充"志愿军"。好在,努力总是有回报的。在从各个渠道尽量凑齐约 1 亿元后②,开发区很快上马了征地、吹沙填土、修路、通水、通电和通电话等一系列基础设施建设工作。同时,开发区一边培训工作人员接触客商特别是外商的通用礼仪③,一边就随广州代表团前往香港等地进行招商。尽管当时国内充满了引外资、引技术、做出口的美好期待,但经过慎重考虑后,开发区认为这种单纯趋利避害的思想不切实际,只有处理好经济开发与技术开发、外部引进与内部联合、暂时让利与长远互惠这三对核心关系,才能循序渐进地取得成功。为此,开发区在起步阶段就做好了先吃饭、分市场和作妥协的觉悟,对应采用"引进技术分档次""三结合"和"蚂蚁策略"的思路④,由此引进了云海加油站、美特容器公司和太平洋人工心脏瓣膜公司等优

---

① 这是当时国务院很重视的一条开发区选址原则。
② 最主要的筹款方式是银行贷款,此外还包括省市支持、黄埔海关代征工商税收入。
③ 比如:印制名片、开发区宣传册;进行涉外礼仪教育,包括怎么穿衣戴帽、打电话、待人接物、吃西餐等;强调观念转变,树立服务观念、时效观念、竞争观念、信誉观念。
④ "引进技术分档次"是强调以经济开发养育技术开发的思路,具体包括:引进相当于 20 世纪 80 年代发达国家水平的技术;引进当时国际上不算先进、但在国内算先进的技术;引进当时有利于广州市老企业改造的技术;引进当时技术不算先进,但效益好、能吃饭的项目。"三结合"是指以开发区一方、外商一方、内企一方三资设立企业的方式,让外商能在一定程度上分享国内市场。"蚂蚁策略"是指在权衡利弊之后,对外商适度让利,通过其再吸引更多外商前来投资的思路(就好像让一只蚂蚁吃到甜头,就会有更多蚂蚁过来一样)。详情可参见廖惠霞、韩宇建、王莹:《争回来的宝地:广州开发区建区创业起步——缪恩禄访谈录》,《红广角》2016 年第 1 期。

质外来企业,使其一度在国内引起轰动,从而标志了开发区的起步。

二、成熟(1992—1998)

客观来说,起步阶段开发区依靠中央、地方给予的各种税收优惠政策,吸引了不少境外资本投资设厂。但资本来源以港澳台(港资企业占90%以上)和华商居多,资本结构以中方主导的中外合资居多,技术引进以加工生产的成套设备为主,总体上是一些能令开发区积累资本却缺乏技术含量的创汇项目。不过尽管如此,开发区还是以较快的速度完成了开发任务。

到1992年,开发区的工业用地状况已经非常紧张。原先获批的9.6平方千米的土地,除了无法开发的3平方千米地区(包括新港码头、省外贸仓库用地和大蚝洲岛)和1992年被国务院批准设立的1.4平方千米的广州保税区外,其余基本已开发完毕。在这一背景下,开发区想方设法地解决用地问题。首先,开发区向国务院申请置换了3平方千米的土地,发展出东区南片;其次,1992年开发经广州市政府批准,托管了云浦工业区中的4平方千米土地,形成东区北片①;最后,1993年广州市政府批准设立了15.88平方千米的永和经济区,由开发区管理。

获取充足的土地空间后,开发区继续热火朝天地开发招商工作。但与起步阶段有所不同的是,这一阶段开发区的发展思路更为清晰。一方面,尽管当时国内仍然被"三为主一致力"②特别是"以出口创汇为主"的思想主导,但开发区还是坚持一直以来的判断,认为需要采取一定的"曲线救国"思路,以加紧对外部资源的吸收。为此,其提出了"三让三得"原则,即通过"让市场、让股权、让收益",来"得资金、得技术、得效益"。只要外商产品在国内有市场,就尊重市场规律,不强制规定出口比例,由此充分激发外商的投资热情和生产效益。另一方面,开发区也意识到起步阶段所具有的一些弊端,比如港澳台资、华商比例过高而缺乏真正的外国资本、项目技术含金量不足等问题。因此,开发区创造性地开辟了多渠道、多层次的招商引资思路,提出所

---

① 1995年经广东省政府批准,将东区全面交由开发区管理,总规划面积7平方千米。
② "三为主一致力"指"以利用外资为主,以出口创汇为主,以兴办工业为主,致力于发展高新技术产业"。

谓"五个依托，六个并举"[①]战略，"跳出港澳台、深入欧美日"，多次组织团队前往欧洲、美国、日本、韩国、澳大利亚、新西兰等地进行招商活动，大力奖励招商，使得开发区在这一阶段吸引了很多国际知名的大财团、大企业、大公司前来投资，并且都属于当时较为先进的一些技术项目，从而为开发区的未来发展打下了颇为坚实的工业和实体经济基础[②]。

应该说，这一阶段开发区已经从起步走向成熟，其主要体现在三个方面：一是经过起步阶段的建制和首批土地的开发探索，开发区已经积累了一套比较完整的工作流程和经验；二是新土地的获批，既昭示了开发区前期的工作成效，也进一步扩充了开发区的体量，使其进入到一个崭新的发展阶段；三是开发区既坚持前期的正确思路，又及时反思了若干不足之处，并在此基础上适时优化招商引资战略，补充短板，成功吸引了一大批国际知名企业和具有一定技术含量的优质项目入驻，使开发区的产业状况初具水准。

三、跃升(1998—)

从1998年开始，开发区的区划建制发生了重大变化（可见图4-2）。在此之前，广州市除1984年设立的广州经济技术开发区和1992年在此基础上划分出的广州保税区两个国家级开发区之外，还有广州高新技术产业开发区。广州高新技术产业开发区最初作为一个省级高新区，是1988年在中央"火炬计划"的引领下，被国家科委、广东省政府和广州市政府批准成立的。后来于1991年被国务院批准升格为国家级高新区，并于1996年从原先的广州天河高新技术产业开发区更名为广州高新技术产业开发区，实行"一区多园"管理模式，下辖广州科学城、天河科技园、黄花岗科技园、广州民营科技园和南沙资讯科技园五个分园区。1998年，广州市决定将广州经济技术开发区和广州

---

① "五个依托"指"依托省、市主管部门和行业主管协调招商，依托外商以商招商，依托社会力量、中介机构引荐招商，依托海外咨询机构、驻外使馆招商，依托电子信息网络招商"。"六个并举"指"直接引资与间接引资并举；第二产业与第三产业并举；出口导向与进口替代并举；保证环境和效益的前提下劳动密集型产业与资本、技术密集型产业并举；吸引内资与吸引外资并举；引进公司与引进中小投资并举"。

② 广州开发区政策研究室编：《开发区精神——广州开发区思想轨迹》，广东人民出版社，2015，第109-113页。

高新技术产业开发区合一,两区管委会合署办公,实行"一个机构,两块牌子"的管理体制。2000年,国务院批准在广州经济技术开发区东区范围内设立广州出口加工区,同时成立广州出口加工区管委会,与广州经济技术开发区管委会和广州高新技术产业开发区管委会合署办公,变成"一个机构,三块牌子"的管理体制。2002年,原先独立的广州保税区也并入其中,其管委会与前面三区管委会合署办公,"一个机构,四块牌子"[①]。至此,四大国家级开发区合一的进程宣告完毕,简称广州开发区。

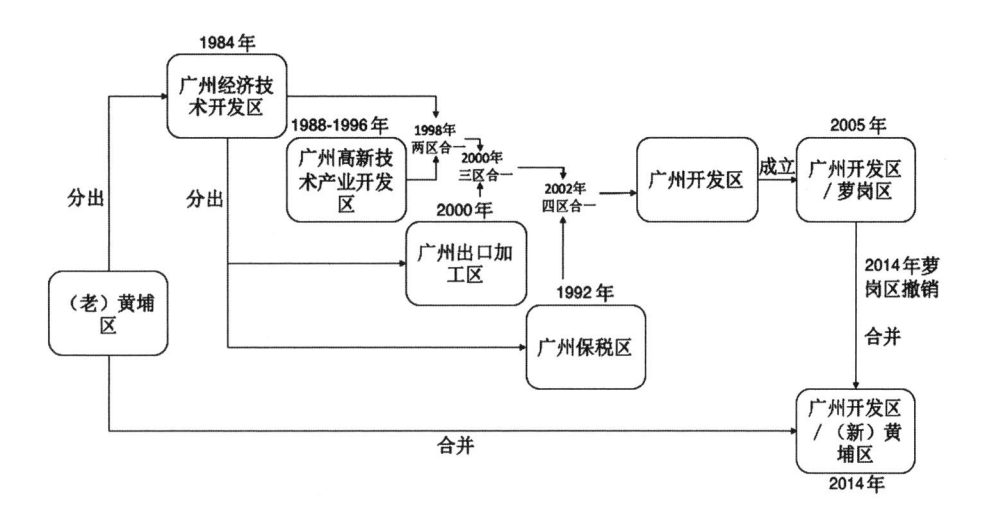

图 4-2 广州开发区的区划建制变迁

图片来源:作者自制。

除与不同经济功能区合并的过程外,这一阶段开发区还有与行政区"政区合一"的调整。2005年,经国务院批准,广州市在开发区基础上成立了萝岗区,萝岗区政府与广州开发区管委会合署办公。2014年,萝岗区撤销,其与

---

① 有研究指出,"合署办公"与"一个机构,几块牌子"有相似和重叠之处,但并不完全等同。前者是两个以上机构相互整合的动态过程,而后者则是强调因业务需要使一个机构对外使用不同名称的状态。详情可参见孙凡义、徐张欢:《合署办公的改革动因、实践类型和发展进路》,《新视野》2021年第1期。此处将"合署办公"与"一个机构,几块牌子"放在一起并非无视二者的细微差异,实际上广州开发区在几区合一的过程中,是先以"合署办公"的方式使不同管委会融合,然后再实现"一个机构,几块牌子"的管理体制,这中间是一种相互衔接的演化,而非两种状态的并列。

老黄埔区合一，成立新的黄埔区，新黄埔区政府与广州开发区管委会合署办公。不过，当时黄埔区政府与开发区管委会处于一种相对独立设置的分治状态，虽然双方党政领导交叉任职，同时两区的领导班子也实行联席会议制度，但两区职能部门仍然更多遵循以前行政区与开发区的工作惯性，各司其职，各行其是。2017年，借着国务院深化全国开发区体制改革和广州市要求黄埔区与开发区进一步理顺体制机制关系的契机，两区深度融合工作正式启动。此次改革以职能为标的，将相似职能部门整合一体后，根据行政区侧重社会管理和行政执法、开发区侧重经济建设与招商引资的原则，将其分区安放，实现"一颗印章管审批，一支队伍管执法"，职能部门履职范围均覆盖两区全域；当然，为满足工作需求，有些职能部门会采取挂双牌的方式，但实际工作仍由一套人马开展。不过近年来为防止行政区职能部门突破规定数量，开始禁止这种职能部门挂双牌的安排，严格区分行政区序列和开发区序列的机构设置。为此，开发区最新一轮机构改革就将对外职能部门放在行政区序列、对内职能部门放在开发区序列，但履职范围仍覆盖两区全域。

区划建制的不断扩大使开发区不仅获得日益增多的可利用土地，而且其组织资源也愈加丰富。从1998年合并广州高新区开始，开发区就进入到"二次创业"阶段，不同于前面经开区时期比较单一地利用外资和引进技术项目，此时开发区逐渐致力于走自主创新道路。以广州科学城开发为支点，其主要呈现出几个新的特征。首先，与过往纯粹的工业开发思路不同，新时期开发区希望打造一个有优美自然环境、有良好城市配套、宜居宜业的集产、学、研、住、商于一体的多功能现代新型城区，这是作为传统经济功能区升级版的产城融合新构造。其次，为加快提升自主创新水准，开发区在规划电子信息、生物医药、新材料等尖端新兴产业目标的基础上，既坚持一如既往的引进思路，还建设几乎包含创新产业培育全链条的配套设施。值得一提的是，新时期开发区的引进不再拘泥于境外，只要是制造及研发的高端环节（包含企业和科研机构），只要是实力过硬的高品质项目，都是开发区重点引进的对象；而且，除了以往常用的招引思路外，这一阶段开发区还开启了以产业链招商为内核的"以商引商"①和"总部招商"②新模式，使得开发区的某些产业逐渐形成了颇为完整的产业链和产业集群形态。另外，在创新产业培育方面，新时期开发区建设了大范围的企业孵化器、企业加速器、公共技术服务平台和相应的生活配套设施，同时还出台了大量的人才吸引政策，希望能培育一些具有潜力的创新型企业"幼苗"，并尽可能帮助其降低创新风险和提高创新效率，从而得以成长为行业"小巨人"。最后，这一阶段开发区收紧对项目的审查，而不再如从前一样秉持一种"以退为进"的迂回理念。面对想入区的项目，开发区在投资密度、实缴资本、技术含量等方面都有严格和硬性的标准。即便对已建或在建项目，如果其违背最初约定，也会被施以收回土地、调减土地和收取保证金等措施，这对不断优化乃至更新开发区的项目质量，都具有比较积极的促进作用③。

进入21世纪的第二个十年，伴随着中新广州知识城的奠基和广州国际生物岛的开岛，开发区又展现出新的面貌。中新广州知识城是广东省政府与新加坡政府跨国合作的一个标志性项目，致力于打造成一个以知识经济为创新模式并汇聚高端产业与人才的现代化新城；其选址于黄埔区北部，规划面积达一百多平方千米，于2010年奠基；2012年，中新广州知识城管委会和广州开发区管委会合署办公，变成"一个机构，五块牌子"的管理体制，标志着中新广州知识城开始由开发区接手运营。广州国际生物岛原名官洲岛，是隶属于广州市海珠区的一个江心小岛，其在2000年获批建设国际性生物技术研发与生产基地后，就交由开发区托管，按照科学城模式进行封岛建设；2006年，以广州国际生物岛为核心载体的广州开发区获批成为"广州国家生物产业基地"，2008年更是被纳入《珠江三角洲地区改革发展规划纲要》中，成为国家地区战略的一部分；2011年，广州国际生物岛建设完毕，正式开岛运营。

---

① 这里的"以商引商"和前面的"蚂蚁策略"还是有所区别的："蚂蚁策略"是通过让利的方式，使客商能口口相传，吸引更多资本前来投资，其中并没有明显的产业链思路；而"以商引商"则更强调通过引入大型龙头企业，来吸引重点上下游企业前来入驻配套，既吸引投资，又能构筑产业集群。

② "总部招商"是指通过吸引跨国公司或大型企业集团总部入驻，使企业能在本区域构筑集群布局，以形成合理价值链分工的一种招商思路。

③ 广州开发区政策研究室编：《开发区精神——广州开发区思想轨迹》，广东人民出版社，2015，第113-118页。

两个新增长点的加入，使开发区的综合实力如虎添翼。对于中新广州知识城来说，为将其打造成国际知识经济的新高地，开发区在更加严格地进行项目把关[①]和继续深化总部经济的基础上，着重发展新一代信息技术、文化创意、科教服务、新能源与节能环保、新材料、生物与健康等产业。除借助新加坡方面的优势进行各种联合行动外，开发区还主动留意中央相关部委的项目动态和线索，希望能积极参与国家层面的经贸合作往来，同时开发区在中新广州知识城建立了十大产业园区，以进行集群培育式的园区化招商。经过这些年的发展，如今中新广州知识城已经吸引百济神州、GE生物科技园和粤芯芯片等一大批高科技龙头企业入驻，注册企业上千家，注册资本上千亿元，并通过引进各类知识产权机构，成为国内知识产权要素最齐全且链条最完整的区域之一。2016年，中新广州知识城获批成为全国唯一的知识产权运用和保护综合改革试验区，次年还被升格为国家级双边合作项目，2019年更是被列为《粤港澳大湾区发展规划纲要》的重大创新载体。而广州国际生物岛则是通过项目对接平台[②]，紧紧围绕生命健康与生物医药产业引进了许多重点项目，其中既包括以再生医学与健康广东省实验室和冷泉港研究院等为代表的高端研发环节，也包括以广药白云山和金域集团总部等为代表的生物服务高附加值环节。正是这些日益增多的世界级生物医药企业和尖端实验室，共同构筑了广州国际生物岛在生物医药产业方面的产业链和集群形态，使其影响力不断扩大。

如今，开发区已经形成了以科学城、知识城、生物岛和黄埔港为四大模块的发展版图。除前面已经提及的科学城、知识城和生物岛外，黄埔港是包含开发区起步地块在内的一大块临港区域，开发区希望通过重拾其优良的沿江资源和港口条件，将其规划建设成为广州第二CBD的高端服务贸易中心和现代航运产业聚集区，使老区重焕新活力。总体来说，从1998年至今，开发区进入到一个发展跃升的新阶段，这不仅体现在其组织政策资源和可开发利

---

① 广州开发区出台《中新广州知识城产业项目准入评估指标体系》，具体包括引进项目的投资率、出产率、财政贡献率、科技贡献率、节能减排率、人才结构率6个方面。

② 包括被誉为国际生物"达沃斯"年度盛典的官洲国际生物论坛、"中英生物科技之桥"和通过中以生物产业基金设立的广州中以生物产业孵化基地、中以生命科学平行孵化中心等。

用土地的迅速扩张,还表现在开发区通过不断更新的开发理念和日益丰富的灵活举措所取得的非凡经济发展成就。2018—2023年,开发区在全国所有国家级经济技术开发区中,经商务部评比考核的综合排名连续六年位居第二[①];至于国家级高新技术产业开发区序列的综合排名,开发区自2017年开始实现五连升,其中2019年科技部评比结果为全国第七,2020年为全国第六,2021年全国第四,仅次于北京中关村、上海张江高新区和深圳高新区[②]。

[①] 黄埔营商:《全国第二!广州开发区,呦!》,https://mp.weixin.qq.com/s/cdwHStKsIT5DmyU_dPT9wg,访问日期2024-09-24。

[②] 目前科技部对国家级高新区的综合评价结果更新至2022年度,但广州开发区只公布至2021年度。人民网:《广东省新认定6家省级高新区》,http://gd.people.com.cn/GB/n2/2020/0319/c123932-33888342.html,访问日期2024-09-24。广州高新区发布:《全国第六!广州高新区全国综合排名再刷新!连续4年上升》,https://mp.weixin.qq.com/s/Wm2gQTreLmAe9gQkxUf1Sg,访问日期2024-09-24。广州黄埔发布:《五连升!广州高新区综合排名全国第4!》,https://mp.weixin.qq.com/s/cwU2ebFAqAzDxH-qpW26Pw,访问日期2024-09-24。

第五章 广州开发区与上层国家的激励系统

按照从上层国家的激励系统这一机制部件推出的研究假说 H1-1 和 H1-2，若广州开发区的案例经验对此提供支持，则应当看到广州开发区具有来自中央和地方的双头管理者，且前者对广州开发区偏重经济质量要求，后者对广州开发区偏重经济数量要求。为检验事实是否果真如此，本章将重点呈现广州开发区的相关情况。具体来说：第一节将追问"广州开发区被谁管理"的问题；第二节将追问"广州开发区的上级管理者对其有何要求和期待"的问题；第三节是一个小结，将通过理论和经验的交融，作进一步讨论，并得出有关上层国家的激励系统的基本结论。

第一节 广州开发区被谁管理：央穗共管

要了解广州开发区所属的上下级关系或其被谁管理的问题，首先要对其发展至今的建制状况有一个基本的梳理。1984 年，在中央决定于四个经济特区之外再开放若干个沿海开放城市兴办开发区后，广州市得以入选，所以同年作为中国首批国家级开发区之一的广州经济技术开发区，在从当时广州市下辖行政区——黄埔区——划出的一个地块上，应运而生，这是广州开发区的起点。对于广州经济技术开发区的治理，是由作为广州市政府派出机构的广州经济技术开发区管委会负责，其相比其他广州市辖区，拥有更高的级别。

1988 年，在中央剑指高新技术产业的"火炬计划"的引领下，广州天河高新技术产业开发区也在国家科委、广东省政府和广州市政府的批准下成立。到1991年,广州天河高新技术产业开发区被国务院批准升格为国家级高新技术产业开发区,并于1996年更名为广州高新技术产业开发区。具体来说,广州高新技术产业开发区同样采取管委会治理模式,只不过拥有比较特殊的"一区多园",下辖广州科学城、天河科技园、黄花岗科技园、广州民营科技园和南沙资讯科技园五个分园区。后来,在1998年广州市决定将广州经济技术开发区和广州高新技术产业开发区合一,两区管委会合署,实行"一个机构,两块牌子"的管理体制。

除了广州经济技术开发区与广州高新技术产业开发区的合并外,后续还接连合并了广州出口加工区和广州保税区两个国家级开发区。虽然广州出口加工区和广州保税区都是从广州经济技术开发区的范围内划分出去的,但二者情况还略有不同。对前者来说,其是在2000年被国务院批准成立后,直接在两块牌子的基础上再挂一牌,变成"一个机构,三块牌子"。而后者其实早在1992年就被分出挂牌,并在1995年还与广州经济技术开发区完全切分,成为财税分离的"友邻"单位①,直到2002年才又被重新整合进来,变成"一个机构,四块牌子"。正是在这一基础上,身兼四块国家级开发区牌子的合一建制得以出现,其被统称为广州开发区。

合四为一的广州开发区发展飞快。这带来的后果是,一方面,因自身土地空间受限而产生扩容需求;另一方面,作为上级的广州市,也希望其能以托管方式带动周边区域发展。如此一来,广州开发区不断托管周边区域,直到2005年,广州市索性直接通过行政区划变更,在广州开发区范围基础上,糅合其周边来自白云区、黄埔区、天河区、增城市的一些地区,成立了新的广州市下辖区——萝岗,使萝岗区政府和广州开发区管委会合署办公,并同时挂行政区序列和开发区序列的两套牌子。在两年后的2007年,国务院又批准在广州保税区内成立广州保税物流园区,虽然在《中国开发区审核公告目录》(2018年版)中,其也被单独列为一个国家级开发区,但广州开发区并没有

---

① 广州开发区官网:《广州开发区沿革》,http://www.hp.gov.cn/zjhp/lsyg/content/post_3640077.html,访问日期2024-09-24。

再挂一牌，而是将其放在广州保税区下。

广州开发区发展得非常快，空间有限，怎么办？那就扩容。广州市说你发展得好了，也得带动周边区域的发展……（所以）广州开发区就不断接受周边区域的代管。2005年，就在广州开发区的基础上成立了一个萝岗区，萝岗区就是把原来天河、增城、白云的一部分[①]，纳入到萝岗区的范围。

【资料来源：广州开发区访谈 GZDZ-GOV20190422-ZY】

如此运转到2014年，广州市又实行了新一轮的行政区划调整，撤销萝岗区建制，撤销原黄埔区建制，将其辖区合并，成立新的黄埔区。同时，广州开发区管委会与新的黄埔区政府合署办公，如以前的"开萝"时期[②]一般，挂行政序列和开发区序列两套牌子。不过，与"开萝"时期由一套班子人马转而运作两序列工作有所不同的是，这个阶段黄埔区与广州开发区的合署，实际上面临的是两套班子人马的整合，即所谓"老黄埔"和"老开萝"，所以一开始的分工配合显得还有些不协调，甚至会出现两套人马各行其是和职能重叠的现象。直到2017年，借着国务院和广州市行政体制改革的契机和东风，两区深度融合工作正式启动，由此该问题才在一定程度上得以缓解。

当时福州的开发区率先和行政区融合了，我们开发区两派声音，还是比较抵触的。第二个是青岛的开发区，率先融合了。（20）05年我们成立了萝岗区，这里头幸亏是成立了萝岗区，这个字不一样，不是合，而是成立，这套班子，这套架构，是开发区自己弄的，当时机构改革的方案是整个政研室操盘的……所以有些领导他很赞同现在黄埔区这种很多机构的模式，从某种意义上看只是解决了一个两区融合后人的去向问题，但不等同于现实的就是合理的。

【资料来源：广州开发区访谈 GZDZ-GOV20200805-GX】

---

① 可能由于后来广州开发区与黄埔区合并所产生的思维惯性，访谈中受访者并没有把原黄埔区一部分地区纳入萝岗区的事实陈述出来，但根据对官网沿革资料的核对，发现原黄埔区夏岗街道、荔联街道笔岗居委会、穗东街道东基和西基两个自然村都被划归萝岗区。关于相关资料，可参见广州开发区官网：《黄埔区沿革》，http：//www.hp.gov.cn/zjhp/lsyg/content/post_7141277.html，访问日期2024-09-24。

② "开萝"时期即内部工作人员简称的萝岗区/广州开发区时期，为表述方便本书也如此沿用。

第五章　广州开发区与上层国家的激励系统

一方面，广州开发区的建制情况相对比较复杂，其总体上可分为早期纯经济功能区和后期行政区和经济功能区兼具的"政区合一"两个阶段。虽然从开发区序列来看，其从建区至今都一直保持作为广州市政府派出机构的管委会体制，但到后期"政区合一"阶段，其除了是广州市的派出机构外，还是广州市下辖的一个行政区。因为在现实运作中，"政区合一"特别是深度融合后，其实就相当于一套人马在同时从事行政区和开发区两序列事务，不管名义上归属何序列，其履职范围都是覆盖行政区和开发区全域，不会有两区的地理边界之分，而且各方面工作也都是统筹进行。在这个意义上，完全可以将其视为具体负责行政区和开发区复合地理范围内各方面公共行政事务的一元国家组织，只不过其同时具有行政区和开发区双重身份。因此，无论是作为派出机构的管委会，还是作为下辖行政区的区政府，广州开发区都是明确隶属于广州市政府的下级国家组织。

广州开发区的情况是属于广州市政府的一个派出机构，从跟市委、市政府之间的权责和上下属的归属关系来说，大家可以把它等同于一个类似广州市政府的职能部门……（深度融合后）两个区（黄埔区和广州开发区）的部门全部重新设置，然后一体化运作……实现"一颗印章管审批，一支队伍管执法"……对一些部门进行"一个机构，两块牌子"的方式进行设置，比如安监局我们是黄埔区安监局和广州开发区安监局两块牌子，就是一套人马，以两块牌子的方式进行管理①……履职范围是覆盖黄埔区、开发区全域。

【资料来源：广州开发区访谈 GZDZ-GOV20190422-BB】

另一方面，仅从开发区序列来看，广州开发区还是四个国家级开发区合一的组织建制，其需要对赋予其牌子及其资源权限的对口中央部委负责。其中，关于国家级开发区能享受到哪些优惠政策，曾有研究对其主要方面做了

---

① 最新一轮机构改革又有一些细微变化，为防止突破行政区序列的机构规定数量，将管委会序列和行政区序列职能部门的牌子分开，原先有些职能部门挂双牌的设置不再保留，而是统一把职能对外部门放行政区序列，职能对内部门放开发区序列，但工作范围还是覆盖黄埔区和广州开发区全域。

一个比较详细、系统的梳理(见表5-1)①。虽然由于不同时期的动态调整使其最多只能反映一个侧面,但国家级开发区牌子所能带来的利好,由此可见一斑。

表5-1 国家级开发区的主要优惠政策

优惠政策	具体内容
税收政策	企业所得税(2008年新企业所得税实施之前):外资生产性企业享有15%和"两免三减半"优惠,其中出口产品产值达到当年总产值的70%以上的,按10%税率征收所得税,高新技术企业按15%的税率征收所得税等;关税、增值税等优惠
财政扶持	开发区企业的生产、经营性基建项目,优先纳入当地固定资产投资规模。国家每年将筹建一定额度的基建贷款和基建规模用于开发区建设
加速折旧	高新技术企业用于高新技术开发和高新技术产品生产的仪器、设备,可实行快速折旧
对外管理	开发区企业的商务、技术人员一年内多次出国,可简化各项手续;外资审批上限为3000万美元
经济管理权限	国家级开发区享有财政、税收、工商、建设、房地产、科技、人才引进等方面的市一级行政审批和经济管理权限
土地优惠	凡开发区内土地转让收入市上留成部分全部留开发区,专项用于开发区基础设施建设和扶持开发区企业发展等等

表格来源:殷存毅、汤志林:《我国开发区的发展与治理:央—地关系视角》,载魏礼群主编《科学发展与行政改革》,国家行政学院出版社,2010,第233页。

正因如此,国家级开发区牌子与其说是荣誉和奖赏,还不如将其理解为一份更高的责任和期待。在这个意义上,其会伴随作为委托方的中央的要求和考核出现,实际上并不奇怪。而根据实地调查结果显示,这种来自中央的针对国家级开发区的管理,确实客观存在。具体来说,广州开发区根据其国家级开发区牌子的不同,分别受不同中央部委归口管理。其中,广州经济技

---

① 殷存毅、汤志林:《我国开发区的发展与治理:央—地关系视角》,载魏礼群主编《科学发展与行政改革》,国家行政学院出版社,2010,第233页。

术开发区归口商务部，广州高新技术产业开发区归口科技部，广州保税区（含广州保税物流园区）和广州出口加工区归口海关总署。这意味着，作为四合一建制的广州开发区，需要定期接受这些中央部委的考核评比，所以其也被广州开发区形象地称之为来自上面的"婆婆"。

广州开发区，是有四个国家级功能区合在一起……那就是说，广州经济技术开发区＋广州高新技术产业开发区＋广州保税区＋广州出口加工区，统称为广州开发区……话说回来，这四个功能区上面有四个婆婆，广州经开区的婆婆就是商务部……广州高新区的婆婆是科技部，出口加工区和保税区（的婆婆）是海关总署。

【资料来源：广州开发区访谈 GZDZ-GOV20190422-ZY】

至此，已经能比较清楚地看到，作为中国国家级开发区典型的广州开发区确实具有来自中央和地方的双头管理者。如果化用广州开发区工作人员颇为生动形象的比喻修辞，把中央管理者称之为"婆婆"的话，那诸如广州市政府这种地方国家上级，就可称之为广州开发区的"公公"，因为二者共同拥有对广州开发区的管理权限。在这个意义上，其完全支持前文提出的研究假说H1-1。

第二节 广州开发区受何要求：质量并重

在弄清广州开发区被谁管理的问题后，就能紧接着转入到对第二个问题的探索，即央地双头管理者，究竟对广州开发区有何种要求或期待？下面将分中央和地方两部分，对这一问题详细予以回答。

一、中央

实际上，从1984年国务院设立广州经济技术开发区的批复中，就能很明显地看到，中央对广州开发区的基本要求和期待从一开始就是实现高质量的经济和产业发展,而非数量意义上的简单的经济增长。

同意广州市在抓好老企业技术改造的同时,有计划有步骤地兴办经济技术开发区,位置定在黄埔区东缘,珠江主流与东江北干流交汇处,北以横滘河为界,东南至东江,西南至珠东,包括大蚝洲岛,总面积为九点六平方公里,首期开发夏港两侧,面积二点六平方公里。开发区内的生产项目应与全市的生产建设规划密切衔接,不要自成体系,搞小而全。重点是引进和开发新技术,发展新兴产业,对全市工业的发展起先导作用,生产国内某些紧缺的产品,填补国内某些技术空白。技术水平一般的项目不宜放在开发区内。开发区的商业、服务业,主要是为开发区本身服务。

【资料来源:《国务院关于广州市对外开放工作报告的批复》(〔84〕国函字171号)[1]】

在后面的发展过程中,尽管没有直接的证据表明中央对广州开发区这一特定对象的要求和期待始终在质量方面一以贯之,但是,可以从中央对国家级开发区这一类型主体的要求和期待中一窥究竟,因为广州开发区作为国家级开发区的一员,逻辑上中央对所有国家级开发区的指示当然也能覆盖到广州开发区身上。而根据前文所述,广州开发区同时拥有经济技术开发区、高新技术产业开发区和海关特殊监管区(保税区、保税物流园区、出口加工区)三种类型的国家级开发区牌子。因此,本书以这三种类型的国家级开发区为界,尽量搜集各个阶段中央出台的有关这三类国家级开发区的重要政策文件,并如实呈现当中可能涉及中央对国家级开发区要求和期待的文字表述(见表5-2),从而为判断中央是否坚持对国家级开发区的发展质量要求提供可靠的现实依据。

---

[1] 附录:《国务院关于广州市对外开放工作报告的批复》,载广州经济技术开发区志编纂委员会编《广州经济技术开发区志》,广东人民出版社,1993,第318-319页。

第五章　广州开发区与上层国家的激励系统

表 5-2　中央对国家级经开区、高新区与海关特殊监管区的要求和期待的政策文本表述

开发区类型	文件名称	对应表述
经济技术开发区	《国务院办公厅转发商务部等部门关于促进国家级经济技术开发区进一步提高发展水平若干意见的通知》（国办发〔2005〕15号）	1."坚持'以提高吸收外资质量为主，以发展现代制造业为主，以优化出口结构为主，致力于发展高新技术产业，致力于发展高附加值服务业，促进国家级经济技术开发区向多功能综合性产业区转变'的发展方针，以外资带动内资，增强自主创新能力，充分发挥辐射带动作用，推动形成若干新的经济增长点" 2."努力建设成为促进国内发展和扩大对外开放的结合体；成为跨国公司转移高科技高附加值加工制造环节、研发中心及其服务外包业务的重要承接基地；成为高新技术产业、现代服务业和高素质人才的聚集区；成为促进经济结构调整和区域经济协调发展的重要支撑点；成为推进所在地区城市化和新型工业化进程的重要力量；成为体制改革、科技创新、发展循环经济的排头兵" 3."要增加高新技术产业集聚程度、环境保护等指标的考核内容"
	《商务部、国土资源部关于印发〈国家级经济技术开发区经济社会发展"十一五"规划纲要〉的通知》（商资发〔2006〕257号）	1."更加注重引进技术和开发创新，更加注重开发项目的质量和效益，更加珍惜和合理利用土地，不断深化改革开放，实现经济体制和经济增长方式的转变，努力提高自主创新能力，提升在世界同类经济功能区中的竞争优势，努力提高发展水平，为建立外资密集、内外结合、带动力强的经济增长带，构建和谐社会作出新的贡献" 2. 四、主要任务……（三）发展现代制造业：培育和壮大支柱产业；促进企业集聚和产业链延伸；积极参与全球产业分工。（四）发展高新技术产业：培育高新技术产业群；提升自主创新能力；完善科技创新服务体系……

续表

开发区类型	文件名称	对应表述
经济技术开发区	《国家级经济技术开发区和边境经济合作区"十二五"发展规划(2011—2015年)》(商务部工作文件，2012年10月发布)	1."按照'先进制造业与现代服务业并重，利用境外投资与境内投资并重，经济发展与社会和谐并重，致力于提高发展质量和水平，致力于增强体制机制活力，促进国家级开发区向以产业为主导的多功能综合性区域转变'的'三并重、二致力、一促进'的发展要求，努力开创国家级开发区发展新局面" 2."四、重点任务……(二)提高先进制造业竞争力：积极承接新一轮国际产业转移；加快培育特色产业集群。(三)大力发展战略性新兴产业：积极部署战略性新兴产业；打造战略性新兴产业集聚区。(四)壮大提升高新技术产业：促进高新技术产业集群发展；提升高新技术产业的国际竞争力。(五)推动现代服务业发展：全力打造现代服务业集群；鼓励和支持发展服务外包。(六)着力构建区域创新体系：实施科立区战略；加强创新主体建设。(七)提升要素资源集聚整合能力：加快高端人才的培养、引进和集聚；多渠道提高资本集聚能力；不断提升土地节约集约利用水平……"
	《国务院办公厅关于促进国家级经济技术开发区转型升级创新发展的若干意见》(国办发〔2014〕54号)	1."努力把国家级经开区建设成为带动地区经济发展和实施区域发展战略的重要载体，成为构建开放型经济新体制和培育吸引外资新优势的排头兵，成为科技创新驱动和绿色集约发展的示范区" 2."国家级经开区要在发展理念、兴办模式、管理方式等方面加快转型，努力实现由追求速度向追求质量转变" 3."东部地区国家级经开区要率先实现转型发展，继续提升开放水平，在更高层次参与国际经济合作和竞争，提高在全球价值链及国际分工中的地位。中西部地区国家级经开区要依托本地区比较优势，着力打造特色和优势主导产业，提高承接产业转移的能力，防止低水平重复建设，促进现代化产业集群健康发展"

续表

开发区类型	文件名称	对应表述
经济技术开发区	《国务院办公厅关于完善国家级经济技术开发区考核制度促进创新驱动发展的指导意见》(国办发〔2016〕14号)	1."通过考核高新技术产品进出口总额、利用外资金额、产业集群数量及中外企业设立研发中心和总部中心数量等,促进国家级经开区参与全球产业分工和价值链重组,发展外向型产业集群,打造一批行业领军企业,强力推进产业集聚、集群、集约发展,提高科技含量和附加值。发展较好的国家级经开区要构建新型产业体系,大力发展战略性新兴产业,积极创建国家新型工业化产业示范基地,同时培育制造业创新中心,推动制造业由生产型向生产服务型转变,引导制造企业延伸服务链条、增加服务环节,引领中国制造业核心竞争力和国际分工地位跃升。产业集聚程度还不高的国家级经开区要大力引资引技引智,优化产业布局,推广应用新技术、新工艺、新装备、新材料,促进现代化产业集群健康发展"
	《国务院关于推进国家级经济技术开发区创新提升打造改革开放新高地的意见》(国发〔2019〕11号)	1."以高质量发展为核心目标,以激发对外经济活力为突破口,着力推进国家级经开区开放创新、科技创新、制度创新,提升对外合作水平、提升经济发展质量,打造改革开放新高地" 2."坚持质量第一、效益优先。集聚知识、技术、信息、数据等生产要素,推动质量变革、效率变革、动力变革,提高全要素生产率,促进产业升级,拓展发展新空间" 3."加强上下游产业布局规划,推动国家级经开区形成共生互补的产业生态体系。国家重大产业项目优先规划布局在国家级经开区。充分发挥中央层面现有各类产业投资基金作用,支持发展重大产业项目。地方人民政府要对国家级经开区推进主导产业升级予以适当支持" 4."实施先进制造业集群培育行动。支持国家级经开区创建国家新型工业化产业示范基地,坚持市场化运作、内外资企业一视同仁,培育先进制造业集群"

续表

开发区类型	文件名称	对应表述
高新技术产业开发区	《国家高新技术产业开发区管理暂行办法》(国科发火字〔1996〕061号)	1."开发区的主要任务是促进高新技术与其它生产要素的优化组合,创办高新技术企业,运用高新技术改造传统产业,加速引进技术的消化、吸收和创新,推进高新技术成果的商品化、产业化、国际化" 2."国家高新技术产业开发区应当成为我国高新技术产业化的基地,高新技术向传统产业扩散的辐射源,深化改革、对外开放的试验区,科技与经济密切结合的示范区,培育科技实业家、孵化高新技术企业的功能区,体现社会主义物质文明和精神文明的新型社区"
	《科学技术部关于印发〈关于加速国家高新技术产业开发区发展的若干意见〉的函》(国科发火字〔1999〕302号)	1."高新区发展要实现重点的转移:由注重招商引资和基本建设向注重创新质量和优化配置科技资源转移;由扩大建设项目向优化创业、创新环境转移;由产业分散向集中优势、发展特色产业转移。大力发展具有自主知识产权和国际竞争力的支柱产业,为我国产业升级和结构调整,提高经济发展的质量和效益,为科教兴国与可持续发展作出贡献"
	《科学技术部关于印发〈国家高新技术产业开发区"十五"和2010年发展规划纲要〉的通知》(国科发高字〔2001〕343号)	1."这一时期的主要任务是:1.强化高新区科技创新、创业环境建设,建立创业孵化体系和公共创新服务体系;2.努力抓好科技创业园的建设,扶持多种类型的科技创业孵化机构,吸引大批科技创业人才进园创业,大幅度提升高新区的自主创新能力和水平;3.在现有产业发展基础上,各高新区应根据当地条件,集中力量扶持一两个在全国有影响的高新技术产业,形成特色主导产业;4.提高国际化水平,按照国际规范建设高新区,扶持出口型高新技术企业和产品,增强国际化发展能力;5.突出示范,分类指导,有条件的地方要办好高新技术产业带,全面提升高新区的整体发展质量和辐射带动能力,为经济结构战略性调整作出更大贡献"

续表

开发区类型	文件名称	对应表述
高新技术产业开发区	《关于印发〈国家高新技术产业开发区技术创新纲要〉的通知》(国科发火字〔2005〕16号)	1."通过实施以营造创新创业环境、增强技术创新能力为核心的'二次创业'发展战略,使国家高新区真正成为:高新技术研发、孵化和产业化的基地;培育、造就高新技术企业和科技企业家的摇篮;深化科技、经济体制改革与创新的试验区;高新技术产业发展的密集区;高新技术产品出口的重要基地;改造和提升传统产业的技术辐射源"
	《关于印发促进国家高新技术产业开发区进一步发展 增强自主创新能力的若干意见的通知》(国科发高字〔2007〕152号)	1."国家高新区应建设成为促进技术进步和增强自主创新能力的重要载体,成为带动区域经济结构调整和经济增长方式转变的强大引擎,成为高新技术企业'走出去'参与国际竞争的服务平台,成为抢占世界高新技术产业制高点的前沿阵地" 2."一是始终坚持把发展高新技术作为根本任务,创造局部优化的环境,大力培育有竞争优势和发展前景的高新技术产业,注重发展高新技术产业与改造传统产业相结合;二是以培育有国际竞争力的高新技术企业为目标,深化体制改革和软环境建设……"
	《关于印发发挥国家高新技术产业开发区作用促进经济平稳较快发展若干意见的通知》(国科发高〔2009〕379号)	1."国家高新区要充分发挥在引领高新技术产业发展、支撑地方经济增长中的集聚、辐射和带动作用,加快实施科技重大专项,培育战略性高新技术产业;加快科技成果推广应用,支撑重点产业振兴;大力支持企业提高自主创新能力,完善产业技术创新链;加快发展高新技术产业集群,提升高新技术产业在区域经济中的比重;支持科技人员服务基层,加强高层次人才引进和培育;着力体制机制创新,整合资源,形成发展合力"

续表

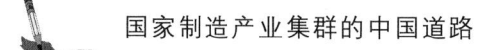

开发区类型	文件名称	对应表述
高新技术产业开发区	《科学技术部关于印发国家高新技术产业开发区"十二五"发展规划纲要的通知》(国科发高〔2013〕23号)	1."实施创新驱动发展战略,培育和发展战略性新兴产业,壮大高新技术产业集群,探索经济发展新模式和辐射带动周边区域新机制,努力将国家高新区建设成为自主创新的战略高地,培育和发展战略性新兴产业的核心载体,转变发展方式和调整经济结构的重要引擎,实现创新驱动与科学发展的先行区域,抢占世界高新技术产业制高点的前沿阵地" 2."坚持创新驱动,把提高自主创新能力贯穿于建设发展的各个环节,提高经济发展的质量和效益,探索实现科学发展的新途径;坚持统筹发展,促进产业结构在更高水平上的优化升级,增强聚集、辐射功能,带动周边区域和城乡协同发展;坚持深化改革,不断完善管理体制和运行机制,创新政策扶持模式;坚持扩大开放,充分利用国际资源,提升国际竞争力和影响力"
	《科学技术部关于印发国家高新技术产业开发区创新驱动战略提升行动实施方案的通知》(国科发火〔2013〕388号)	1."以加快转变经济发展方式为主线,以增强自主创新能力为核心,以深化改革开放为动力,以促进科技与经济社会发展紧密结合为重点,全力提升国家高新区的科学发展水平,最终实现'四个跨越'。即:从前期探索、自我发展向肩负起创新示范和战略引领使命跨越;从立足区域、集约发展的资源配置方式向面向全球、协同创新的产业组织方式跨越;从要素集中、企业集聚的产业基地向打造具有国际竞争力和影响力的创新型产业集群跨越;从工业经济、产业园区向知识经济、创新文化和现代生态文明和谐社区、高科技产业增长极跨越"
	《科技部关于印发〈国家高新技术产业开发区"十三五"发展规划〉的通知》(国科发高〔2017〕90号)	1."着力推动国家高新区创新示范和战略引领,将国家高新区建设成为具有重大引领作用和全球影响力的创新高地,培育和发展战略性新兴产业的关键载体,转变发展方式和调整经济结构的重大引擎,成为建设创新型国家和世界科技强国的重要支点"

续表

开发区类型	文件名称	对应表述
高新技术产业开发区	《国务院关于促进国家高新技术产业开发区高质量发展的若干意见》(国发〔2020〕7号)	1."牢固树立新发展理念,继续坚持'发展高科技、实现产业化'方向,以深化体制机制改革和营造良好创新创业生态为抓手,以培育发展具有国际竞争力的企业和产业为重点,以科技创新为核心着力提升自主创新能力,围绕产业链部署创新链,围绕创新链布局产业链,培育发展新动能,提升产业发展现代化水平,将国家高新区建设成为创新驱动发展示范区和高质量发展先行区" 2."到2025年,国家高新区布局更加优化,自主创新能力明显增强,体制机制持续创新,创新创业环境明显改善,高新技术产业体系基本形成,建立高新技术成果产出、转化和产业化机制,攻克一批支撑产业和区域发展的关键核心技术,形成一批自主可控、国际领先的产品,涌现一批具有国际竞争力的创新型企业和产业集群,建成若干具有世界影响力的高科技园区和一批创新型特色园区。到2035年,建成一大批具有全球影响力的高科技园区,主要产业进入全球价值链中高端,实现园区治理体系和治理能力现代化" 3."国家高新区要立足区域资源禀赋和本地基础条件,发挥比较优势,因地制宜、因园施策,聚焦特色主导产业,加强区域内创新资源配置和产业发展统筹,优先布局相关重大产业项目,推动形成集聚效应和品牌优势,做大做强特色主导产业,避免趋同化。发挥主导产业战略引领作用,带动关联产业协同发展,形成各具特色的产业生态。支持以领军企业为龙头,以产业链关键产品、创新链关键技术为核心,推动建立专利导航产业发展工作机制,集成大中小企业、研发和服务机构等,加强资源高效配置,培育若干世界级创新型产业集群"

续表

开发区类型	文件名称	对应表述
高新技术产业开发区	《科技部关于印发〈"十四五"国家高新技术产业开发区发展规划〉的通知》（国科发区〔2022〕264号）	1."国家高新区应把握跃升发展机遇，主动迎接挑战，强化原始创新，加快突破关键核心技术，全面塑造又'高'又'新'发展新优势，成为支撑高水平科技自立自强的第一方阵" 2."国家高新区作为高质量发展的核心载体和新发展格局的重要支点，应更加聚焦国家战略需求，强化创新第一动力，推进经济、科技、社会、生态文明统筹发展，全面提升发展质量和效率，率先引领绿色低碳转型，让创新成果惠及更多民众" 3."国家高新区应进一步优化发展布局，强化创新引擎功能，充分发挥示范、带动、辐射作用，建设区域创新增长极，为解决发展不平衡不充分问题贡献重要力量，带动区域创新水平全面提升"
海关特殊监管区	《国务院关于促进海关特殊监管区域科学发展的指导意见》（国发〔2012〕58号）	1."基本原则：合理配置，协调发展。按照有利于实施国家区域发展战略规划、有利于中西部地区承接产业转移、有利于特殊监管区域整合优化，以及确有外向型大项目亟待进驻的原则，合理设立特殊监管区域，促进地区经济协调发展。注重质量，提升效益。增强特殊监管区域发展的内生动力，推动区域内企业技术创新和绿色发展，优化产业结构，提升整体效益，发挥辐射作用，带动周边地区经济发展。深化改革，强化监管。适应国内外经济形势变化，充分发挥特殊监管区域在统筹两个市场、两种资源中的作用；提高依法行政能力，加强监管，防范风险" 2."发展目标：稳步推进特殊监管区域整合优化，加快形成管理规范、通关便捷、用地集约、产业集聚、绩效突出、协调发展的格局；完善政策和功能，促进加工贸易向产业链高端延伸，延长国内增值链条；鼓励加工贸易企业向特殊监管区域集中，发挥特殊监管区域的辐射带动作用，使其成为引导加工贸易转型升级、承接产业转移、优化产业结构、拉动经济发展的重要载体"

第五章　广州开发区与上层国家的激励系统

续表

开发区类型	文件名称	对应表述
海关特殊监管区	《国务院办公厅关于印发加快海关特殊监管区域整合优化方案的通知》（国办发〔2015〕66号）	1."发展目标。增强科学发展内生动力。完善政策、创新制度、拓展功能、优化管理，营造国际化、市场化、法治化环境，促进区内企业参与国际市场竞争，更好地服务外向型经济发展和改革开放，推动海关特殊监管区域量质并举。促进加工贸易转型升级。优化产业结构，推进加工贸易向中西部和东北地区梯度转移、向海关特殊监管区域集中，充分发挥海关特殊监管区域统筹国际国内两个市场、两种资源的作用。发挥要素集聚和辐射带动作用。服务'一带一路'、京津冀协同发展和长江经济带等重大国家战略实施，促进区域经济协调发展" 2."鼓励辐射带动能力强的大型项目入区发展。引导加工贸易向中西部和东北地区转移，鼓励加工贸易企业向与当地产业结构相配套的海关特殊监管区域集中，延伸产业链，充分发挥海关特殊监管区域辐射带动作用。推动区内制造企业实现技术创新和产业转型，促进与制造业相关联的销售、结算、物流、检测、维修和研发等生产性服务业有序发展"
	《国务院关于促进综合保税区高水平开放高质量发展的若干意见》（国发〔2019〕3号）	1."基本原则：（一）坚持深化改革，简政放权。进一步健全综合监管体系，持续改善营商环境和创新环境，有效降低市场运行成本，充分激发市场活力。（二）坚持对标国际，开放引领。对标国际先进水平，注重要素整合和产业配套，深度融入国际产业链、价值链、供应链，更好地统筹利用国际国内两个市场、两种资源，培育和提升国际竞争新优势。（三）坚持创新驱动，转型升级。推动综合保税区优化产业结构，支持和鼓励新技术、新产业、新业态、新模式发展。（四）坚持质量第一，效益优先。适应经济新常态下发展新变化，尊重市场规律，因势利导，量质并举，充分发挥综合保税区辐射带动作用" 2."对标高质量发展要求，完善政策，拓展功能，创新监管，培育综合保税区产业配套、营商环境等综合竞争新优势。加快综合保税区创新升级，打造对外开放新高地，推动综合保税区发展成为具有全球影响力和竞争力的加工制造中心、研发设计中心、物流分拨中心、检测维修中心、销售服务中心"

续表

开发区类型	文件名称	对应表述
海关特殊监管区	推动综合保税区高质量发展综合改革实施方案（海关总署，2023年8月发布）	1. "不断推动综合保税区完善政策、拓展功能、简化手续、优化流程、健全制度，更好融入国内国际双循环，进一步实现综合保税区高水平开放高质量发展" 2. "进一步降低制度性交易成本，加快建立适应高端制造业和研发、维修等生产性服务业发展的政策环境、营商环境，增强区内外产业联动，同步实现业态聚集发展和改革效应溢出"

表格来源：作者自制。

不难看出，虽然不同类型的国家级开发区的侧重点存在差异，同时每个阶段流行的有关经济和产业的概念和政策话语也不尽相同，但不变的是中央对国家级开发区注重质量的发展要求和期待。具体来说，通过对上表政策文件表述的词云分析（见图5-1）[①]，可以发现：在中央对国家级开发区的要求和期待中，"发展"（101次）是当之无愧的核心，其分别在"区域"（30次）、"国家"（21次）和"国际"（21次）三个尺度上展开；而国家级开发区应当发展的对象，以"经济"（35次）为主，其中涉及"企业"（20次）和"产业"（64次）这两大层面主体；至于发展的目标指向，强调以"创新"（48次）为王，同时努力追求"高新技术"（38次）和"科技"（20次）进步，着力打造特色产业的"集群"（15次）和"集聚"（14次）样态，从而使其往"自主"（13次）、有"质量"（14次）和有"创新能力"（11次）的高水平方向迈进。

---

① 只保留词频大于10次的词汇，并删去无实在意义的动词、形容词，以及高频率出现但无内容含量的诸如"国家级""经开区""高新区"等主体性名词。

第五章 广州开发区与上层国家的激励系统

图 5-1 中央对国家级经开区、高新区与海关特殊监管区要求和期待的表述词云

图片来源：作者自制。

据此表明，中央对国家级开发区有关经济和产业发展的要求和期待是十分注重质量的。具体到作为国家级开发区一分子的广州开发区，也完全可以被合理地认为处于中央施予的强调经济和产业发展质量的要求和期待之中。更重要的是，从这些政策文本表述中能够很清楚地看到，在相对比较晚近的时期，中央已经开始旗帜鲜明地提出国家级开发区应该致力于打造产业集群。而且，相关说法并非偶尔提及，而是反复强调，这从上述词云分析中可见一斑。由此，其不仅支持了研究假说 H1-2 的相关描述，同时对本书所提出的部分理论逻辑，也有非常直接的支撑作用。

中央提出的意见尽管能在一定程度上体现其对国家级开发区发展方向的倾向性，但是，由于其缺乏强制力，使得难以确定这种期待和要求能否转化为国家级开发区层面的实际行动。好在现实经验所传递出的信息还是给出了较为肯定式的答案，即中央对国家级开发区注重发展质量的要求和期待并非纸面说辞，而会落实到真正的考核行为中，给国家级开发区形成激励。如此判断的理由如下：

首先，在中央发布的一些相关文件中，不少都有明确提及会对国家级开发区的发展状况进行严肃的评价考核，并实行一种有进有出的动态管理机制（对应表述见表 5-3），而不是只要戴上国家级开发区"帽子"就能"稳坐钓鱼台"。

表 5-3 中央对国家级经开区、高新区与海关特殊监管区实行考核动态管理的政策文本表述

开发区类型	文件名称	对应表述
经济技术开发区	《国家级经济技术开发区和边境经济合作区"十二五"发展规划（2011—2015年）》（商务部工作文件，2012年10月发布）	"将国家级开发区综合发展水平评价结果作为开发区升级、区域扩大的重要依据，并探索建立分类激励、动态进出机制"
	《国务院办公厅关于促进国家级经济技术开发区转型升级创新发展的若干意见》（国办发〔2014〕54号）	"支持经济综合实力强、产业特色明显、发展质量高等符合条件的省级开发区按程序升级为国家级经开区。对土地等资源利用效率低、环保不达标、发展长期滞后的国家级经开区，予以警告、通报、限期整改、退出等处罚，逐步做到既有升级也有退出的动态管理"
	《国务院办公厅关于完善国家级经济技术开发区考核制度促进创新驱动发展的指导意见》（国办发〔2016〕14号）	"商务部牵头负责组织考核评价工作，会同相关部门加强对国家级经开区的宏观指导和管理。对发展好的国家级经开区一方面在金融、土地、人才等方面给予激励政策，另一方面要鼓励其输出管理经验，带动其他国家级经开区协同发展。对发展水平滞后的国家级经开区予以警告和通报，对连续两次考核处于最后5名的，按程序报国务院批准后降为省级经济开发区"
	《国家级经济技术开发区综合发展水平考核评价办法》（根据国办发〔2014〕54号文和国办发〔2016〕14号文制订，由广州开发区提供）	"进一步强化约束和倒逼机制，根据当年考核评价结果提出拟约谈、通报、建议退出的国家级经开区名单和处置建议。（一）通报和约谈。对当年考核评价结果处于最后10名的国家级经开区，予以通报和约谈，指出其发展中存在的关键问题和薄弱环节，责令整改。（二）对连续两次考核评价结果处于最后5名的国家级经开区，建议降为省级经济开发区，按程序报国务院批准"

第五章　广州开发区与上层国家的激励系统

续表

开发区类型	文件名称	对应表述
高新技术产业开发区	《科学技术部关于印发〈关于加速国家高新技术产业开发区发展的若干意见〉的函》(国科发火字〔1999〕302号)	"科技部对全国高新区要突出重点，抓好示范，根据高新区评价指标体系进行动态管理，建立优化机制，实行分类引导、定期评估、总量控制、优上劣下。对于工作不力、进展缓慢的高新区，依据国务院有关规定限期进行整顿。整顿后改进不大的将被取消高新区资格"
	《科学技术部关于印发〈国家高新技术产业开发区"十五"和2010年发展规划纲要〉的通知》(国科发高字〔2001〕343号)	"由科技部完善高新区的资源调控、政策调控与考核措施，形成动态管理和竞争发展机制"
	《科学技术部关于进一步支持国家高新技术产业开发区发展的决定》(国科发火字〔2002〕32号)	"按照中央的要求，切实加强对国家高新区的考核与评价，根据新区发展的不同阶段和不同条件，适时调整考核和评价指标体系，引导高新区始终坚持正确的改革和发展方向。对先进高新区进行表彰；对于个别长期发展速度缓慢、改进措施不力、改革力度不大的高新区，将出示黄牌，直至报请国务院取消其国家高新区资格"
	《科学技术部关于印发〈关于国家高新技术产业开发区管理体制改革与创新的若干意见〉的通知》(国科发政字〔2002〕61号)	"科技部将及时总结高新区体制改革经验，予以分类指导。对连续多年办得好，发展快，管理体制合理，已经上规模、上水平的高新区，给予鼓励；对个别高新区多年发展缓慢，改革力度不大，措施不力，将限期整顿，直至报请国务院批准取消其国家高新区资格"
	《促进国家高新技术产业开发区进一步发展增强自主创新能力的若干意见》(国科发高字〔2007〕152号)	"科技部将会同有关部门加强对国家高新区的宏观指导。按照增强自主创新能力、优化创新创业环境、集聚高新技术产业、集约利用各种资源、完善配套功能的原则，修订国家高新区评价指标体系，定期组织对国家高新区进行评估，根据评估结果和不同区域发展的实际，调整布局，加强分类指导。对于少数管理不善、发展高新技术产业成效不大的国家高新区，要给予警告；不能在规定时限内整改的，取消其资格"

续表

开发区类型	文件名称	对应表述
高新技术产业开发区	《科学技术部关于印发国家高新技术产业开发区"十二五"发展规划纲要的通知》(国科发高〔2013〕23号)	"完善国家高新区的评价体系。要进一步细化完善评价指标体系，推动国家高新区动态管理工作的开展"
	《科技部关于印发〈国家高新技术产业开发区"十三五"发展规划〉的通知》(国科发高〔2017〕90号)	"加强对国家高新区的监督管理和动态管理"
	《国务院关于促进国家高新技术产业开发区高质量发展的若干意见》(国发〔2020〕7号)	"制定国家高新区高质量发展评价指标体系，突出研发经费投入、成果转移转化、创新创业质量、科技型企业培育发展、经济运行效率、产业竞争能力、单位产出能耗等内容。加强国家高新区数据统计、运行监测和绩效评价。建立国家高新区动态管理机制，对评价考核结果好的国家高新区予以通报表扬，统筹各类资金、政策等加大支持力度；对评价考核结果较差的通过约谈、通报等方式予以警告；对整改不力的予以撤销，退出国家高新区序列"
	《科技部关于印发〈"十四五"国家高新技术产业开发区发展规划〉的通知》(国科发区〔2022〕264号)	"建立动态管理和淘汰机制，对评价考核结果好的园区予以通报表扬；对评价考核结果较差的园区通过约谈、通报等方式予以警告；对整改不力的园区予以撤销，退出国家高新区序列"
海关特殊监管区	《海关总署关于制定〈出口加工区建设发展水平评估体系〉和有关评估情况的通报》(署加函〔2008〕532号)	"从明年开始，我署将定期把每年的全国出口加工区绩效评估结果上报国务院，同时通报相关方面，并结合国家经济运行需要和加工贸易发展需求，尽早完善有关政策和实施出口加工区准入退出机制"

表格来源：作者自制。

第五章　广州开发区与上层国家的激励系统

其次，作为考核重要依据的指标体系，确实也将发展质量要求纳入其中，有些甚至直接包括产业集聚或产业集群的评价内容。以历时相对全面的对国家级高新区的评价指标体系为例，会发现：1999年颁布的指标体系以"技术创新（27%）"作为其权重最大的一块指标，这体现了对发展质量的要求，但可能与其高新区本身的定位有关；后来在2013年发布的一份文件中，这个指标体系再次出现，只不过其已被修订得焕然一新，从而更加强调发展质量，其中八成权重的指标当属此列，包括"知识创造和技术创新能力（30%）""产业升级和结构优化能力（30%）""国际化和参与全球竞争能力（20%）"三大部分，同时在细项指标中还增加"园区发展符合国家导向评价"一项，并提出"园区战略性新兴产业和创新型集群培育和发展状况评价"这一直指产业集群的内容；而2021年新发的指标体系又有所变动，更加细化全面，分为"创新能力和创新活跃度（20%）""结构优化和产业价值链（20%）""绿色发展和宜居包容性（15%）""开放创新和国际竞争力（15%）""综合质效和持续创新力（30%）"五大部分，除新时期强调的环保要求外，其余基本围绕发展质量展开[①]。

与之相类似，中央对国家级经开区的考核指标体系，也十分注重其发展的质量。尽管目前只能接触到近年来发布的一套指标体系，但其仍然能在一定程度上反映一些情况，具体如下。

第十二条　考核评价指标体系，设定产业基础、科技创新、区域带动、生态环保、行政效能五大类一级指标，53项二级指标。考核内容着重体现创新能力、品牌建设、生态环境、知识产权保护、投资环境等方面。具体说明如下：

（一）产业基础。含13项指标，主要反映国家级经开区经济发展、对外开放、财税收入、产业集聚、单位土地产出强度、基础设施等方面情况。

（二）科技创新。含15项指标，主要反映国家级经开区的科技平台、科技

[①] 此处涉及的三份政策文件依次是：《高新技术产业开发区评价指标体系（试行）》（1999年6月29日由国务院科学技术部发布，部门规范性文件）；《科学技术部关于印发国家高新技术产业开发区创新驱动战略提升行动实施方案的通知》（国科发火〔2013〕388号）；《科技部关于印发〈国家高新技术产业开发区综合评价指标体系〉的通知》（国科发火〔2021〕106号）。

资源、科研能力及人才供应水平等方面的投资环境，引导国家级经开区增强科技创新驱动能力，积极构建科技创新平台，完善人才保障体系。

（三）区域带动。含12项指标，主要考核评价国家级经开区辐射带动示范作用的发挥，并同步反映各国家级经开区对所在地区实体经济的贡献度与支撑度。

（四）生态环保。含9项指标，主要反映生态环境建设、单位产值能耗、主要污染物排放等方面情况，引导国家级经开区绿色集约发展，提高环境准入门槛和能源资源利用效率，减少污染物排放。

（五）行政效能。含4项指标，主要反映政府行政效率，引导国家级经开区以投资者满意度为核心，创新行政管理体制，提高行政效率和透明度。

【资料来源：《国家级经济技术开发区综合发展水平考核评价办法》(2016年版)】

需要说明的是，中央对国家级开发区注重质量的考核标准，并不意味着其指标体系中就丝毫没有诸如GDP、税收等经济数量指标。恰恰相反，这些指标往往都会存在，因为其是衡量一个地区发展的基本标尺。只是对于中央的要求和期待而言，国家级开发区仅达到经济数量层面的增长是远远不够的，当中还会有很多关于发展质量方面的更高标准的考核。在这个意义上，上述经验已基本支持这个结论。不过，不同类型的国家级开发区由于定位和侧重点存在差异，所以中央对其要求和期待的"质量占比"也会不尽相同。总体上看，中央对国家级高新区和经开区的发展质量要求更高，而对出口加工区、保税区等海关特殊监管区的发展质量要求就相对较低，这从后者考核指标体系中就得以窥见[①]。

最后，考核结果特别是负面结果，确实有根据动态管理的规定予以执行，而非"雷声大，雨点小"的"纸上谈兵"。具体来说，在实地调研中，就听闻国

---

① 从其指标体系来看，强调发展质量方面的考核指标只有"创新发展情况"和"监管部门落实监管服务责任情况"（看似无关，实则指标内容是看创新监管举措的情况，以及复制自贸区等重要开放创新区域改革试点经验落地的情况）两项，相对较少。详见《海关总署办公厅关于报送2020年度全国综合保税区发展绩效评估指标数据和材料的函》（署办贸函〔2021〕5号）。另，综合保税区是近年来提出的一个新说法，包括广州开发区在内的全国很多原保税区、出口加工区等都升级为综合保税区，所以严格来说，其并不算一种新类型的海关特殊监管区。

第五章 广州开发区与上层国家的激励系统

家级经开区序列内部已经出现了被清退的案例。尽管这种情况总体上还比较罕见，但足以在一定程度上表明，中央对国家级开发区的这套考核管理机制有在实实在在地运行。

218个（国家级经开区），原来是219个，现在有一个踢出去了，（变成了）218个国家级经开区。

【资料来源：广州开发区访谈GZDZ-GOV20201022-ZY】

二、地方

看完中央对广州开发区的要求和期待后，紧接着将视线转向地方层面的另一头管理者——作为广州开发区母城的广州市，以探索其对广州开发区的要求和期待。

从1984年国务院对兴办广州开发区的有关批复中不难看出，其一开始就很强调广州开发区的发展要注重质量。然而，尽管中央是如此要求的，但当时广州市政府和广州开发区管委会在其实际运作中，却并不完全循此而为。正如广州开发区的回忆性文字所描绘的，广州开发区在建区初期很重视处理短期收益与长期质量之间的辩证关系。换言之，广州开发区在起步阶段还是引进了很多高效益但不一定高质量的所谓"吃饭"项目，以求先生存、再发展。

在1985年全区首次工作会议上，区党委、管委会提出："要正确处理好项目的技术先进与项目在起步初期的经济效益之间的关系。选择项目以短期内有效益、长期内水平高为原则"。因此，这一时期引进的项目，主要是一批投资少、效益好、收效快的"短平快"项目[1]。

【资料来源：广东省委党史研究室编著的《广州开发区创建史录》第6页】

这一时期主要遵循"量力而行"的原则，主要引进一批能够尽快为开发区积累资本、能创汇的项目，着眼于长远发展的高技术企业较少。正如时任开

---

[1] 中共广东省委党史研究室编著，王莹、王涛主编《广州开发区创建史录》，中共党史出版社，2015，第6页。

发区管委会主要领导缪恩禄同志在1987年的年度大会上指出:"广州市要发展外向型经济,开发区更应率先朝这个目标努力,我们要十分重视出口创汇产品,即使技术不很先进,但只要有市场、能创汇、效益好的项目都应积极去办。特别要抓好一些出口的拳头产品、系列产品,为全市外向型经济发展多作贡献"[1]。

【资料来源:广州开发区投资促进局编著的《招商4.0:新时代区域招商的战略思维》第29页】

在这个意义上,能够清楚地看到,至少在广州开发区发展初期,地方层面对广州开发区的要求和期待还是比较务实的,即他们会在坚持以发展质量为长远目标的基础上,先追求经济数量的增长,而不会完全如中央所预期的那样,始终把质量标准卡在一个比较高的水平线上。当然,对这一现象的阐释和解读可以有不同的方向和版本,其既可以是一种宝贵的因地制宜和实事求是,也可以是一种负面的目标偏离和替代。但无论如何,当抛掉这些有人为建构色彩的价值判断后,会发现事实确实是广州市对广州开发区的要求和期待有不同于中央的追求经济数量的一面。如果说上述经验片段主要呈现的还是广州开发区自身的判断的话,那一份1990年由广州市发布的文件,应该就能比较直观地体现作为广州开发区地方上级的广州市的态度。而且,由于这份文件的发布时间是在广州开发区建区的六年后,同时其展望的是广州开发区在1990年代的发展愿景,所以这也在一定程度上说明,保持经济数量增长有其更深层的动力在,而不一定是发展初期为求生存的权宜之计。

开发区经过六年的艰苦创业,已经进入新的发展阶段。在(20世纪)90年代的前期,应全面开发国务院批准的规划面积,并在已开发的土地上抓好配套,完善设施,完成建设任务。按照国家产业政策和国际市场的需求,坚持引进外资为主,引进技术为主,出口创汇为主,兴办和投产一批原材料、电子、通信、食品、纺织、包装等重点骨干项目,壮大实力。努力实施国家和

---

[1] 广州开发区投资促进局:《招商4.0:新时代区域招商的战略思维》,广东高等教育出版社,2018,第29页。

第五章　广州开发区与上层国家的激励系统

广州市的"火炬"计划项目，发展高新技术产业，促进我市外向型经济发展，为建立我市对外经济合作的示范区打好基础。(20世纪)90年代后期，全面完成整体建设，建成实力雄厚、技术先进、管理先进、环境优良、服务齐全的具有广州特点的经济技术开发区。全员劳动生产率、资金利润率、人均创汇、创利等主要经济技术指标，应保持在全国经济技术开发区的前列，为全市经济发展和技术进步作出显著贡献①。

【资料来源：《关于广州市经济技术开发区进一步扩大改革开放的决定》（穗府〔1991〕25号）】

具体来说，这个文件表述虽然在前面比较大的篇幅中因循了中央对广州开发区的发展质量要求，但到后面最为具体的指标和贡献上，却主要强调的是经济技术指标中偏重经济数量的部分，同时将"经济发展"的贡献置于"技术进步"的贡献之前，由此可在一定程度上看出其与中央要求和期待的不同之处。当然，这种分析方式或许难免"咬文嚼字"和过度推论之嫌，因此，需要寻找更多的证据来做进一步支撑。时隔四年之后的1994年，在时任中共广州市委常委、中共广州开发区党工委书记、管委会主任黄龙云的年度工作会议发言中，就能更清楚地看到来自广州市的经济数量要求。因为这位广州开发区主官对广州开发区工作的不满，正在于几项主要经济数量指标的平庸，同时透露出这与广州市的要求和期待相比，仍有不小的差距。

1994年3月1日，黄龙云同志所作的广州开发区年度工作报告，在"提出招商引资是我区经济的重中之重"前，作了一段充满危机意识的阐述，直指广州开发区的工作与市委、市政府的要求和期望相比，与全国先进开发区相比，差距还是比较大的。报告特别指出："开发区在广州经济发展中的影响和地位尚不能令人满意。去年我区实现工业总产值37.24亿元，比去年增长50.5%。虽高于全市平均速度20.06个百分点，但只占全市比重的4.02%，可谓微乎其微。合同利用外资和实际利用外资也只占全市的3.29%和4.96%。

---

① 附录：《关于广州市经济技术开发区进一步扩大改革开放的决定》，载广州经济技术开发区志编纂委员会编《广州经济技术开发区志(1991—2000)》，广东人民出版社，2004，第673-675页。

唯一令我区感到欣慰的是外贸出口占8.04%"[①]。

【资料来源：广州开发区公开出版的历史纪念书籍《开发区精神——广州开发区思想轨迹》第103页】

此外，就已掌握的广州市和广州开发区所发布的若干政策文件和相关历史资料来看，从广东省到广州市再到广州开发区三级，确实存在"压力型体制"描绘的那种指标逐级向下分解的情形，同时会对指标完成情况进行严格的动态监控和考核奖惩。例如，在《中共广州市委办公厅、广州市人民政府办公厅关于印发〈广州市贯彻落实〈珠江三角洲地区改革发展规划纲要(2008—2020年)〉实施细则〉的通知》这份文件中，广州市就明确提及有广东省下解的指标任务。

标*号的12项指标2012年目标值是省委、省政府《关于贯彻落实〈珠江三角洲地区改革发展规划纲要(2008—2020年)〉的决定》(粤发〔2009〕10号)分解给广州市的目标任务。

【资料来源：《中共广州市委办公厅、广州市人民政府办公厅关于印发〈广州市贯彻落实〈珠江三角洲地区改革发展规划纲要(2008—2020年)〉实施细则〉的通知》(穗字〔2010〕5号)】

而在广州市层面，其也会将指标下解给下属辖区，同时设置一个考核奖惩的规则，督促实施。

抓好落实，确保实现今年经济社会发展主要预期目标。23. 经济社会发展的主要预期目标是：地区生产总值增长11%；人均生产总值增长10%；全社会固定资产投资增长10%；社会消费品零售总额增长16%；外贸出口总值增长10%；万元生产总值能耗下降3%以上；二氧化硫和化学需氧量排放量分别下降1%和2.5%；城市居民人均可支配收入增长11%；农村居民人均纯收入增长12%；居民消费价格总水平涨幅控制在4%左右；城镇登记失业率

[①] 广州开发区政策研究室编《开发区精神——广州开发区思想轨迹》，广东人民出版社，2015，第103页。

第五章　广州开发区与上层国家的激励系统

控制在3.5%以内；人口自然增长率控制在6.2‰以内。（分管市领导：邬毅敏；牵头单位：市发展改革委；配合单位：市有关部门，各区、县级市政府）
……

强化督查，实行问责（一）抓好氛围营造。要做到督查和自查相结合，明查和暗访相结合，定期检查和不定期检查相结合，全面检查和个别抽查相结合，人大政协视察和现场观摩相结合，大力营造一个你追我赶干起来的良好氛围。（二）分工抓好落实。各单位要在每月月底通过市政府督查信息管理系统填报市政府重点工作的落实情况，由市府办公厅汇总呈报市政府领导后进行通报；各有关单位要将全年经济社会发展的预期指标任务、建设"六大平台"、打造"六大亮点"、办好"十件民生实事"作为今年市政府重点工作中的重点，进一步细化明确相关任务的工作目标、责任分工、进度安排、完成时限，制定具体实施方案；市府办公厅要牵头组织市政府检查组，对市政府重点工作的落实情况进行全面检查和专项督查。特别是对于"实现一个目标、抓好两个创新、突出三个重点"确定的工作任务，要与市有关部门做好协调分工，制订专题督查方案，确保市政府的工作部署落到实处。（三）重视结果运用。对完成任务情况比较好的单位，要通报表扬；对目标偏移、马虎应付、进度缓慢的单位，市府办公厅可约请有关负责同志说明原因，及时督促整改；对因不作为、不到位、不落实导致不能按时保质完成任务的单位，由监察部门对有关部门负责同志进行问责；人事部门要将完成市政府重点工作情况作为各单位年度考核的重要内容，作为干部提拔晋升的重要依据。

【资料来源：《广州市人民政府印发2011年市政府重点工作责任分工的通知》（穗府〔2011〕3号）】

最后，到广州开发区层面，其会进一步将指标下解给下级部门，以保证被广州市分配的任务能够顺利完成。

确保财政收入增长11%，一般预算收入增长11%……按照市政府下达的"十二五"减排任务书和年度分解任务，制定并落实相应措施，加大……各牵头部门要进一步分解任务，细化指标，采取切实有效措施将任务落到实处，确保目标完成。完成或超额完成目标任务的部门，按照《广州开发区萝岗区机关事业单位表扬批评暂行办法》有关规定向管委会、区政府申请嘉奖、奖励或通报表扬。

【资料来源：《广州开发区管委会、萝岗区政府印发广州开发区萝岗区2012年国民经济和社会发展主要预期目标任务责任分解的通知》（穗开管办〔2012〕13号）】

将全区经济社会发展指标以及各项年度重点工作任务，以目标责任书的形式，下达到各个部门和单位。每年由管委会与各部门和单位签订一次。工作目标责任书以百分制计，与全年的奖金挂钩。随着形势的变化和工作任务的增加，管委会逐步把需要部门落实完成的工作任务，都列入目标责任书。检查考核也由初期的半年一次增加到现在的每个季度一次。目标责任书实行了量化管理，使部门的工作置于监督之内，极大地提高了工作效率。自实行目标责任书以来，全区各部门都普遍克服了重重困难，完成了年度各项经济指标[①]。

【资料来源：广州开发区公开出版的历史纪念书籍《开发区精神——广州开发区思想轨迹》第76页】

正是在这样一套层层下解的"压力型体制"下，广州市会对广州开发区下达十分明确的经济数量意义上的发展任务，包括GDP增长、投资增长和工业总产值增长（见表5-4、5-5和5-6）。这实际上已经直接支持了国家级开发区的地方上级会在"压力型体制"的传导下，对国家级开发区提出经济数量增长方面的要求和期待的理论说法。虽然这里能提供的证据还是以"萝岗区"这种行政区的形式表现出来，但根据前文所述，"开萝"时期的广州开发区和萝岗区本就一体，所以给萝岗区下达任务与给广州开发区下达任务别无二致。

[①] 广州开发区政策研究室编：《开发区精神——广州开发区思想轨迹》，广东人民出版社，2015，第76页。

表 5-4 广州市 2011 年 GDP 增长 11% 按区域分解指标

	2010年完成		2011年上半年完成		2011年分解目标	
	（亿元）	增长（%）	（亿元）	增长（%）	（亿元）	增长（%）
全市	10748.28	13.2	5700.79	11	11800	11
越秀区	1652.40	10.2	921.9	9.1	1785	9
海珠区	729.68	13.6	370.22	12.6	795	12
荔湾区	614.76	13.2	310.81	9.5	670	10
天河区	1872.29	13.2	1002.95	13	2050	12
白云区	939.09	13.3	483.31	10.5	1040	12
黄埔区	567.29	10.1	270.54	2.2	600	9
花都区	666.01	15.5	333.96	10.1	735	12
番禺区	1063.15	15.5	562.09	12.8	1185	13
南沙区	488.25	16.2	249.26	9.5	545	13
萝岗区	1381.64	16.6	787.58	13.8	1535	13
从化市	187.27	14.5	99.85	11.5	205	13
增城市	586.45	14.1	308.32	13.4	655	13
增城市（包括广本二厂）	681.60	16.0	334.79	10.6	760	13

表格来源：《广州市人民政府办公厅关于确保实现我市 2011 年国民经济和社会发展预期目标的意见》（穗府办〔2011〕39 号）。

表 5-5 广州市 2011 年投资增长预期目标各区（县级市）分解指标（按法人所在地）

	2010年完成	1—8月完成		2011年分解目标		9—12月需完成
	（亿元）	（亿元）	增幅（%）	（亿元）	增幅（%）	（亿元）
越秀区	603.4	229.58	−31.2	603	持平	373.42
海珠区	387.1	144.56	−25.6	437	13	292.44
荔湾区	97.2	57.54	−21.2	103	6	45.46
天河区	679.1	310.88	1.8	788	16	477.12
白云区	232.8	230.16	75	256	10	25.84
黄埔区	67.5	24.47	−43.8	73	8	48.53

续表

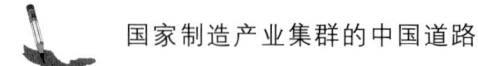

	2010年完成（亿元）	1—8月完成（亿元）	增幅(%)	2011年分解目标（亿元）	增幅(%)	9—12月需完成（亿元）
花都区	169.9	100.80	3	195	15	94.2
番禺区	335.6	235.12	23.7	369	10	133.88
南沙区	122.4	70.02	0.2	129	5	58.98
萝岗区	313.1	183.52	5.7	351	12	167.48
从化市	94.8	63.70	11.4	109	15	45.3
增城市	160.7	140.29	62.5	183	14	42.71
合计	3263.6	1790.63	2	3596	10.2	1805.37

表格来源：《广州市人民政府办公厅关于确保实现我市2011年国民经济和社会发展预期目标的意见》（穗府办〔2011〕39号）。

表 5-6　广州市2011年工业总产值增长目标各区(县级市)分解指标

	2010年实际增长	年初下达增长目标	1—8月实际增长	调查后增长目标
越秀区	6.5	2.0	0.2	2.0
海珠区	13.8	8.0	12.7	8.0
荔湾区	14.1	10.0	13.2	11.0
天河区	15.2	9.0	7.4	10.0
白云区	8.8	10.0	7.9	10.0
黄埔区	10.5	5.0	−2.0	5.0
花都区	24.5	12.5	12.0	12.5
番禺区	24.3	21.0	17.6	21.0
南沙区	23.5	16.0	11.0	15.0—16.0
萝岗区	21.0	19.0	10.9	15.0—16.0
从化市	16.1	15.0	12.8	15.0
增城市	21.1	18.0	16.8	18.0

表格来源：《广州市人民政府办公厅关于确保实现我市2011年国民经济和社会发展预期目标的意见》（穗府办〔2011〕39号）。

第五章　广州开发区与上层国家的激励系统

除了这些来自政策文本的经验依据外，还有一些更鲜活的田野访谈资料也佐证了这一说法。有一位在广州开发区待了近20年且历任过多个重要部门的中层领导者直言，广州开发区每年都要接受来自广州市关于保增长的任务，而且由于广州开发区在整个广州市的工业发展中占据了举足轻重的地位，使得市领导对广州开发区的经济数量增长尤为关心和强调，这也构成广州开发区不得不去努力的一个方向。

开发区现在是工业的占比就差不多70%，然后我们开发区工业的占比占广州市的42%，那么这个指标的好处和坏处在哪里呢？好处就是领导对你这块的工业很重视，坏处就是这样子，每年都保增长，市里头的眼睛就是只盯着你黄埔区看，包括今年上半年更清楚……因为工业你主导，你占40%多，市领导、区领导每天都问你不能掉啊，你掉一块钱我这里就要掉四毛啊，那你没办法，你只能越来越往工业去努力。

【资料来源：广州开发区访谈 GZDZ-GOV20200805-GX】

那么，既然广州市如此强调广州开发区在经济数量方面的增长，这是否意味着其并没有对广州开发区的发展质量要求，甚至可能会阻碍其在这条道路上的前行呢？答案是否定的。实际上，正如本书在前面理论框架部分所述，质量和数量要求并非非此即彼或水火不容的关系，其完全有可能并行前进。对处于"财政联邦主义"和"晋升锦标赛"的地方国家而言，可以说发展数量要求是底线，而发展质量要求是高线。换言之，只要国家级开发区能够在总体满足前者目标的前提下达到后者，地方国家是很乐见其成的，甚至还会鼓励支持，毕竟后者是能兼容和提升前者的。具体到广州开发区这个案例，无论是在哪个时期，都没有证据能够表明作为地方国家上级的广州市会反对乃至阻碍广州开发区追求发展质量，最多只是在发展初期条件还相当有限的情况下，进行目标优先级的替换。与之相反，在广州开发区站稳脚跟且不断成熟后，能看到广州市在保持对其经济数量增长的要求之余，还日益如中央一样提出一些发展质量方面的要求和期待（见表5-7），其中当然也包括打造产业集群。

表 5-7　广州市对广州开发区在发展质量方面的要求和期待的政策文本表述

文件名称	对应表述
《中共广州市委关于贯彻〈中共中央关于构建社会主义和谐社会若干重大问题的决定〉的实施意见》（穗文〔2006〕15号）	"实现东部地区以广州开发区为龙头，整合各产业园区优势，进一步发展汽车、机械装备和石油化工产业，做大做强高新技术产业，打造东部产业带"
《广州市人民政府印发广州市国民经济和社会发展第十一个五年规划纲要的通知》（穗府〔2006〕14号）	"广州科学城及周边地区建设高质量的生态环境、高水平的城市基础设施、高效益的投资创业软环境，形成未来广州最适宜创业发展和生活居住的现代化生态园林城市示范区。重点加强高新技术研发功能，构建科技创新平台，打造广州技术创新中心"
《广州市人民政府办公厅转发市发展改革委关于2009年深化经济体制改革工作意见的通知》（穗府办〔2009〕23号）	"支持广州开发区建设世界一流科技园"
《广州市人民政府印发广州市建设现代产业体系规划纲要（2009—2015年）的通知》（穗府〔2009〕24号）	"以……广州国际生物岛……广州科学城为重要载体，打造集教育、培训、研发、产业化于一体的科技创新区，形成广州产业创新要素的集聚地、产业能级提升的动力源、产业技术引领的示范区"
《中共广州市委办公厅、广州市人民政府办公厅关于印发〈广州市落实〈珠江三角洲地区改革发展规划纲要〉主要目标和任务工作分工方案〉的通知》（穗办〔2009〕15号）	"推进高新技术产业开发'二次创业'，加快广州科学城（北区）建设，把广州国家高新技术产业开发区建设成为全国领先的科技园区"
《中共广州市委办公厅、广州市人民政府办公厅关于印发〈广州市贯彻落实〈珠江三角洲地区改革发展规划纲要（2008—2020年）〉实施细则〉的通知》（穗字〔2010〕5号）	"高标准建设'知识城'……将中新知识城建成中国自主创新的先行区、知识经济的高地、推动珠江三角洲产业转型的强大引擎、中国—东盟区域性创新中心和生态宜居的新城区"

续表

文件名称	对应表述
《广州市人民政府印发2011年市政府重点工作责任分工的通知》(穗府〔2011〕3号)	"按照汇聚高端产业、聚集高端人才、提供高端服务的理念,把中新广州知识城打造成为引领广州、广东乃至中国产业高端发展尤其是知识型经济发展的新引擎、汇聚全球精英的人才高地、国际一流水平的生态宜居新城、中新战略合作的代表项目和杰出典范……东部新城依托中新广州知识城、科学城和……打造山水新城,成为广州东部重要的创新中心和综合性核心城区"
《中共广州市委关于制定国民经济和社会发展第十二个五年规划的建议》(穗字〔2011〕2号)	"重点推进中新广州知识城、三大国家级经济技术开发区、国家级高技术产业园区……等产业发展载体建设,建成核心竞争力强、高端产业集聚、带动全省、辐射华南的现代产业集聚区。以产业功能区建设为依托,实施重大项目带动战略,积极培育和引进一批产业链长、竞争力强、辐射力大的重大项目,推进产业集群化发展"
《广州市人民政府、佛山市人民政府、肇庆市人民政府印发广佛肇经济圈发展规划(2010—2020年)的通知》(穗府〔2011〕13号)	"以中新广州知识城、广州科学城……广州开发区……等为核心,加快建设国家级高新技术产业基地……着力推动科技创新成果产业化和产业集群化,形成集高端制造业、高新技术产业、知识密集型服务业于一体的创新型产业集聚区"
《广州市人民政府办公厅印发广州市服务业发展第十二个五年规划的通知》(穗府办〔2012〕19号)	"中新广州知识城……以知识密集型服务业为主导,重点发展战略性新兴产业以及科技与金融服务、文化创意和总部经济等现代服务业,打造成为引领全国产业高端发展重要载体和推动知识型经济发展的新引擎"
《广州市人民政府办公厅关于印发广州市战略性新兴产业发展规划的通知》(穗府办〔2012〕43号)	"以广州国际生物岛、广州科学城和中新广州知识城为核心……促进产业集聚、产品延伸和技术升级,迅速提升产业竞争力、做大产业规模……推进广州国际生物岛建设和招商工作,加快把其打造成生物经济的'曼哈顿'和生物金融的'华尔街'"
《中共广州市委、广州市人民政府关于推进科技创新工程的实施意见》(地方工作文件,2012年9月19日发布)	"围绕建设广州国际生物岛……实施一批生物技术重大项目,打造生物与健康产业创新集群"

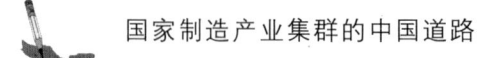

续表

文件名称	对应表述
《广州市人民政府关于印发2015年市政府重点工作责任分工的通知》（穗府〔2015〕9号）	"发挥……黄埔……三个国家级开发区的主引擎作用……黄埔要抓住区划调整的契机，以'两城一岛'为核心，抓紧推进中新知识城上升为国家战略，加快电子商务、检验检测、智能装备、港航服务等专业园区建设，发展知识经济，打造知识产权枢纽和知识密集型产业集聚高地"
《广州市人民政府关于印发广州制造2025战略规划的通知》（穗府〔2016〕4号）	"按照'资源集聚-平台集聚-企业集聚-智慧集群'的原则，优化智能制造产业布局，以广州开发区……等三区为轴心打造国家级'智能制造＋智能服务'产业基地……加快培育辐射全球、具有较强国际影响力的智能装备产业集群、智能装备制造企业与智能制造整体方案提供商"
《广州市人民政府关于印发广州市国民经济和社会发展第十三个五年规划纲要（2016-2020年）的通知》（穗府〔2016〕6号）	"立足广州高新区、中新广州知识城、科学城……广州国际生物岛……等建设国际科技创新枢纽……加快发展知识密集型、资本密集型、技术密集型经济，建设高水平大学，推动产学研融合发展，打造国际产业创新创业中心和国际新兴产业基地……高标准建设中新广州知识城……打造世界级知识经济新标杆……推动知识城上升为国家级双边合作项目，构筑'一带一路'战略平台，深化与新加坡在科技创新、知识产权等领域合作，建设成为知识密集型产业集聚区、国际创新要素集聚区、国家创新合作平台……培育壮大……广州开发区三大生产性服务业增长极，建成5个以上千亿级生产性服务业集聚区……广州开发区/黄埔区重点打造生命健康、智能装备和现代服务业战略性新兴产业集群，提升发展新一代信息技术、平板显示、新材料、石油化工和精细化工、汽车及零部件、食品饮料六大千亿级优势产业集群，积极发展临港经济。促进生产性服务业和生活性服务业发展，积极推进产城融合，建设成为国家级创新驱动发展示范区、国际创新资源集聚区、产城融合发展先行区、全面深化改革试验区。以中新广州知识城、广州科学城和广州国际生物岛'两城一岛'为核心，集聚知识创新要素，努力建成高端高质高新产业集聚区和知识经济的新高地"

第五章　广州开发区与上层国家的激励系统

续表

文件名称	对应表述
《广州市人民政府办公厅关于印发广州市加快创新驱动发展实施方案的通知》(穗府办〔2016〕12号)	"加强中新广州知识城和……使其成为广州加快创新驱动发展的重点区域……在中新广州知识城建设国际化的知识经济发展高地，着力构建链接全球的区域创新体系，吸引和培育高科技企业、创新型人才，打造知识经济新标杆"
《广州市人民政府办公厅关于印发广州市战略性新兴产业第十三个五年发展规划(2016—2020年)的通知》(穗府办〔2016〕25号)	"依托中新广州知识城、科学城……广州国际生物岛……等为核心的广州科技创新走廊，培育形成一批新技术、新产品、新模式、新业态、新产业、新载体，做大做强若干产业创新链，助推我市战略性新兴产业跨越式发展……以广州国际生物岛……等战略性新兴产业基地为核心载体，形成专业化集聚……中新广州知识城加快开发建设进度，尽快释放经济和创新效益，发挥出中新广州知识城的辐射效应，建设知识经济产业集聚区、国家知识产权运用和保护综合改革实验区和'21世纪海上丝绸之路'的重要平台，成为全市建设国际科技创新枢纽的核心组团……科学城以'高端发展、创新发展、辐射带动'为升级导向，大力发展楼宇经济，突出创新创业生态建设，提升高新技术产业、研发机构、高端人才密集度，扩大对外辐射带动影响力，把科学城建设成为区域性科技创新创业中心，强化区域科技创新创业中心地位"
《广州市人民政府办公厅关于印发广州市信息化发展第十三个五年发展规划(2016—2020年)的通知》(穗府办〔2017〕4号)	"以广州开发区(广州科学城、知识城)与……双核联动发展，带动形成以新一代信息技术创新为基础、高端电子信息制造与信息服务业高度融合发展的创新核心走廊……以广州开发区(广州科学城、中新知识城)为核心……形成新一代信息技术产业集群……以中新知识城、广州科学城为基础，打造'大数据产业集聚发展核心'"

续表

文件名称	对应表述
《中共广州市委关于制定广州市国民经济和社会发展第十四个五年规划和二〇三五年远景目标的建议》（地方规范性文件，2020年12月21日发布）	"把中新广州知识城建成具有全球影响力的国家知识中心。支持广州科学城建成国际一流的中国智造中心和'中小企业能办大事'先行示范区……充分发挥广州经济技术开发区……等重点平台的带动作用，形成集中度显示度更高的先进制造业和战略性新兴产业集群……突出抓好中新广州知识城'一号工程'。全面实施中新广州知识城总体发展规划，在政策支持和创新驱动上下更大功夫，发展全球顶尖的生物制药、集成电路、新能源汽车和纳米科技产业，建设中新国际科技创新合作示范区、综合性国家科学中心重要承载区……东部着重建设黄埔区、广州开发区高质量发展核心引擎"
《广州市人民政府关于印发广州市国民经济和社会发展第十四个五年规划和2035年远景目标纲要的通知》（穗府〔2021〕7号）	"黄埔区打造广州市主城一体化东部极核，建设科技创新引领区、现代产业体系标杆区、深化改革开放先行区、生态文明建设典范、基层社会治理现代化示范区。坚守实体经济主阵地，建设新型显示、汽车、生物医药与健康、集成电路四大全产业链。强化先进制造业和现代服务业双轮驱动，推进数字经济发展赋能，打造一个三千亿级（新一代信息技术）、两个两千亿级（汽车制造、新材料）、四个千亿级（绿色能源、生物技术、高端装备、健康食品）的'1+2+4'产业集群，形成具有发展新优势的万亿级产业体系"
《广州市人民政府办公厅关于印发广州市工业和信息化发展"十四五"规划的通知》（穗府办〔2022〕10号）	"黄埔区重点开发中新广州知识城、广州科学城、生物岛、黄埔港等四区四中心，提升永和、云埔、西区等先进制造业组团，加快建设中国新材料CID（中央创新区）、集成电路产业园、广州人工智能与数字经济试验区（鱼珠片区）等重要载体平台，打造新一代信息技术、生物医药与健康两大世界级创新型产业集群，培育壮大新材料、绿色能源、高端装备三大战略新兴产业集群，巩固提升汽车制造、健康食品、高端日化三大传统产业集群，培育发展量子通信、脑科学与类脑、太赫兹等未来产业"

表格来源：作者自制。

第五章　广州开发区与上层国家的激励系统

综上所述，能得出两条基本结论：第一，中央对广州开发区的要求和期待确实是注重发展质量的，无论是相关的政策表述，还是实际的考核指标，都有证据能够对此进行支撑；第二，广州市对广州开发区的要求和期待，相比中央而言，呈现出比较明显的追求经济数量增长的特征，当然，这并不意味着其对广州开发区不会有更高的发展质量方面的要求和期待，事实上这种要求和期待正随着广州开发区的不断成长而日益显现。据此，比对研究假说H1-2来看，广州开发区的案例经验对其总体上是支持的。尽管在研究假说H1-2中，其阐述的是"地方管理者侧重要求国家级开发区保持经济数量增长"，但这并不妨事。因为一方面，重质量和重数量的发展要求和期待在中央和广州市这两方管理者身上仍然具有大面上的倾向性，由此基本就能与研究假说H1-2相吻合；另一方面，在前述的理论逻辑中也已提到，当经济数量增长能得以满足时，地方管理者不仅不会阻碍国家级开发区追求发展质量，甚至还会鼓励支持，毕竟发展质量会促进发展数量。在这个意义上，广州开发区的案例经验不但与研究假说H1-2不存在矛盾之处，反倒还支持了更多的理论细节。

第三节　上层国家激励系统的存在

按照本书提出的理论框架，上层国家的激励系统是促使国家级开发区采取制造产业集群行动的动力来源。其基本逻辑是，国家级开发区处于一种"央地共管"的特殊制度设计中，一方面中央作为"给牌子"和"给政策"的上级主体，需要对其进行考核，另一方面地方母城又是实行建制的依托对象，会对其进行辖制，所以国家级开发区要同时服膺于这双头管理者的要求和期待。但是，由于中央和地方本身所处的立场不同，使得它们对国家级开发区施以的要求和期待也有所区别。对处于国家顶层的中央来说，其着眼于全国，运用特殊优惠政策设立国家级开发区的关键目的之一，就是希求先从点突破，培育高质量发展的经济增长极，使其能成为辐射带动区域乃至全国的重要发展引擎，故十分强调发展质量。但对于地方而言，其本身也处于受辖于上级的纵向治理框架之中,对最终源于中央的"财政联邦主义"和"晋升锦标赛"激励十分敏感。这意味着,地方母城会通过"压力型体制"的向下传导,要求作为其下级的国家级开发区保持经济数量增长。当然,在这一目标能保证的情况下,地方母城不会阻碍国家级开发区追求发展质量,甚至会予以支持,因为发展质量是能涵盖和促进发展数量的更优状态。

这套理论逻辑,应当与基于广州开发区经验的现实观察是高度契合的。首先,广州开发区的实际情形,确实符合"央地共管"的特殊制度设计。一方面,广州开发区由于身上所挂的四块国家级开发区牌子(广州经开区、广州高新区、广州保税区和广州出口加工区),使其分别受中央三大部委(商务部、科技部和海关总署)管理,要求定期接受他们的考核评比;另一方面,广州开发区无论是出于开发区序列的管委会治理体制(广州市的派出机构),还是出于"政区合一"之后的行政区体制(广州市的下辖区),都毫无疑问是作为其母城的广州市的绝对下级,受其辖制。其次,在这样一个基本框架之下,我们确实也看到了从中央和广州市传递下来的要求和期待,正如理论所描绘的那样,各有侧重,前者更要求发展质量,后者更要求发展数量。而且,随着广州开发区的不断成长,后者开始在保持发展数量要求不变的情况下,提出发展质量要求,而所有这些有关发展质量方面的要求和期待,在产业集群概念风靡后,都明确指向打造重点产业集群,这与本书提出的理论细节进一步贴合。

在这个意义上,可以说上层国家的激励系统确实客观存在,其构成中国国家制造产业集群之过程机制的第一组成部件,成为驱动国家级开发区采取产业集群行动的"发动机"。而这个机制之所以可行,在于强调发展质量的中央激励力量的并行注入,使得国家级开发区不至于完全陷在由地方主导的"GDP陷阱"中而难以自拔。当然,如果国家级开发区完全收归中央,应该也不太具有可操作性。因为当中央失去对地方的参与获益激励后,地方不太可能承担建设和运营职责,这在令中央面临巨大的投入压力之余,还会难以克服大国一统体制与有效治理之间的矛盾,使得只能实行缺乏地方性知识的垂直管理,从而收效不佳。所以从总体上来说,这套"央地共管"体制,应当是中国制度环境下最能满足各方面需求的"均衡之选",尽管强调发展数量的地方介入在短期之内可能会掣肘国家级开发区对发展质量的追求，但相比地方介入所能带来的建设、投入和运营，这些"副作用"尚属于可容忍的范围，特别是发展数量要求和发展质量要求本身并非水火不容的关系，在较长的时间段内，二者可以走向统一，这更加消弭了这些可能存在的不利影响。而且，根据实地调查结果来看，其实不只有广州开发区经验满足这套理论逻辑，另一些处于头部位置的国家级开发区也大同小异，这让我们对上层国家激励系统的存在更具信心。

第六章　广州开发区与下层国家的执行系统

上一章的分析揭示了广州开发区确实在中央和广州市的双头管理下面临着兼具发展质量和发展数量的要求，特别到相对后期的阶段，更是被直接施以打造产业集群的期待。那么，面对这些自上而下传递的驱动力，广州开发区做了些什么？又是凭借何种工具实现的？这是本章试图展现的内容。由此，可进一步检视研究假说 H2-1 和 H2-2 是否受到作为典型案例的广州开发区的经验支持。对于上面两个问题，我们将在第一节和第二节中分别予以呈现，而到第三节的部分，我们将在融合理论和经验的基础上，讨论有关"下层国家的执行系统是否存在"的问题，以作小结。

第一节　广州开发区有何做法："外招""促发"和"内联"

如果说广州开发区在其追求发展的过程中有何主要做法，首先便是招商引资。实际上，在广州开发区建立的年代，无论是作为大陆经济特区学习原型的中国台湾地区的出口加工区，还是已在改革开放大潮中率先起步的中国四大经济特区，都已为国家级开发区的创办展示了一些经验和道路，其中最核心的思路就是招商引资，即通过招引，让外商外资来这些划定的区域投资、设厂、经营，以引进资金、技术和管理经验，从而实现发展。在这个意义上，可以说招商引资是国家级开发区工作的主旋律，特别对以广州开发区为代表

第六章 广州开发区与下层国家的执行系统

的这种从无到有的开发区建设而言更是如此,因为不管是要发展质量,还是要发展数量,首先都得从打造产业基础开始。

正因如此,当广州开发区获批成立后,其首要工作除了进行必要的基础设施建设外,就是要通过各种方式推动招商引资。一方面,这是发展前期实现上级要求的唯一方式;另一方面,广州开发区建设所投入的成本和所筹措的贷款,还需要凭借企业缴纳的利税来实现资金的回流和再投入。所以,要想持续地运营开发区,就要尤其重视招商引资。那招商引资重要到何种程度呢?根据广州开发区的回忆性文字所述,当时广州开发区甫一筹建,这边刚刚上马动工、吹沙填土,那边就抓紧随着广州代表团前往香港参加招商引资活动,两条路线并行推进,丝毫不敢懈怠,足见招商引资对广州开发区的重要性。可以说,即便时至今日,招商引资都是广州开发区的头等大事。正如当年广州开发区人自己喊出的口号:"项目是生命线,招商引资是重中之重"[1],这句话充分体现了招商引资在广州开发区寻求发展过程中的突出地位,以及广州开发区运营者对其所能发挥作用的深刻认识,以至于如今的广州开发区人自述道:"这是广州开发区历任领导、全区上下干部的共识,也几乎是所有开发区奉为经典的发展秘诀"[2]。

当然,不同时期招商引资的侧重点有所不同,目标有所不同,工作思路也存在差异。在广州开发区建区初期的20世纪80年代,其主要秉持的是一种"生存哲学",奉行"捡到篮子都是菜"的战略,对招商引资的对象不挑不拣,所以引进的都是一些"短平快"的"吃饭项目",并无多少质量可言,更不会有所谓重点产业方向的考虑。但不可否认的是,这一阶段引进的项目,确实让广州开发区先"吃饱了饭"。例如:在当时号称制易拉罐似印钞机一样的广州美特容器有限公司,"两头在外"出口滑雪服的中穗制衣厂等,都是为广州开发区贡献过大量利税的"功勋"企业;而像1988年引进的宝洁公司,更是直至今日都还具有良好的效益。

---

[1] 广州开发区政策研究室:《开发区精神——广州开发区思想轨迹》,广东人民出版社,2015,第101页。

[2] 广州开发区政策研究室:《开发区精神——广州开发区思想轨迹》,广东人民出版社,2015,第101页。

进入20世纪90年代,广州开发区摆脱了建区初期求生存的状态,多年的积累令其站稳了脚跟。虽然其在这一阶段仍然没有形成明晰的重点产业发展方向,但在招商引资方面已经取得了一些进步。首先,在方式方法上,招商引资的途径大为拓展。有依托上级部门招商的,有依托入区商户招商的,有依托国内社会力量或中介机构招商的,有依托海外咨询机构或驻外使馆招商的,还有依托电子信息网络招商的。总之多线出击,"无所不用其极",能用尽用,形成了被称为"五个依托"的多渠道招商引资方式。其次,在目标指向上,招商引资的对象也更为多样化和品质化。以前对港澳台的偏重使其资本来源结构受到了限制,但从这一阶段开始,广州开发区走向了欧美日这些真正意义上的外资,同时"六个并举"战略的提出虽不是完全抛弃了"吃饭项目"而埋头高质量的企业和产业,却也在一定程度上框定了量质并重的招商引资方向,这使得很多有一定技术含量的大企业、大财团、大项目不断地在广州开发区内集聚,从而奠定了良好的制造业产业基础。

大约从21世纪初开始,伴随着国际社会日益时兴的产业集群理念逐渐传入中国,广州开发区也正式拉开了专注发展重点产业方向的产业集聚化、产业集群化的序幕,并且趋势愈发明显。用广州开发区自己的话来说,这一时点开启了其"二次创业"的征途。自此之后,广州开发区迈向对自主创新和产城融合的高质量发展的追求,而实现这个目标的很重要的一个方面,就是在明确重点产业方向的基础上,打造相关的产业集群。起初广州开发区主要确立电子信息、生物、新材料、先进制造、新能源与节能环保、知识密集型服务业六大产业为其发展的重点方向,后来结合广州市的发展规划,进一步聚焦于IAB和NEM这五种战略性新兴产业,即新一代信息技术(IT)、人工智能(AI)、生物医药(Bio-tech),以及新能源(New Energy)和新材料(New Material)。

产业发展方向的明晰既给招商引资带来了更加确切的目标,也给招商引资工作提出了更高的要求。好在经历从传统招商到多渠道招商的发展后,广州开发区的招商引资体系日渐丰富,在这一阶段,其更是进化到兼具专业化和市场化的成熟样态,不仅招商人员规模庞大,而且还形成所谓"两只手+一张网"的多维复合招商组织体系。具体来说,"两只手"是这一招商引资体系的基本骨架，其中一只手是以管委会下属组织为代表的国家招商力量，另一只手是以管委会在市场上寻求的民营招商公司为代表的市场招商力量，它们共同构成广州开发区招商引资的两大行动主体；"一张网"是指与两大行动主体组成招商引资信息与渠道勾连的其他网状节点，包括国家各部委、省市政府、驻外使领馆、国外政府、行业协会、区内企业、各类中介、朋友亲属及海外华侨等，它们为招商引资工作提供线索。

正是在这个招商引资体系的基础上，通过对专业招商人员既有压力又有奖赏的充分激励[①]，使其围绕重点产业方向引入了不少优质项目，从而产生了许多重要的集群绩效。相比过去，这一阶段的招商引资不仅产业方向日益明晰，而且还逐渐显示出根据产业链布局进行招商引资的思路，这对打造产业集群具有极为明显的作用。一方面，上游（供货商、服务商、材料商等）、中游（投资者本身、集团其他部门、关联投资方、合作伙伴等）、下游（产品使用者、销售商等）的产业链模型已经融入广州开发区的招商引资工作中，其在专注特定重点产业的基础上，还会以链式结构考虑招商引资的方向；另一方面，特定重点产业的链式、集群式组织形态，既是其致力寻求的发展目标，也会反过来成为其以项目思维吸引重点对象入驻的筹码，除用区内产业基础吸引相关企业入区这种常规操作外，广州开发区甚至还会凭借为其配套招引的组团式招商引资方式，来叩开这些关键项目的大门，而这一旦获得成功，实际上就能为产业集群的形成带来非常直接的效果。

例如，广州开发区在新材料领域所形成的产业集群，就主要仰赖比较常规的路径。如前所述，在20世纪90年代，由于广州开发区招引了一批来自发达国家头部企业的具有一定技术含量的大项目，使其奠定了比较雄厚的制造业产业基础。正是这些制造业部门所形成的庞大市场需求，让广州开发区能继续吸引作为其上游的新材料生产企业，诸如杜邦、住友集团、LG化学、3M、拜耳等世界一流企业都陆续在广州开发区建设生产基地，有些企业建设的生产基地还不止一个。正如3M公司负责人所言："3M超过一半的客户均

[①] 在国家招商力量一侧，既有通过分解招商引资指标的"压力型体制"，也有招商引资的业绩奖励措施；而在市场招商力量一侧，除了基于契约的委托代理压力及对应的盈利激励，广州开发区管委会还会额外设置诸如招商引资的奖励金等举措，以提高专业招商人员的积极性。

集中在华南地区，为本地客户提供'贴身服务'成为我们建厂的首要考虑"[①]。除产业链之外，广州开发区还在产业相关性上下功夫，利用新材料产业与其他产业的关联性，推动它们进行深度融合，从而培育或引入专门针对高分子、信息技术、生物医药和新能源的各种新材料产业，以强化作为产业集群核心特征的特定地理区域范围内的产业领域关联度。

至于对打造产业集群比较新颖和直接的组团式招商引资，其典型案例可见广州开发区对LG和GE生物科技园的引进。广州开发区目前拥有可谓是国内技术最先进、生产规模最大、产出效益最好的平板显示产业集群，而这一产业集群的形成过程，基本上与作为龙头企业的LG的不断深入引进密切相关。2006年LG模组厂的最先入驻，就伴随着对汉成电子、新谱电子、LG化学等一批上下游配套外资企业的组团引入，项目总投资额达8.77亿美元；后来2012年为继续引进LG高世代液晶面板项目，广州开发区更是找到了作为液晶面板下游电视机厂商的深圳创维一同加入，以实现就地消化、直达整机的更完整产业链；2017年广州开发区继续引进LG的OLED项目，并紧接着引入相配套的LG化学新项目——偏光片，至此构成平板显示产业集群的核心环节基本齐整。

与之类似，GE生物科技园的落地，也与这种组团式招商引资分不开。因为这个项目模式本身采取的就是一种GE运营和多个药企入驻的乐高平台思路，其希望利用GE对生物制药设备的高市场占有率，来联合下游的药企合作伙伴一起开拓中国市场。其中，百济神州的计划项目与GE生物科技园十分契合，后者对前者能否落户尤为重视。为此，广州开发区也使出了浑身解数，大力招引百济神州入驻，才使GE生物科技园项目得以顺利推进。之后，又是在GE生物科技园的吸引和介绍下，不少重点医药企业纷纷前来考察、洽谈乃至入驻，由此进一步强化了广州开发区的生物医药产业集群建设，形成了围绕GE生物科技园的集单抗、双抗、T细胞治疗、疫苗及供应链服务、销售平台、服务平台等于一体的全产业链。

[①] 广州开发区投资促进局：《招商4.0：新时代区域招商的战略思维》，广东高等教育出版社，2018，第142页。

第六章 广州开发区与下层国家的执行系统

除此之外,这一阶段广州开发区的招引对象,也呈现出多层次、多类别的特征。传统的招商引资,顾名思义,只会把目光集中在企业身上,而且往往是一个企业一个企业地招引。然而,正如前文依据产业链实行的组团式招商引资所描绘的,纯粹的单企招商模式已经被广州开发区突破。不仅如此,广州开发区招引的对象,也不再只局限于企业,携带或能孕育项目的顶尖人才、作为集群重要组成部分的高端研发机构乃至服务性组织等,都已经成为日益被广州开发区关注的重点。广州开发区颇为敏锐地意识到,尖端人才,特别是那些极为紧缺的战略科学家,其背后蕴含的或许是巨大的产业链和人才链,而且能发挥不可估量的品牌效应。比如,药企百济神州,正是由国际知名的生物科学家王晓东院士领衔。百济神州的入驻,也意味着王晓东院士对广州开发区的信赖与选择,所以后续吸引了一批原在中国生物医药产业"大本营"——北京、上海——的团队前来广州开发区投资。正是由于王晓东院士以实际行动所作的"背书",使他们表示:"连王晓东院士都来了,那我们投资项目一般要走的前期尽职调查等工作就都免了"[①]。如今,广州开发区还引入了诺贝尔生理或医学奖获得者克雷格·海洛、世界著名结构生物学家施一公和集成电路专家陈卫等人,希望通过他们的专业水平和影响力,来推动广州开发区相关产业集群的进一步发展。

而在高端研发机构和相关服务性组织方面,广州开发区的招引也取得了一些成果。根据2017年的一个粗略统计,广州开发区当时累计引入的高端研发机构已经达到了600余家,其中国家级研发机构大约20家,省级研发机构200家有余[②];2018年的一个准确数字则表明,广州开发区的研发中心和机构数达到1036家,博士后工作站(含分站、基地)数量82个[③];在质量上,这些研发机构包括被誉为世界生命科学圣地和分子生物学摇篮的美国冷泉港实验室与广州开发区联合创办的冷泉港(广州)研究院及科技成果转化中心、广州开发区牛津大学科研创新中心、中国剑桥创新园、广州斯坦福国际研究院、

[①] 广州开发区投资促进局:《招商4.0:新时代区域招商的战略思维》,广东高等教育出版社,2018,第56页。

[②] 广州开发区投资促进局:《招商4.0:新时代区域招商的战略思维》,广东高等教育出版社,2018,第159页。

[③] 数据源自广州开发区内部资料《黄埔区 广州开发区建设发展情况汇报材料》。

中国科学院生命医学与健康研究院、中国智能装备研究院、清华珠三角研究院、浙江大学华南工业技术研究院等前沿机构，其为打造相关产业集群发挥了重要作用。至于服务性组织，广州开发区引入了如中国电器科学院、SGS、UL华美认证等国内外权威专业检测认定机构，还致力于集聚高端科技创新产业所共需的知识产权要素，延揽国家知识产权局专利局专利审查协作广东中心、广州知识产权法院、广州知识产权交易中心、中国（广东）知识产权保护中心、国家版权保护中心广州版权产业服务中心、大型综合性知识产权交易平台汇桔网等组织入区；同时依托总部招商和楼宇经济招商等思路，打造商业和科技综合体项目，以承载金融、投资、销售等服务性、支持性行业总部经济，从而助力重点产业集群的完善和丰富。

不过，尽管以招商引资为代表的招引工作在广州开发区的发展过程中扮演着重要角色，但其绝不是广州开发区的唯一做法。除了招引这种由外而内、从无到有的移植策略外，广州开发区还会对已经存在于区内的主体进行助推，核心思路就是运用一些手段来对其进行支持和培育，从而促进其进一步发展。具体而言，广州开发区的助推策略会作用到处于不同发展阶段的对象身上，虽然并非全面覆盖，而是会根据潜力和效益原则进行筛选，但总体上还是希望为更多需要帮助、值得帮助的企业助力，从而做到既能为已经发展得比较上轨道的企业锦上添花，也能为具备发展前景但仍需要"推一把，扶上马"的企业雪中送炭。当然，两相比较之下，后者显得更为重要。一方面，比起锦上添花，雪中送炭的紧迫性更强，而且事成之后，往往会使该企业对广州开发区怀有更深的感情，强化其根植性；另一方面，广州开发区还会把招引与助推有机结合起来，在招引一些富有潜力但尚属起步的"种子"入区后，再对其采取助推策略，由此相比直接移植"大树"会大幅节约成本。

我们要积极主动尽早与国家发改委、科技部、工信部等国家有关部委进行接触和沟通，及早了解掌握国家新兴产业发展计划及重点项目计划，积极争取项目布局我区。另一方面要立足我区现有企业，扶持具备条件的企业申报列入新兴产业发展项目。招商单位要围绕新兴产业领域开展招商，增强招商的针对性。当然，我们也应当看到，新兴产业要从研究成果转化成为具体

第六章 广州开发区与下层国家的执行系统

的项目,从项目转化成为现实生产力和经济效益还需要一定的时间,但这并不代表招商工作就按兵不动。当一个产业、一个项目已经发展成熟后再引进的成本要比它还在发展初期的时候引进成本要高几倍、十几倍甚至上百倍。我们招商的眼光要比别人看得更远一些,步子要比别人迈得更前一些,在项目还在种子阶段、萌芽状态的时候,就要抢在别人的前面把它引进来,抢喝战略性新兴产业的"头啖汤"①。

【资料来源:广州开发区公开出版的历史纪念书籍《开发区精神——广州开发区思想轨迹》第115页,原广州开发区管委会主任薛晓峰讲话】

我们现在的政策扶持力度,跟苏州工业园区,就是现在经开区序列的老大,惊人的接近,基本上相差个一两个亿的差别,目前我们全区受益的企业数大概接近6千家,应该企业的获得感啊,还是比较强的。我这里有数据啊,2017—2019年啊,累计拨付的资金是3万多笔啊,受益的企业接近6千家,然后吸引的项目啊,拿到投促的数据,接近四百五十个,吸引的总投资啊,超过7千亿元。

【资料来源:广州开发区访谈 GZDZ-GOV20201022-ZY】

特别地,对科技创新企业来说,这种雪中送炭的助推尤为关键,而且具有实实在在的效果。原因在于,科创产业领域所独有的前沿性、高不确定性和市场滞后性等特征,使其在发展初期往往难以指望市场机制充分地发挥作用。此时,如果国家这支"看得见的手"能适当予以支持,帮其渡过几个难挨的关口,企业就可能得以立足,并产生由技术进步与市场需求相互促进所带来的光明前景。正因如此,广州开发区打造了一套涵盖从种子前期到种子期,再到初创期,接着到成长期,最后到发展成熟期的完整科技创新支持体系。这套支持体系根据科技创新企业不同发展阶段所具有的特定目标和任务,梳理其可能遇到的共性问题,从而提出相应的政策措施(见表6-1),以有针对性

---

① 广州开发区政策研究室:《开发区精神——广州开发区思想轨迹》,广东人民出版社,2015,第115页。

地帮助广州开发区内处于不同发展阶段的科技创新企业顺利成长[①]。

表 6-1 广州开发区科技创新支持体系的阶段分解说明

发展阶段	种子前期	种子期	初创期	成长期		发展成熟期
				成长早期	高成长期	
目标	商业计划书	产品原型	产品定型	获取利润	规模生产	建立优势
任务	1. 商业价值论证 2. 技术可行性论证	1. 技术研发	1. 产品设计 2. 生产可行性验证	1. 生产投入 2. 销售产品	1. 开拓市场 2. 扩大生产	1. 技术改造 2. 技术升级
问题	1. 启动资金 2. 信息搜集	1. 研发经费 2. 技术力量	1. 中试经费 2. 信息调研	1. 生产资金 2. 资金回流	1. 技术改进 2. 组织创新	1. 多元化创新 2. 产业技术创新
措施	1. 无偿小额资助 2. 信息支持	1. 研发资助 2. 吸引天使投资 3. 研发联盟 4. 专家辅助	1. 研发资助 2. 吸引风险投资 3. 专家辅助 4. 信息平台	1. 贷款担保 2. 票据贴现	1. 专家辅助 2. 信息平台 3. 国际市场拓展	1. 科学支持 2. 产业集群支持

【表格来源：广州开发区投资促进局编：《招商 4.0：新时代区域招商的战略思维》，广东高等教育出版社，2018，第 179 页。】

如果说上述科技创新支持体系是广州开发区提供的软件的话，那其还在相应的硬件方面下功夫。从培育科技创新企业最初的源头——人才——开始，广州开发区就在积极地搭建平台，以吸引人才入区创业。其中最具代表性的，莫过于其在 1998 年创办的国内第一个海外人才引进平台——中国留学人员广州科技交流会（简称"留交会"）。依托这个平台，广州开发区已经引进高端人才数百人，成为全市乃至华南地区高层次人才最密集的区域，也因此被中组部评定为国家海外高层次人才创新创业基地。此外，高端人才的科技创新创

[①] 广州开发区投资促进局：《招商 4.0：新时代区域招商的战略思维》，广东高等教育出版社，2018，第 179 页。

第六章　广州开发区与下层国家的执行系统

业也需要有合适的空间载体，所以广州开发区建设了十分充足的组织平台，即包含创客空间、企业孵化器、企业加速器等在内的一系列对应初创企业不同发展阶段的孵化器体系，形成了华南地区最大的孵化器集群[①]，并荣获"中国优秀孵化器集聚区奖"。而且，这些平台载体往往不只是物理意义上的创业之处，其还搭载着广州开发区直接或间接施以的各种支持举措，如成本减免、服务中介和专业指导等，从而为这些科技创新企业的成长再添助力。

在孵化器体系建设方面，初期主要呈现出以国家为主导的投资结构单一化的特征。但随着时间推移，广州开发区不断探索的"国家引导，市场参与"的协同之道，如今已逐渐成形，表现在用管委会设立的12亿元的引导基金、3亿元的担保基金和5 000万元的种子基金，撬动了约300亿风投资本的集聚，同时鼓励国有资本、民营资本和产业资本共同参与孵化器体系建设。截至2018年，已有事业单位、国企孵化器11家，民营孵化器78家，民营占总数约88%。在孵化器体系运行方面，对应"创客空间—孵化器—加速器"的平台载体，构建"预孵化—孵化—加速"的科创成长链条：预孵化阶段，通过认定和扶持方式，搭建创客空间、"TOPS众创"等新型创业"苗圃"；孵化阶段，利用孵化器承接更加深化的创新创业，并每年挑选技术水平高、商业模式新、创新能力强的企业进入"金苗企业"，以进行着重培养；加速阶段，进一步优中选优，认定"瞪羚企业"，给予上市辅导和政策倾斜，鼓励做大做强。

除了这种专门的孵化器体系平台建设外，广州开发区还具有比较完善的依托区内企业的孵化机制。一方面，广州开发区创造条件去支持区内企业孕育新的创新创业项目。其中，尤为鼓励骨干科创企业围绕产业链上下游进行布局考虑。比如，视源电子本身就是从广州开发区内的孵化器体系中孕育而来的民营高科技企业，但其凭借内部员工的技术创新，逐渐体外孵化出了与之相关的创新创业项目，从而构成了由内向外的创新发展产业链条。另一方面，企业也可以选择自建孵化载体，来有目的性地引进相关企业，以实现集群发展式的协同合作。典型案例之一，就是冠昊生物从区内孵化器体系"毕

[①] 根据广州开发区内部资料《黄埔区 广州开发区建设发展情况汇报材料》：当时全区已建成科创企业孵化器89家，包括综合孵化器45家，专业孵化器44家，总孵化面积达479万平方米；其中，国家级孵化器10家，省级以上孵化器16家，市级以上孵化器57家。

业"后，自建了冠昊生命健康科技园这一孵化平台，然后通过与进驻项目共享实验室、专业技术、销售经验和研发设备等方式，促使自身以及与自身有所关联的被孵项目高速成长，从而逐步形成领先于国内的再生医学材料产业集群。

到2018年，广州开发区共累计孵化出科技创新企业4054家，其中扎根于广州开发区的企业有3486家，占比约86%。而在这些生于广州开发区又长于广州开发区的企业当中，最终走向高新技术企业的有661家、规模以上企业的有365家、新三板企业的有57家、上市企业的有12家，总体上取得了一定程度的助推效果。如今，广州开发区培育的科创企业已经有相当一批成长为关键产业链环节的核心支柱或明星代表，诸如广州迈普再生医学科技有限公司、广州黑格智造信息科技有限公司、广州方邦电子股份有限公司、杰创智能科技股份有限公司、广州佰聆数据股份有限公司、广州玻思韬控释药业有限公司、广州慧智微电子有限公司等企业，由此可见，助推工作对广州开发区打造产业集群所发挥的重要作用。

当然，如上所述的招引和助推，虽然是广州开发区诸多工作中可谓是最主要的部分，但在打造产业集群方面，更多起到的还是生产（通过移植或培育两种途径）构成产业集群之微观主体的作用。尽管从市场机制的角度看，当互为上下游产业链或相关支持性的企业或机构聚集于同一个地方时，理论上应该是会自发寻求联系与合作的，但这并不排斥国家对此进行诱导与干预，从而加速或强化这一过程。对此，广州开发区同样也是有所考虑和行动的，除了在组团式招商引资中已经把这一意涵内嵌于招引工作之外，广州开发区还会通过一些奖励性或扶持性的政策举措来促进区内主体相互联系与合作。

例如，广州开发区会出台专门政策，刺激区内企业彼此采购，使它们进一步联动发展起来。其规定：对广州开发区企业购买区内企业生产的产品或服务的情形，只要当年购买总额达到1000万元以上且购买方营业收入同比正增长，广州开发区管委会就给予购买方相当于当年购买总额2%的补贴（一企一年最高不超过200万元）；而对于购买区内企业生产的机器人整机或成套机器人生产设备的情形，只要当年购买总额达到200万元以上且购买方营业收入同比正增长，广州开发区管委会就给予购买方相当于当年购买总额5%的补

第六章　广州开发区与下层国家的执行系统

贴(一企一年最高不超过 200 万元)[①]。另外，广州开发会鼓励区内企业或机构组建成立行业协会或同业联盟。对于这类组织，管委会每年给予一定额度的资金扶持(一般一年不超过 50 万元)，并根据不同行业属性，对一些重点活动的开展再追加专项资助或补贴。不难看出，这些政策对加强区内主体相互合作或形成组织化联系，无疑具有比较直接的激励作用。

这种促进区内主体联系与合作的努力，还体现在广州开发区一直以来比较注重人才的思路上。可以想见，虽然其看似追求的是区内组织与组织之间的联系，但落到根本上，还是人与人，特别是作为组织关键决策者的人才与人才之间的联系。所以，在奖励性或扶持性政策之余，广州开发区还在打造的人才体系上下功夫，通过对入区人才的一些服务性举措，来承载额外的促进区内主体联系与合作的功能。如上所述，无论是在招引还是助推工作中，广州开发区对人才尤为重视，正因如此，其围绕人才引进和服务形成了一套比较完善的方式方法。其中，广州开发区深感很多技术人才只有丰富的专业知识，但对商业、创业领域的情况知之甚少，同时，真正的创新、创业也难以闭门造车，而是需要在不同行业人才的交流、碰撞与合作中达成。所以，广州开发区致力于依托区内人才较为密集丰富的良好条件，去搭建使其能广泛交流合作的平台，诸如人才联谊会、知本家联盟等，都是此类工作开展的典型代表。

综合上述内容，可梳理出广州开发区做法的基本图景。首先，得益于特殊经济区的一般经验，广州开发区自建区伊始，就一直把以招商引资为代表的招引工作作为发展重点，只不过在不同的发展阶段呈现出不同特征与侧重点。从一开始"捡到篮子都是菜"，到后来虽无明确产业方向但逐渐注重引进项目质量，再到后来基于重点产业方向的产业链和产业相关性招引，都明显表现出借助招引实现的日益明晰化和集群化的产业发展特征。其次，促进区内主体发展、联系与合作的一系列相关工作，也是广州开发区做法的重要组成部分，但其主要出现在包含产业集群在内的各方面理念开始流行的相对晚

[①] 广州开发区投资促进局：《招商 4.0：新时代区域招商的战略思维》，广东高等教育出版社，2018，第 94 页。

近的时期。所以，不难发现，广州开发区经验对研究假说 H2-1 所提供的说法是总体支持的，广州开发区确实采取了"外招""促发""内联"三类行动。不过，不应该忽视的一点是，这些支持的部分看起来好像主要体现在广州开发区发展的后半程，而前面则不然。对此，有必要进行进一步的讨论。

一方面，从本书理论逻辑来看，这一看似"不服帖"的发现，不仅不会冲击理论框架的可靠性，反倒内含于其中。原因在于，根据前文呈现，中央和广州市对广州开发区的要求和期待，尽管总体上一直保持注重发展质量和注重发展数量的分歧，但到相对后期的阶段，广州市对广州开发区也开始逐渐有发展质量方面的要求和期待。这意味着，两相叠加之下，来自上级的发展质量要求和期待越来越强，特别这一时期，产业集群理念开始流行，中央和广州市更是直接提出产业集群话语，所以从这个差不多的时间点开始，广州开发区有明显的打造产业集群方面的做法出现，是正好与我们的理论逻辑相吻合的。

另一方面，并不是看起来只有后期经验支持理论，就说明理论与经验存在不一致，这一过程其实需要被历史地看待。具体来说，后半程广州开发区之所以有能力实施各种集群举措，除了得益于对产业集群的理念、目标和知识体系的吸收与转化外，还与其前半程积累下来的财政能力、产业基础和工作经验密不可分，而这都是在前后一致的上层国家的激励下达成的。在这个意义上，不能只把后半程明显看到集群相关的举措和成果的部分才当成是理论的支撑物，而忽略前半程虽不以集群面貌表现出来但属于积累基础的过程。因为如果仅凭一些表面痕迹就将经验前后割裂，而不以一种整体主义的视角对其进行全面且深入的检视，恐怕也会陷入以部分遮蔽整体的迷思。广州开发区"外招""促发""内联"这三类行动是随着发展过程依次展开的，而非理性推演下的机械性并行推进；同时，产业方向也是在探索中不断明晰和确立下来的，不存在一个理性主义预设下的横空出现的产业目标。因此，尽管广州开发区的现实经验不能如理论框架推演的那样严丝合缝、丝丝入扣，但其本质上符合本书提出的理论逻辑。

第六章　广州开发区与下层国家的执行系统

第二节　广州开发区以何工具：产业政策、营商环境和区属国企

如前所述，广州开发区确实会像理论框架所描绘的那样，围绕特定重点产业方向，依据产业链和产业相关性思路，去招引区外企业和机构入驻，并促进其发展和相互联系与合作。然而，对于广州开发区所采取的这一系列做法，其究竟凭借何种方式完成？或者说，其依赖的主要工具举措是什么？是这部分内容力图探讨的问题。伴随着对这一问题的剖析与解答，研究假说H2-2能否继续受到广州开发区经验的支持，便一目了然。具体地，如果说上一部分主要呈现的是广州开发区"做什么"，那这部分呈现的就是广州开发区"怎么做"，其指向一个更进一步深入的"方法论"。在这个意义上，可以根据广州开发区在"外招""促发"和"内联"方面所采取的行动，来分别考察其是如何开展这些行动乃至促使这些行动目标达成的，然后再去归纳其基本工具。

首先，在"外招"方面，可以就招商引资这一代表性工作管中窥豹。根据对广州开发区的实地调查和对相关资料的梳理发现，广州开发区从事招商引资的核心秘诀，在于其一直以来都拥有一种比较客观务实的共赢思维，即不是只关注自己要什么，而是时刻关注招引企业需要什么，这样才能在适配双方需求利益的基础上，让招引企业"愿意进，能够待"。正如广州开发区自己总结的招商引资经验所述：

广州开发区引进项目，注重项目的效益，……希望项目能够在开发区内发展壮大，最终达到企业与地区共荣发展[①]。

【资料来源：广州开发区投资促进局编著的《招商4.0：新时代区域招商的战略思维》第76页】

[①] 广州开发区投资促进局：《招商4.0：新时代区域招商的战略思维》，广东高等教育出版社，2018，第76页。

这句话充分体现了广州开发区"利己先利他"的招商引资思路,而这种思维模式,其实早在建区初期就开始形成,并一直延续至今。在尚处起步阶段的20世纪80年代,广州开发区所提出的"蚂蚁策略",就是对此的生动反映。所谓"蚂蚁策略",是指广州开发区先通过让一些入区客商尝到"甜头",使他们再跟其他客商口口相传,从而吸引更多客商入区投资的一种招商引资方式。由于神似一只蚂蚁找到食物会将信息素传递给更多蚂蚁的生物规律,所以被广州开发区形象地命名为"蚂蚁策略"。不难看出,"蚂蚁策略"之所以成行,很大程度上是因为广州开发区早早洞悉出资本或者商人愿意前来投资的核心是必须"有所得"的本质,所以才利用有共同逐利特性的商人网络,开发出了这套具有实用性的招商引资策略。

在招商引资的过程中,我们提出了"蚂蚁策略"。这个策略的提出是针对当时有的同志犯的"红眼病",看到外商发财就想不通。"蚂蚁"政策是在权衡利弊之后,采取适当的让利,以便更有利于吸引外资。第一只"蚂蚁"来了,尝到甜头,其他"蚂蚁"就会随之而来了。美特容器厂是开发区第一个较大的项目,共投入2600多万美元,有一定规模。在开始谈判的过程中,主要集中在两个问题:一是他们认为我们土地开发价太高,难以接受;二是要求单独建一幢专业厂房。

有的同志提出,土地开发价已是成本价,降低就亏了;要在其他专业厂房上加盖几层通用厂房,以节约用地。最终,为了吸引这个厂落户在开发区,我们同意他们单独盖专业厂房,并让利给他们,土地开发价略低于成本价给他。表面看起来我们是亏了一点,但是最后赚回来了,因为企业在开发区,税收归我们管。更重要的是,1985年有这样一个较大企业落户在开发区,用了不到一年时间盖好厂房,设备安装调试正常,在1986年就投产,这种示范效应是十分重要的。

当然,我们也知道,外商在引进设备、买原材料的时候,就已经赚了我们钱了。他们在明处,我们在暗处,不管怎样,人家不进来你就什么都

第六章 广州开发区与下层国家的执行系统

没有①。

【资料来源：首任广州开发区党工委书记兼管委会主任缪恩禄回忆录】

但正是由于其确有实效，因而哪怕广州开发区在进入站稳脚跟的20世纪90年代后，都没有抛弃这一思路的内核，反倒是不断对其进行补充和完善。典型表现就是，广州开发区在1992年明确提出了"三让三得"原则，使其指导了几乎整个20世纪90年代的招商引资工作，切实引进了很多来自欧美日的大财团、大企业和大项目，从而奠定了广州开发区之后得以进一步发展的坚实的制造业产业基础。具体来说，"三让"是指让市场、让股权和让利益，"三得"是指得资金、得技术和得效益，"三让"是"三得"的前提和基础，由此充分体现了广州开发区对招商引资工作得以成功的一以贯之的根本判断——"利"，即必须让客商有利可图，方能有招引入区的可能性。正是这种思路的一致性和连贯性，使得这一时期尽管不再用"蚂蚁策略"的提法，但"蚂蚁策略"却仍能有所显现。更加有趣的是，尝到甜头的"蚂蚁"不只是顺便将信息传递给同伴，还大张旗鼓地自费作宣传，这或许是提出"蚂蚁策略"时都不敢想象的。例如，日本住友商事株式会社在感受到广州开发区为其创造的"住友速度"后，就主动免费为广州开发区在日本东京举办了招商会，帮忙引入了日本旭友化工有限公司、广重精工有限公司、住轻金属制品有限公司等一众日本企业。这实实在在地印证了这一招商引资思路的效果。

进入21世纪后，尽管广州开发区在招商引资方面又提出了不少新概念和新招数，但不变的是这一基本思路。以至于如今广州开发区在总结自己招商引资经验的时候，会直接把自己手中能够掌握何种资源分门别类地列出，并提出招商引资的过程其实就是向招引企业配置资源的过程，只要能把自己手中的资源很好地与招引企业的需求匹配起来，以资源带动项目，就能在招商引资方面有所收获。

政府手中的资源，大致可以分为以下几种……现阶段的招商，就是政府

---

① 缪恩禄：《建区创业起步回忆录》，载广州市萝岗区政协、"广州经济技术开发区专辑"编委会编《开拓者的记忆：广州经济技术开发区1984—1994》，广州出版社，2008。

为企业进行资源配置的行为……将政府的资源与企业主体的需求紧密结合起来,以资源带动项目落户。例如,通过政府的产业基金,解决企业的投资问题;通过放宽市场准入,破解企业发展瓶颈;通过与创新企业合作,促进国资企业增值发展。政府把资源整合得好,运用得好,对招商引资工作往往起到事半功倍的助推作用[①]。

【资料来源:广州开发区投资促进局编著的《招商4.0:新时代区域招商的战略思维》第84页】

不过,单了解广州开发区是以何种思路在从事招商引资工作还远远不够,重点在于,广州开发区究竟是如何给予或者说满足招引对象所关注的"利"的,这才是此招商引资思路操作化的关键。接下来将通过广州开发区的一些招商引资实例来做一个具象化的呈现。

在前文引用首任广州开发区党工委书记兼管委会主任缪恩禄回忆录以佐证"蚂蚁策略"的相关内容时,大致提到了当初对美特容器公司的一个招引过程,其实就比较能反映广州开发区早期招商引资的情况。对商人来说,最直白的"利"莫过于让其多挣钱,而这除了能以增加收入的方式来实现外,还能通过节约成本实现。在招引阶段,侈谈增收不切实际,而且这也不是广州开发区所能干预的范畴,但其却可以在不少方面实打实地为企业投资减少成本。所以,用所谓"优惠条件"或"优惠政策"的形式来使企业获节约成本之"利",从而予以吸引,这是最为直接也颇见成效的一种方式。广州开发区之所以能成功引进美特容器公司,正在于其愿意提供低于成本价的土地,并给予充分的支配权而不干预看似"浪费土地"的专业厂房建设。与之类似,广州开发区对宝洁公司的引进也遵循这一思路,最后广州开发区愿意在土地和单层厂房建设问题上予以优惠,是整个谈判能够顺利进展的关键。

后面,广州开发区使用的"优惠政策"方式随着其财力日增而有所拓展,除了最初的"少拿"外,还出现了"多给",即通过广州开发区主动为招引企业配套投入的形式,来进一步节约企业本应自行解决的一些成本。例如,广州

---

① 广州开发区投资促进局:《招商4.0:新时代区域招商的战略思维》,广东高等教育出版社,2018,第84页。

第六章 广州开发区与下层国家的执行系统

开发区在招引美国捷普集团(JABIL)入区建设中国最大的生产基地时，就组合采用了"少拿"和"多给"两种形式的优惠政策，使其坚定了投资的决心。具体来说，广州开发区不仅为捷普在选址、地价、环保、供电等主要方面开出了优惠条件，而且还承诺为其完善周边环境，并决定在新工厂生活区内，为其修建员工公寓、公共饭堂、文化娱乐体育场馆和后勤配套设施，同时答应建设造价总值高达1006万元的5千米双回路供输电专线，投入巨大。不过，这么庞大的项目工程能够最终谈妥落地，除了广州开发区优惠力度之大所具备的吸引力外，还依赖其在整个过程中所展现出来的高效、专业、负责，让捷普看到了未来值得信赖的高质量营商环境。作为一家上市企业，捷普的行事特征是高度重视合规性。为此，在整个招引过程中，捷普高薪聘请了业内知名的咨询机构和律所，与广州开发区就各个方面细节进行逐一论证，好在广州开发区招商人员拥有比较高的专业素养，应对得当，从而打消了捷普的多重顾虑，也给其留下了深刻印象。当迈入更加细琐的筹建阶段后，广州开发区进一步展现其出色的营商环境实力，各职能部门不是被动服务，而是主动出击，甚至还直接参与到工作中。例如，区规划建设局对其做到随到随受理，超半数送审业务都提前予以回复；区消防部门派专家指导并宣传相关消防事务，为顺利验收打下基础；管委会更是直接派驻专门干部参与筹建工作，随时居中协调，传递信息，从而确保企业的各种诉求能够及时得到解决。

在这个意义上，可以说广州开发区为招引企业所提供的"利"，除了"优惠政策"这种眼前之利外，还有就是借由良好营商环境所彰显出来的长远之"利"。这是所有追求远大前景的企业在选择投资环境的过程中都同样看重的内容，也是很多已经进入广州开发区的重要企业在谈及当初为何选择广州开发区投资的时候都会不约而同地提到广州开发区拥有良好营商环境的原因。

乐金(LG)显示(中国)……选址广州开发区，综合考虑了三方面因素，一是LGD(乐金显示)的客户主要都在以广州为中心的珠江三角洲地区；二是LGD已经于2006年在广州开发区投资建设了模组厂，两个工厂靠近，有利于相互协作；三是模组厂在这里几年运营下来，与开发区管理委员会的合作非常融洽，公司需要什么资源或有需要解决的问题，政府部门都特别积极过来帮助解决，几个因素考虑下来，LGD最终选择了广州开发区①。

【资料来源：乐金(LG)显示(中国)有限公司总经理崔载翊讲话】

百济神州进驻广州，对于我们来说是"all-in"(全进)，所有的牌都压上了。百济神州在广州落地，主要由三个要素确定，第一个要素是广州的政府与企业共同信任，服务一流，这是决定百济神州落户的基础；第二个要素是广东作为全国经济第一大省，临近东南亚，百济神州的药物在广州生产，再出口到东南亚和"一带一路"国家销售会很便利，也很有竞争力；第三个要素是广州有极度开放的城市文化，适合思想自由的生物企业家发展②。

【资料来源：百济神州联合创始人王晓东讲话】

当时厂房选址时，我们列出了几个必要条件：第一，必须在广州，因为移动通信最大的市场就在广州；第二，要有足够的发展空间和一定的配套设施；第三，政府的办事效率要高，政策环境要好。根据这些要素，广州开发区作为首批14个国家级经济开发区之一，条件完全符合，并最终成为京信通信集团总部所在地③。

【资料来源：京信通信系统(中国)有限公司董事会主席霍东龄讲话】

另一个凭借营商环境之"利"感染招引对象进而获其青睐的典型例子，是广州开发区对卡斯马项目的引进。卡斯马是由全球第三大汽车部件供应商、世界500强企业麦格纳国际(Magna International Inc.)与广汽集团合资的一个汽车系统项目。广州开发区获知其投资线索后，迅速出击，基于投资者最关心的投资政策、用地申报流程、筹建便利度、投资审批要求、当地产业配套情况等一系列核心事宜，结合广州开发区的实际，提供了一份专业化、精准化的解决方案去洽谈。在这过程中，广州开发区的招商团队还非常早地就展

---

① 广州开发区投资促进局：《招商4.0：新时代区域招商的战略思维》，广东高等教育出版社，2018，封底。
② 广州开发区投资促进局：《招商4.0：新时代区域招商的战略思维》，广东高等教育出版社，2018，封底。
③ 广州开发区投资促进局：《招商4.0：新时代区域招商的战略思维》，广东高等教育出版社，2018，封底。

第六章　广州开发区与下层国家的执行系统

现出服务精神,每一次谈话对接都主动上门,哪怕对方处于一个偏僻的城中村地区,仍不辞辛劳,最终令其感受到了广州开发区的专业与诚意。后面的筹建过程也是因为外企的一些或严苛或特殊的要求而带来了一些麻烦,但广州开发区通过多年来招商引资建立的"项目投资方—招商团队—政府各职能部门"的审批工作机制,协助其在最短时间内熟悉审批流程和文件准备,更专门成立了相关职能部门的联合跟进小组,使整个审批过程一次性受理即办,无一退件,让投资方深感满意。正因如此,卡斯马项目还在当时的广州开发区创造了有史以来最快的速度记录,从签约落户到建成投产仅花费了不到7个月的时间,其中效率可见一斑。

此外,对广州第一条12英寸芯片生产线的核心企业——粤芯芯片——的引进,也得益于如上所述的两种方式。在"优惠政策"方面,广州开发区以土地出让底价再打七折、配套建设专用220kV变电站、就近协调废水处理、研发补贴和贷款贴息等诸多手段,给予粤芯以"一企一策"的实际利好;同时,更是为其直接出台了全区范围内的IAB(新一代信息技术、人工智能和生物医药)产业政策,针对集成电路发展的许多关键环节给予支持,如封装设计企业有专项补助,多项目晶圆研发、光罩购买和工程片、试流片加工有相应补贴等,由此实实在在地为此项目从入驻到今后发展提供了各种帮助。

但是,广州开发区能引进粤芯的"秘诀"还不止如此,更重要的一点,是广州开发区促成了区内企业与其合作创办,并利用区属国企为其参股,从而解决了粤芯最为急迫的融资问题,如此才真正坚定了粤芯入区的决心。具体来说:通过多轮洽谈比选,广州开发区在综合考虑了产业关联、公司实力、对技术团队的认可度、股权架构、产品匹配度等核心要素后,最终选定了区内金域集团控股的上市公司——智光电气——作为合作伙伴,与粤芯技术团队共同成立有限合伙公司;在此之余,广州开发区还让区属国企科学城集团代表管委会参股,并提供一定额度的股东贷款,使其加上广州开发区给予的其他补助,以"组合拳"形式去共同解决粤芯面临的资金瓶颈。可以说,粤芯案例所呈现出的招引经验,除了上面已经提及的两种"利"外,还着重体现了广州开发区能给予招引对象的机会之"利",其实际上在市场场域主要以风险投资的形式表现出来,只不过这里转化为以国家为主体、以国家控制的国有企业为手段的招引筹码,由此构成了广州开发区招商引资的第三种操作方式。

不过,或许有人会质疑,在广州开发区招引粤芯的过程中,尽管有出现区属国企投资的情况,但其发挥的作用有限,主要还是广州开发区找来区内企业与其联合创办解决了实质问题,如此还可将其上升至广州开发区招商引资的第三种操作方式的高度吗?关于这个疑问,可以通过广州开发区招引百济神州的例子来做进一步检视。百济神州由美国国家科学院院士、中国科学院外籍院士、北京生命科学研究所所长王晓东领衔。凭借王晓东院士在生命科学界的突破性成果,百济神州致力于做中国自己的创新药,成立5年便赴美国纳斯达克上市,是一家国际化的中国生物医药创新型龙头企业。正因如此,当听闻百济神州有选址投资的计划时,全国各地都纷纷向其抛出了橄榄枝。实际上,广州开发区是与百济神州接触最晚的一支招商团队,但在广州开发区将其从其他地方的招商现场"劫走",短暂邀请其在附近农家乐洽谈一个小时后,竟然就达成了最初的合作意向。原因正在于,广州开发区提出了可以通过成立合资公司的模式来进行项目建设,从而吸引了百济神州的注意力。

所以,即便王晓东院士自己在谈为何入驻广州开发区时没有提及,但这种用注资给予机会之"利"的方式,确实成为广州开发区招引百济神州的关键。以至于后面广州开发区复盘招商引资经验时,还将这种以风投式招商为核心的模式归纳为"百济模式",可见其在百济神州招引中的重要性。具体来说,广州开发区令区属国企金控集团下属的广州凯得科技有限公司一次性投入10亿元,占了整个百济神州项目总投资额23亿元的近一半,力度之大令人瞠目结舌。而且由于数额确实过大,需要突破国资管理要求的限制,所以广州开发区还探索出了一套股权和债权相结合的破解之道,即通过让百济神州在关键节点处债转股,以为双方提供一个动态灵活的选择机制。

在这个意义上,已经能够清楚地看到,广州开发区确实会凭借类似风险投资的注资方式给招引企业提供机会之"利",以作为招商引资的筹码,而这一切往往要依赖广州开发区直接控制的区属国企来实现。不过,既然类似风投,就意味着这种方式伴随着风险。调查发现,虽然有区属国企以给有前景的项目投资入股的方式赚了不少钱,但也存在投资失败的情形。因此,这种

第六章　广州开发区与下层国家的执行系统

方式实际上会使广州开发区与被招引入区的企业绑定得更加紧密，风险共担，荣辱与共。当然，投资对被招引企业来说是一个十分具有吸引力的杠杆，特别是对高度需要资金研发投入的高新技术企业而言尤甚。典型表现之一，就是百济神州入区后，很多与广州开发区洽谈的生物医药企业，在谈到需求时，都会点名要"百济模式"。

其实一直以来就是管委会很重视招商，我们（区属国企）也很重视的，通过这个招商其实我们也享受到这么几十年的红利，好的我们就参股，参股了以后我们有效益就会进到我们的良性循环，这个是肯定的。

【资料来源：广州开发区访谈 GZDZ-SOEZ20200806-GX】

区里面有一些重点产业项目，有资金需求、引入战略合作伙伴的需求的，我们国企都有参与的……你不管怎么样也是要参股的，其实也知道是有风险的，你看我们也有投资上市企业在亏的，我们投的一个上市企业亏得还挺惨的呢，现在还没回来，一下子就亏了十几个亿。有些前面的水也确实是国企在蹚，没办法，你不蹚也不行。

【资料来源：广州开发区访谈 GZDZ-GOV20200611-GZ】

除了以企业为对象的招商引资外，在广州开发区对人才的招引上，也能看到类似的思路和做法。一方面，与全国很多地区一样，广州开发区当然也有出台"大礼包"式的人才政策，比如近些年来引起较大反响的以产业政策和人才政策为中心的"金镶玉"政策组合，就是比较典型的例子。其力度颇大，简洁明了，主要起到用实利吸引人才的效果。另一方面，广州开发区比较富有创新性的举措，体现在用市场化方式全链条运营人才工作。具体来说，广州开发区通过创立区属国企性质的人才集团，专门负责区内与人才相关的从宣传到引进再到服务的一系列事务。入区前通过各种发布会、宣讲会、工作站、办事处大力招引，入区时协助人才办理方方面面的手续和进行政策兑现，入区后对人才、人才团队乃至人才家庭进行一对一服务；对人才及人才团队来说，根据实际需要，开展各类创业培训、专业咨询和人才交流，同时依据事业发展阶段的不同，针对性地给予支持，包括提供各种价格优惠的创业空间、政策补助和以人才估值直接进行贷款的"人才银行"等，使人才能在事业方面尽可能地享受到实质性帮助；对人才及其家庭来说，实行令其全无后顾之忧的"管家式"服务，住房、医疗、子女教育等无所不包，真正做到"上管老，中管青，下管小"。因此，广州开发区的人才招引，除依靠政策带来的眼前实利外，还仰赖以区属国企形式搭建起来的无微不至的生活服务和事业服务。

其次，在"促发"方面，可以从广州开发区培育科技创新企业这一典型做法切入，这是紧随在人才招引之后的重要工作。关于广州开发区如何培育科技创新企业，在前面的做法部分已经作了相应描述，就是打造一套主要包含初创企业各个发展阶段针对性举措的科技创新体系。具体来说：在刚刚萌生初步想法的种子前期，广州开发区以给予小额的无偿资助为主，使其能够用来获取市场信息或进行一些专业咨询；进入想法开始落地的种子期，就需要面临一道最严峻的关口，因为一方面各类开支会大幅增加，但另一方面又很难在市场中找到必要的投资，因此广州开发区会以一套"组合拳"方式对此进行帮助，既有周期较长的无偿或无息的权益性或项目性资助，也会出台政策鼓励个人对中小企业投资或引导天使投资人对中小企业投资，还会支持研发联盟和专家辅助，更会建设孵化器体系供企业落户；到目标开始转向市场的初创期后，企业虽然已经有了一些初步成果，但往往具有产品不成熟、价格较高和市场未打开等问题，所以广州开发区会着重对此阶段大量投入的中试费用进行补贴和资助，同时继续提供风险投资引导，或以贷款贴息、票据贴现等方式帮助企业获取外部资金，并针对企业实际需要给予各方面专业化服务；再到市场需要进一步深化的成长期，企业已日益扩大，但生产规模和市场份额仍然不足，此时广州开发区一方面会帮助其转移到空间更大、功能更完善的加速器，另一方面着手支持其冲击行业领军企业，主要聚焦于提供贷款担保和上市扶持等服务；最后企业走到发展成熟期，已经能够站稳脚跟，所以广州开发区的核心任务在于如何帮其做大做强，对此，广州开发区会实施包含一揽子措施在内的"瞪羚计划"，助力企业实现跨越式发展，也会对有需求的自主培育企业优先安排用地，同时促使其融入区内产业集群，并协助构建创新联盟。

第六章 广州开发区与下层国家的执行系统

不难看出，广州开发区培育科技创新企业与招商引资所采取的手段有异曲同工之妙，说到底都是用"给东西"和"做服务"的形式来实现。只不过前者是将其当作提供支持的帮手，使小企业能够凭此度过危险期或加快发展速度；后者是把这些转化为吸引目标企业入区的"利"，成为一把撬动合作达成的杠杆；。既然如此，广州开发区采用这些方式培育科技创新企业，事实上是否也能收获如招商引资一样的效果？答案是肯定的。

如今在广州开发区生物医药产业集群占据一席之地且成功打入国际市场前列的广州迈普再生医学科技有限公司，就是一个被自主培育起来的典型例子。十余年前，两位从美国归来的生物工程博士，决心以3D打印技术在再生医学领域创业。进入广州开发区之后，正是管委会一步步的助推，使其能够不断突破：三年研发出第一代人工硬脑膜产品，七年获得国家高技术研究发展计划（863计划）首个关于生物3D打印项目的支持，十年孵化"毕业"并在广州开发区自建一万平方米的产研基地。谈及广州开发区的帮助，迈普提到创业初期在科学城创新基地给的免租三年的500平方米办公用地，令其印象深刻。正因如此，作为创始人之一的徐弢，在讲述迈普创业历程时也颇为坦诚地说道："如果当年留在美国，不一定有如此多的机会。迈普的成功带着'广东基因'，良好的创业环境，政府雪中送炭的支持，一路走来，感慨颇多"[①]。

另一个由广州开发区培育出的优秀企业，是广州视源电子科技股份有限公司。其最初也是广州科学城孵化器里的一个小企业，成立于2005年，后来经过以广州开发区为主的国家力量的持续扶持，使其在十多年的时间里逐步成熟壮大。这些扶持包括初期场地补贴、后期土地供应以及在产品推广、融资上市、知识产权等方面所获得的奖励，同时其还入选过广州开发区的"瞪羚企业"计划。正是这些处于不同阶段的帮助举措，令视源电子的发展得到了不可或缺的助力。截至2017年，视源电子已在广州开发区建立四个园区，供应全球将近三分之一的液晶电视机主板，连续三年出货量全球第一。由此，其实现了从孵化器小企业到世界行业领跑者的质的跨越。

[①] 广州开发区投资促进局：《招商4.0：新时代区域招商的战略思维》，广东高等教育出版社，2018，第51页。

与之类似，2006年于广州火炬中心创立的益善生物，其成功也得益于广州开发区的培育和支持。据创始人许嘉森回忆，当年他刚从美国耶鲁大学完成博士后归来，只顾研究，完全不懂国内这些创业和办事流程。好在作为广州开发区科技创新局下属事业单位的广州火炬中心提供了绝佳的服务，免费帮其代跑了所有的商事登记，并为其在孵化器内免费提供了100平方米的办公用地，专门安排了创业导师，如此才有益善生物的诞生。而在创业初期，广州开发区的协助和服务还在继续，以至于益善生物当时雇佣的20多名职工可以是清一色的研究人员，从而得以专注于研发事业，很快就做出了重要的发明专利。后来，正是凭借这些前沿的研发成果，益善生物不断获得包括广州开发区在内的不同层级国家主体在知识产权、项目资助等方面的扶持，由此逐渐使企业做大做强，跃升成为国内个体化医疗产业的领军者。2014年，益善生物正式在新三板挂牌上市；2015年，其企业研发总部和生产运营中心正式在广州开发区动工。关于益善生物从2006年到2015年的"九年之业"，创始人许嘉森认为在很大程度上得归功于广州开发区的支持和帮助。正如他自己所言："从孵化器到自建园区，益善生物只用了9年时间，这对于'自力更生'的生物医药企业来说，9年可能一款产品还没出实验室"[①]。在这个意义上，益善生物所获得的"军功章"，确实得有广州开发区的一部分。

最后，在"内联"方面，广州开发区的做法，有从源头开始抓起的组团式招商引资，有诱导区内企业相互采购的奖励性政策，有鼓励组建行业协会或同业联盟的扶持性政策，还有搭载人才服务工作开展的致力于让区内人才多交流合作的活动平台，形式较为多样。但总体来说，广州开发区做的这些事情，还没有使用到超出"外招""促发"工作的方法思路，因为很多都是直接在"外招""促发"做法中添加的"内联"功能，哪怕是单独出台的奖励性或扶持性政策，本质上也是一种国家补贴企业的条件性优惠举措，与"外招""促发"工作中那些"给东西"的方法相一致。鉴于此，再加上前文有关广州开发区在"内联"方面的做法也已经被介绍得比较清楚，此处就不再赘述，而是直接进入到

---

① 广州开发区投资促进局：《招商4.0：新时代区域招商的战略思维》，广东高等教育出版社，2018，第181页。

第六章 广州开发区与下层国家的执行系统

对广州开发区在"外招""促发""内联"三类行动中所使用的工具的归纳。

最值得重视的，第一种工具肯定是以"给东西"这种形式表现出来的，因为它几乎在各种场合都会出现，足见其在广州开发区实际应用中的重要性。举例来说：在"外招"中，广州开发区为吸引企业入区，会少拿本该拿的钱、多给本不必给的东西；在"促发"中，广州开发区为帮助小企业闯过难关和发展壮大，会给补贴、送资助；在"内联"中，广州开发区为促使区内企业相互联系与合作，会以区内采购为前提施以奖励。不难看出，尽管目的不尽相同，但这些方式都指向同一类型的"方法论"，即通过给目标企业以物质利益，来达成广州开发区设定的目标——或入区投资，或谋求发展，或区内合作。当然，从目标角度进行界定，其有些作为筹码，有些作为帮手，存在差异；但总归来讲，这里的利益变成了一种工具。而这种工具之所以称手（否则也不会被广泛运用），在于作为目标对象的企业非常受用，因为其可以帮助企业节约成本，提升企业在市场上的竞争力。因此，这种工具的本质，归属于严格意义上的产业政策，只不过这里的产业政策是一种区域产业政策（入规定区域是享受产业政策的前提），并且有时还会附加一些其他条件（例如区内采购）。

第二种工具在"外招""促发""内联"这三类行动中也比较常见，就是我们前文概括的所谓"做服务"。特别在"外招"和"促发"中，"做服务"所表现出的分量，几乎与"给东西"一样重。很多企业之所以愿意进入广州开发区投资，除了"眼馋"广州开发区给予的本质上为产业政策的各种好处外，也很看重广州开发区所拥有的良好的营商环境，其具体表现，就是专业、高效且体贴入微的商事服务，这是企业未来能长远发展的基础。这点在以培育科技创新企业为典型的"促发"行动中也同样重要。如益善生物的例子就能很好地表明，正是广州开发区从其创业开始提供的一以贯之的良好服务，使益善生物得以专注于研发，才能以技术实力获取多方支持，从而走向行业领先。此外，在"内联"中，我们也能看到广州开发区借助人才服务工作，在促进作为组织关键决策者的人才间的相互联系与合作。在这个意义上，"做服务"确实成为广州开发区开展这三类行动的主要工具，即以服务招企业，以服务促发展，以服务搭联系；而这个"服务"，究其实质，就是指向"服务型国家"的角色扮演，其在实践中体现为建构良好的营商环境。

第三种工具相比前两者而言没有那么显而易见，但其同样在诸多场合中出现，并主要以一种主体的形式表现出来。纵观"外招""促发""内联"这三类行动，我们时常会看到一类组织的身影，那就是广州开发区管委会下属的区属国企。具体来说，区属国企可以为入区企业代建厂房以助力服务，可以作为战略合作伙伴投资以招引目标企业，可以建设和运营孵化器体系平台，还可以用突破国家组织服务边界的人才集团形式统筹区内与人才相关的全链条式工作（既有人才招引，也有人才服务），可谓是一支同时协作"外招""促发""内联"三类行动的重要力量。因此，将其当作广州开发区采用的第三种工具来归纳，并不言过其实。当然，区属国企之所以能作为一种独立的工具思路被提炼出来，除了运用广泛外，还在于其有其他工具代替不了的作用和优势。毕竟产业政策和营商环境主要是国家组织做出的行为，此时如果能有一种市场化运作的方式来加以补充，这在与企业打交道的过程中势必会产生独树一帜的效果。而作为广州开发区管委会市场代理人的区属国企，其实起到的就是这一作用。因为在很多情况下，以国家身份难以操作的事情，一旦转化为市场身份，就能游刃有余且收效显著，广州开发区施行的风投式招商和国企人才服务等，莫不如是。

至此不难发现，广州开发区案例所反映出的经验，与本书所提出的研究假说H2-2基本一致。如广州开发区这种打造出产业集群的国家级开发区，在其实施"外招""促发""内联"这些相关行动的过程中，确实会主要采取三类工具手段：一是给予优惠性的产业政策，二是构筑便捷良好的营商环境，三是令其下属国企发挥作用。而且，当跳出"外招""促发""内联"这三类行动所规定的内容框架，只审视广州开发区的日常作为时，会发现其也更多凭借这三种工具思路来开展工作，这进一步强化了广州开发区经验对研究假说H2-2的支持。

在产业政策方面，可以说这是广州开发区最惯常使用的招数。从甫一建区开始，中央给予了很多以税收减免为核心的所谓"不给钱的黄金政策"，这就是最初包含广州开发区在内的很多国家级开发区吸引投资的手段。当然，为提升自身竞争力，广州开发区往往还会在这一基础上加码。比如：1985年广州开发区出台的《广州经济技术开发区暂行条例》中就规定，在区内设立的

第六章 广州开发区与下层国家的执行系统

外资企业,特别是在能源、交通、港口建设等行业领域的,除按照国务院相关规定执行外,在税收上还可享受更多优惠,包括一般减征70%的地方所得税、技术特别先进的全免地方所得税,以及符合条件的减征、免征预提所得税等;还会如前文所述,在土地等要素价格上做文章。所以,可以看到,以"给东西"这种形式表现出来的区域产业政策,是自中国开发区诞生之初就流淌下来的行事做法和制度基因。后来,中央慢慢不再允许税收减免,但广州开发区以奖励、补贴、扶持等各种替代形式施行产业政策,直至今日都是如此。

在营商环境方面,这是广州开发区一直以来不断落实、不断提高的一项重要工作,广州开发区人也深知其对广州开发区发展的价值和意义。从要求广州开发区干部的"四个观念"——"服务观念、时效观念、竞争观念、信誉观念",到经历由"八字"往"十字"完善的"区风"——"开拓、求实、效率、文明、廉洁",再到"一个部门管理,一支笔审批,一条龙服务"的实践,接着到"人人都是投资环境,处处都是区域形象"的自勉,这些随时代发展而相继出现的口号,无一不在体现广州开发区对营商环境工作一以贯之的重视。实际上,在大家尚未从计划经济思维转换过来的20世纪80年代,初成立的广州开发区,就比较早地意识到了营商环境的重要性。不管是以《广州经济技术开发区暂行条例》出台所表现出的依法治区,还是各种招商、待商礼仪培训的开展和高标准基础设施的修建,抑或后来一口对商的投资服务中心的创立和寻求简政的八大职能部门的出现,都是对构建良好营商环境的生动诠释。这意味着,近些年来才蔚然成风的如"大部制""一站式审批"等举措,其实早在20世纪90年代的广州开发区,就已经成为现实。而且广州开发区还对区内企业实行"一条龙服务":不仅筹建时有"贴身式""驻企式"协助,在企业投产运营后,还会运用各种措施,时刻关注解决企业所面临的实际困难。为此,广州开发区更是对区内机关及直属事业单位工作人员施行了一套"黄牌警告制度":只要是企业提出的合理合法的要求,相关工作人员不得推诿刁难,否则予以黄牌警告和惩罚,同时随着黄牌次数增多,惩罚力度会不断增大,以此来倒逼所有广州开发区人做好营商服务工作。

强调营造高质量的投资环境,是开发区与投资者成功合作的最大本钱,开发区与投资者的合作关系,实质是经济合作中的买卖关系。王德业同志强调,开发区用自己优良的投资环境——商品去与投资者交换,而投资者是否愿意交换,则取决于我们的投资环境是否适合投资者的需要。这就让广大干部职工懂得,开发区建区以来所经营的主要事业就是投资环境的买卖。有了好的投资环境,才会有人愿意出资与我们合作;投资环境不好,就可能没人愿意出资与我们合作[①]。

【资料来源:广州开发区公开出版的历史纪念书籍《开发区精神——广州开发区思想轨迹》第83页】

应当说,上述介绍足以刻画出广州开发区在长久以来对构建优质营商环境的不懈追求。然而,尽管已经挑选了一些最重要的部分进行陈述,但比起大量的实践细节而言,仍只是冰山一角,广州开发区还有太多的相关故事可以展开。在这个意义上,与其把广州开发区在构建营商环境方面的实践当成是一个个新奇高效的举措,还不如将其看成早已融入行为的一种理念。因为,是这些理念驱使广州开发区想方设法地为区内主体提供各种服务方才收效甚广,而非是这些表现出来的服务形式本身具有何种神奇的效果。由此可见,是否真心实意地想服务、做服务才是关键,而以何种方式开展服务反倒是顺理成章的事情。正如广州开发区哪怕早已达到比较超前的营商环境水准,但其从未想过停下前进的步伐。时至今日,广州开发区都仍然在改善营商环境方面努力,特别在近些年来中央着重强调营商环境改革的大背景下更是如此。为此,广州开发区在2019年创立了营商环境改革局、民营经济和企业服务局、政务服务数据管理局三个相关职能部门,建立由区主要领导亲自挂帅、区分管领导牵头推动的统筹协调机制——营商环境改革专项小组,并不断在行政审批便利化、企业服务精细化等方面下功夫,相继推出了"12345"审批服务体系、"一门式"政策兑现服务、"秒批"等品牌举措,还举办了"企业吐槽大会"等创新性政企交流模式,从而使广州开发区的服务工作好到令相关工作人

---

① 广州开发区政策研究室:《开发区精神——广州开发区思想轨迹》,广东人民出版社,2015,第83页。

第六章　广州开发区与下层国家的执行系统

员都深感"无奈"的地步。

我们说句不好听的就是保姆式服务。企业遇到什么问题都要找你。你处理的问题什么不好他都可以吐槽。特别是在我们区，这一点很明显，我们对企业真的是全方位的服务。包括哪个高管孩子上不了学，路灯要迁移一下，高压线离我企业太近了。我们就干过这样的事：高压线离我企业太近了，我要迁走，供电局说不出钱，企业要出钱，企业说我就不出钱，你就要帮我迁走。这种事情很多，但是我们也做了，因为我们的宗旨就是一切为了企业，让企业觉得开心。

【资料来源：广州开发区访谈 GZDZ-GOV20200806-YS】

在区属国企方面，其一直是广州开发区进行产业治理的重要工具，概括起来主要承担了三类关键角色——基础设施建设者、招商引资推动者和营商服务生产者[1]。具体来说，从1984年伴随着广州开发区相继成立的建设、商业、工业三大总公司，到如今重新梳理形成的"十大国企"[2]，广州开发区的区属国企体系始终存在，只是中间在具体的企业层面有进行一些增减调整。实际上，通过调查走访发现，这些区属国企作为企业来说，与主流经济学理论判断的别无二致。但将其放到促进全区发展的高度来看，会发现其所能起到的作用，却是大家有目共睹且交相承认的。早期，在市场经济体制尚不成熟的时候，诞生于穷乡僻壤的广州开发区的"三通一平""四通一平""五通一平"等，都是由这些区属国企不计报酬、一点一滴地埋头苦干起来的；后来，为提供让企业快速投产的高效服务，区属国企可以帮企业代建厂房；更有甚者，为解决入区企业不想要土地、厂房等固定投资的要求，区属国企还可以采取"拿地—建厂—出租"的定制式举措。凡此种种，再加上其对孵化器体系平台、人才公寓等功能性设施的建设和运营，其实都是作为基础设施建设者的生动

---

[1] 钟本章：《地方开发区产业治理的国企经验》，《中国社会科学报》2021年6月2日，第8版。
[2] "十大国企"分别是：广州高新区投资集团有限公司、科学城（广州）投资集团有限公司、知识城（广州）投资集团有限公司、广州开发区投资集团有限公司、广州开发区金融控股集团有限公司、广州恒运企业集团股份有限公司、广州开发区产业基金投资集团有限公司、广州开发区交通投资集团有限公司、广州开发区人才工作集团有限公司、黄埔文化（广州）发展集团有限公司。

体现。

而所谓招商引资推动者的角色,则主要集中在区属国企本身从事招商引资和助力招商引资成功两方面。从前者来看,区属国企是广州开发区招商组织体系中的一支重要力量。不仅广州开发区在向下分解招商引资指标任务时,区属国企同样需要承接,而且从20世纪90年代开始,广州开发区就制定了对区属国企招商引资的奖励办法。奖惩并行之下,区属国企能在招商引资方面发挥出乎意料的效果,特别在近年来不同区属国企各自明晰产业专攻方向后,招商专业化水平更是日益提升。从后者来看,区属国企对招商引资的作用还体现在从旁协助。前文曾提及的诸如投资参股、代建厂房等事例均属此列,并且还非区属国企不可,由此可见区属国企介于国家和市场之间的双重身份所能起到的独特价值。

当然,在广州开发区的发展过程中,区属国企还被创造性地用来突破国家服务的边界,例如今天全链条负责广州开发区人才工作的广州开发区人才集团有限公司便是典型。具体来说,为了提升在人才服务方面的竞争力,广州开发区试图贴心到"上管老,中管青,下管小"的地步。但此举若用国家身份来做,有过度之嫌,故以市场化方式运营却仍受国家力量掌控的区属国企模式应运而生。显然,这种方式是比较成功的,因为广州开发区已通过复制人才集团模式再开了一个教育集团,用来解决日益棘手的区内人才子女教育问题。而这,便是区属国企在广州开发区产业治理过程中所扮演的第三重角色——营商服务生产者。

综上所述,能看到广州开发区确实不只会在"外招""促发""内联"所框定的行动内容中使用产业政策、营商环境和区属国企这三类工具,而是一直以来就非常经常地采用相关工具思路。这意味着,可以更加确信广州开发区会主要以这三种手段去开展"外招""促发""内联"行动,毕竟这是其惯常使用的招数。由此,研究假说H2-2得到了来自广州开发区的更加扎实的经验支持。

第六章　广州开发区与下层国家的执行系统

第三节　下层国家执行系统的存在

　　本书所提出的理论框架试图告诉我们,当国家级开发区被施以发展质量和发展数量的双重要求和期待后,从总体上看,其会切切实实地往发展质量方面去努力,因为发展质量能涵盖发展数量,但反之则不行。而国家级开发区之作为,尽管在产业集群理论出现前后会有所区别,但予以贯通起来看待,无非就是在确定某些重点产业目标的基础上,依据产业链或产业相关性思路,去招引企业或机构进入开发区,并促使其进一步发展与联系。至于国家级开发区主要能凭借哪些工具思路来将这些做法付诸实践,可以从其日常镶嵌的中国地方国家系统中找答案。既有理论对中国地方国家在经济发展中所扮演的角色及其所使用的工具,主要提出了三种说法,分别是:"企业家型国家"对应的区属国企、"发展型国家"对应的产业政策、"服务型国家"对应的营商环境。如此,国家级开发区完全有可能在综合扮演这三重国家角色之余,运用这三类对应工具,去实施上述做法,以收获集群绩效。而这,便是构成中国国家制造产业集群之过程机制的第二部件——下层国家的执行系统。

　　尽管从理论推导出下层国家的执行系统无甚问题,但其在现实生活中是否客观存在,还有待经验检验,好在广州开发区的案例对此提供了支持。本章已然表明,广州开发区确实在其整个发展过程中,逐步明晰重点产业方向,并依据产业链和产业相关性思路,渐次实践了"外招""促发""内联"三类行动,使得集群绩效得以产生。虽然是在进入产业集群理论风靡的21世纪,其集群行动才可谓真正意义上地开展起来,但前期广州开发区实行的看似无产业规划的一系列招商引资活动,实则也在为后面开展真正的集群行动奠定基础。在这个意义上,其也可被看成一种集群绩效,从而前后连贯地、历史地、整体地看待这一打造产业集群的实践过程。其中,通过对一些具体实践经验的归纳、提炼与总结,我们发现广州开发区确实使用如理论预期的那三类工具:产业政策、营商环境和区属国企,不仅在"外招""促发""内联"这三种活动框架中是如此,当跳出这一框架,检视其发展至今的日常化工作时,也发现产业政策、营商环境和区属国企是其惯常使用的工具思路,这更加强化了对本书所提出的理论逻辑的信心。

基于此,可以认为下层国家的执行系统确实是客观存在的,至少广州开发区的案例经验对此提供了一个很有力的论证。而且,根据对其他一些头部国家级开发区的了解,诸如设立几个重点产业方向、围绕重点产业方向招商引资、强调产业集群式或产业链式布局思维、运用产业政策工具思路给予区内企业补贴以促进其发展、创办工具性区属国企、构建营商环境等,其实并不罕见,大家都是如此运作的,只是具体的内容和细节可能会存在一些差异。因此,作为中国国家制造产业集群之过程机制的"工具箱"而存在的下层国家的执行系统,应当说还是具有相当的经验基础,值得被信赖。

第七章　广州开发区与上下互动的试验系统

通过第五、六章的分析，已经把广州开发区所具有的动力以及其在这动力下所采取的行动呈现了出来，发现其基本符合前四个研究假说。但仅此还不够，因为在本书提供的理论逻辑中，还有一个凭借中国特色政策试验实现的约束放松机制。如果真的存在这一机制，应该会在已经制造出产业集群的国家级开发区中观察到，其不仅具有叠加多次政策试验的经历，而且作为能动者的国家级开发区本身会意识到承接政策试验对其自身发展而言有所帮助，并且会去主动争取，这正是本书提出的最后两个研究假说。那么，广州开发区的经验能否继续对此提供支持？这是本章将重点展开的内容。其中，第一节将追问"广州开发区是否叠加政策试验"的问题，第二节将追问"广州开发区为何承接政策试验"的问题，而最后一节与前面类似，是在理论与经验汇合的基础上，对"上下互动的试验系统是否存在"的小结性回答。

第一节　广州开发区是否叠加政策试验：日益叠加

按照德国学者韩博天的研究，中国特色政策试验主要有三种表现形式：一是由中央颁布的在全国范围内实行的试验性法规，各种在法规标题中注明"暂行""试行"等字样的情况，均属此列；二是率先在特定地理区域范围内开展某项新政策或新制度的试点，其是这些新政策或新制度正式出台前，以局部方式进行测试、筹备和调整的一种工作方法；三是经上级批准就某一领域被赋予广泛自主权以尝试或制定一系列新政策或新制度的试验区,诸如经济特区、经济技术开发区、高新技术产业开发区、保税区、台商投资园区等,是其中的典型代表①。不难看出,这三种政策试验形式分属时间和空间两种试验思路:试验性法规虽然是在全国范围内实行,但其往往只在一段时间内尝试,之后会由立法机关根据试验情况进行确认或调整,故属于在时间维度上进行试验;而试点和试验区则与之相反,是一种在局部地区尝试基础上再渐次推广的"由点到面"的方式,先行先试的是从整体空间范围中划分出来的一小部分,故属于在空间维度上进行试验②。显然,广州开发区作为地方层面的一小块区域,其所能承接的政策试验是空间意义上的,即主要表现为试点和试验区。所以,想要考察广州开发区发展至今是否有过多次政策试验的叠加,只需要看其是否有多次试点经历或有多块试验区牌子即可。

首先映入眼帘的,肯定是作为广州开发区身份基础的四块国家级开发区牌子——广州经济技术开发区、广州高新技术产业开发区、广州保税区和广州出口加工区,这本身就是中国非常典型的四类试验区,当然属于政策试验的范畴。具体来说,广州开发区最先起源于1984年建立的广州经济技术开发区,其作为继深圳、珠海、汕头、厦门四大经济特区之后的改革开放"第二梯队",试行市场经济制度,尝试运用各类优惠政策和特殊举措来引进外资、扩大出口和开发技术。而在几乎相同的这段时间范围内,国际上倡导贸易自由化、经济全球化的新自由主义潮流愈演愈烈,包括美国、加拿大和墨西哥在内的很多国家和地区都纷纷实行自由贸易区举措,所以中央顺应形势,在1990年于上海外高桥率先批准设立了新中国第一个具有自由贸易区性质的保税区。消息传来后,广州经济技术开发区认为这是一个提升自身政策优势的良好机会,想紧随上海进行保税区的政策试验,便立即着手进行保税区的立项、选点、论证、规划等筹建工作。这个过程仅花费了约三个月的时间,1990年12月15日,广州市就正式将《关于在广州经济技术开发区内建立保税区的请示》上报广东省,十一天后广东省同意并转报国务院审批;1991年5月

---

① 韩博天:《中国经济腾飞中的分级制政策试验》,石磊译,《开放时代》2008年第5期。
② 周望:《中国"政策试验"初探:类型、过程与功能》,《理论与现代化》2011年第3期。

第七章 广州开发区与上下互动的试验系统

15日，国务院特区办回复原则同意，需分步实施，并指示可先进行前期准备工作；1992年5月13日，在相关工作悉数完成后，国务院正式批复广东省转报的请示文件；1992年7月8日，广州保税区召开隆重的奠基仪式，标志其启动运营。

不过，虽然广州保税区是在广州经济技术开发区基础上获批的尝试自由贸易的试验区，且一开始保税区管委会领导也都是由经开区管委会领导对应兼任，但很快就出现了分离趋势。1995年，经广州市批准，广州保税区和广州经济技术开发区在财税关系上分开，两区成为"友邻单位"。然而，这一趋势没有持续很久。1998年，为集中力量发展广州的高新技术产业，在科技部的批准下，广州经济技术开发区和广州高新技术产业开发区被广州市下令合并，变成"一个机构，两块牌子"的管理体制，在此之前两者无甚关联，后者是广州另一个国家级开发区，于1988年成立，1991年升格为国家级高新区。两区合并不久后，中央开始要试办出口加工区。为抓住新一轮试验区所具有的政策红利，两区管委会迅速出击：1999年9月21日就向广州市提交了在区内设立出口加工区的请示，并随附初步方案；1999年10月8日，相关请示和方案被转报到广东省，并逐级向上，最后由海关总署送呈国务院；2000年4月27日，国务院正式批复，同意在全国首批设立15个出口加工区试点，广州为其中之一。广州出口加工区设立后，虽建制管委会，但直接与广州经济技术开发区/广州高新技术产业开发区管委会合署办公，实行"一个机构，三块牌子"的管理体制，所以相当于在原两区管委会上加挂一牌。2002年，先前分离出去的广州保税区也重新回归，并以"一个机构，四块牌子"的形式与前三个开发区结合得更加紧密，至此方才意味着广州开发区正式形成①。

不难看出，尽管广州开发区的四块国家级开发区牌子（四重试验区身份）不是预想的那样简单线性地在一个主体身上一块块地往上叠加，而是经历了比较曲折复杂的过程（既有广州出口加工区的叠加，也有广州高新技术产业开发区的合并，还有广州保税区的叠加—分离—再合并），但总体上其还是体现

---

① 实际上，广州开发区在2007年还获批了一个广州保税物流园区的国家级开发区牌子，这在中央官方文件《中国开发区审核公告目录》(2018年版)中是与前四个国家级开发区牌子一样单独列出的。但由于广州开发区没有因此再挂一牌，予以共建制，而是放在广州保税区下，所以本书也循其做法，以四块国家级开发区牌子称。

了在广州经济技术开发区基础上不断附着上去的政策试验效应,特别是从1998年往后实行的"一个机构,几块牌子"体制开始,尤为明显。在出现这一体制之前,尽管刚开始也有于广州经济技术开发区基础上申报的广州保税区,但两者的制度关系相对比较模糊,统筹利用情况也语焉不详;至于1998年之前的广州经济技术开发区和广州高新技术产业开发区,索性就是辖制两个地区的两个相互独立的单位,几乎不可能出现以不同试验区身份相互借力的情况。在这个意义上,可以认为"一个机构,几块牌子"的管理体制,是把广州开发区几重试验区身份叠加起来的"黏合剂",其使一个主体上的不同试验区的制度关系得到了理顺,从而才能真正享受由此带来的好处。正如实地调查过程中广州开发区人自己所言,他们在对外交往当中,都是几重国家级开发区身份兼具,需要哪个用哪个,哪个有用用哪个。另外不同国家级开发区意味着不同的试验性政策,虽然在中央批准之初其实都有严格的"四至范围",即只有在这块区域里的项目才能使用这个政策,但在实操中,区域限制是被突破的,这实际上也给广州开发区灵活使用试验区身份提供了可能。

> 永和经济区是开发区为解决发展空间而与增城市人民政府按照利益分成的原则协商开发的一个经济区域……落户在此的外资企业同开发区的外资企业一样,享受开发区的优惠政策,但并没有得到省和国家主管部门认可,每当税收大检查,都要费很大的劲向上级主管部门解释[①]。
>
> 【资料来源:时任广州开发区区委宣传(统战)部副部长兼台办主任李天柱回忆录】

> 为什么开发区扩容都无所谓?在我看来,就是用开发区、高新区的理念,对整个黄埔区进行开发建设,谁管得了你啊,现在也没这么严格进行管理,很多地方都是这样干下来的。当然,粤港澳规划纲要里讲到这一块,说开发区、高新区要有序扩容,但是实际上都是用开发区、高新区的理念在推动区域的发展,在实践上是成功的。
>
> 【资料来源:广州开发区访谈 GZDZ-GOV20190422-ZY】

---

① 李天柱:《广州台商投资区的创办过程》,载中共广东省委党史研究室编著,王莹、王涛主编《广州开发区创建史录》,中共党史出版社,2015。

第七章 广州开发区与上下互动的试验系统

除了国家级开发区这几种构成身份基础的试验区类型外,广州开发区在其发展历程中,还有叠加一些中央或广东省赋予的其他试验区。1994年,伴随着中央促进海峡两岸和平与经贸往来的新动向,国务院出台了《国务院关于进一步发展海峡两岸经济关系若干问题的决定》,允许在国家级开发区内设立台商投资区。在这一背景下,广州市经慎重选择,最后于1995年在广州经济技术开发区托管的永和经济区内,设立了广州台商投资区。其不仅享受与广州经济技术开发区相同的优惠政策,而且还能根据实际工作需要再制定广州台商投资区的特殊举措,并要求全市范围内有关台资的项目要尽可能地放到广州台商投资区兴办,由此给当时的广州经济技术开发区带来了比较重要的政策性助力。后来,通过逐级向上请示和申报,广州台商投资区相继获得了省级和国家级的升格,从而成为广州开发区身上的一重试验区身份。

进入21世纪的头十年,广州开发区脱胎于四大国家级开发区的合并,一方面着重建设广州高新区的主体园区科学城,另一方面也承接了生物岛的开发运营,因此广州开发区又获得了一些试验区身份的叠加。在前者,作为广州开发区"二次创业"核心的以科学城为主体的广州高新区,发展迅猛,先后获得了国家首批创新型科技园区、国家级海外高层次人才创新创业基地、全国第二个生物材料检验检疫监督管理改革试点园区等试验区身份,在2015年之后,更是获批成为珠三角国家自主创新示范区、全国首批双创示范基地和中国国际一流高科技园区创建单位;在后者,生物岛是整个广州市"一江三带"战略布局生物产业的重要支点,2006年被国家发展改革委批为广州国家生物产业基地的核心载体,而整个广州开发区,则直接成为广州国家生物产业基地。

从21世纪的第二个十年开始,广州开发区又获得了一个比较重要的试验区牌子——中新广州知识城。其最初是广东省政府和新加坡政府,希望借鉴新加坡城市建设和产业发展的先进经验,在广东省内创建的一个粤新双边合作的示范区。获知这一消息后,广州开发区主动接洽新加坡方面了解情况,并迅速组织力量编写方案,向广东省上报了《广州开发区"知识城"项目初步实施方案的请示》,提出要将知识城放在广州开发区北区,创建知识创造的示范中心,获得了广东省主要领导认可。后面,在新加坡派遣政府和企业家组成

· 183 ·

的代表团前往广州开发区北区实地考察期间,广东省与新加坡代表团多次接触,最终达成了要共同在广州开发区设立中新广州知识城的意向。2010年,中新广州知识城正式奠基,设立中新广州知识城管委会,与广州开发区管委会合署办公,实行"一个机构,五块牌子"的管理体制,实际上就是由广州开发区管理运营。这一新试验区身份的加入又为广州开发区的发展放松了很多制度性约束,因为省市层面对中新广州知识城高度重视,给予了不少支持性举措[①]。2016年,广州开发区更是依托中新广州知识城,获批成为全国唯一的知识产权运用和保护综合改革示范区,并于次年争取到中央层面的支持,将中新广州知识城升格为国家级双边合作项目,从而再添助力。

此外,广州开发区在近年来获批的比较重要的试验区,还包括2018年获得的广东省首个营商环境改革创新实验区,为广州开发区开展新一轮营商环境改革提供了支撑。至于专门针对某一事项的试点工作,广州开发区发展至今还有承担,比如2018年被广东省赋予的"三旧"改造改革创新试点,就是广州开发区在最近一些年从事试点工作的有效例证。当然,由于掌握的材料和接触的信息存在限度,而且广州开发区也没有就其发展的这四十年时间所承担的试验区和试点工作做一个系统的梳理和留档,特别是细琐的试点工作尤甚,所以只能根据实地调查和阅读材料过程中的所见所闻,尽可能地呈现其相关面貌,但肯定难以做到齐整。不过,即便是上述这些广州开发区开展政策试验的"不完全统计",应当也能在相当程度上支持本书提出的研究假说H3-1。因为按其所示,广州开发区在发展历程中,几乎每个阶段都伴随着政策试验的获取,总体来看确实是数量颇多且日益叠加的。在这个意义上,广州开发区经验和研究假说H3-1基本吻合。

---

① 包括:广东省和广州市均成立中新广州知识城建设领导小组,专门研究解决面临的相关问题;省市给予5-10年的专项财政和专项补贴;广东省政府下放20项省级管理权限,开通16项事项的"绿色通道";广州市政府授予中新广州知识城管委会市一级管理权限;等等。

第七章　广州开发区与上下互动的试验系统

第二节　广州开发区为何承接政策试验：寻求发展

　　明确广州开发区发展至今有不少政策试验的叠加后，需要进一步探索广州开发区进行政策试验的缘由问题。根据本书的理论框架，广州开发区应该明白政策试验对其发展的重要意义所在，并会主动争取政策试验。那事实是否果真如此？这是本节将着重探讨的内容。

　　实际上，前面呈现广州开发区的政策试验情况时，应当已经能隐约看到，广州开发区对这些政策试验机会大有主动争取之意。其中，广州开发区在获取广州保税区、广州出口加工区和中新广州知识城这几块牌子的过程中，表现得尤为明显。

　　确实，早在1990年，当时的广州经济技术开发区就已经非常清楚叠加政策试验对其发展而言意味着什么。所以，当中央在上海设立第一个具有自由贸易区性质的保税区后，他们闻风而动，非常迅速地行动起来，想要为自身再争取一块保税区的牌子。在这过程中，他们不仅咨询专家意见，还参照国际上设立自由贸易区的条件，并结合之前建设广州经济技术开发区的经验，反复比对，最后将具体地点定在区内的北围二区，还附上了详细的论证。具体来说，他们提出在广州经济技术开发区内设立保税区有五大好处，包括：具有良好依托、市政基础设施较好、地理位置优越、腹地经济发达和便于区域封闭。而概括起来，无非就是在论证三点：第一，广州经济技术开发区经过六年发展，不仅营商环境好（包括软性的投资环境和硬性的基础设施），而且有了一定经济实力，还特别需要在保税仓储、转口贸易等方面进行配套，使其能与国际市场直接接轨，所以保税区放到广州经济技术开发区办，既有能力办好，又能反过来促进广州经济技术开发区的进一步发展，相得益彰；第二，这里接码头，有公路，近机场，还有广州这个华南经济中心，符合设立保税区所需的交通和经济条件；第三，这里三面环水，无人居住，陆路一围就能完全封闭管理，满足国务院的监管要求。

　　按照这个思路形成请示上报后，确实受到了各级领导的一致好评，很快由市到省，并从省里转报给国务院审批。当然，为了让请示报告能尽快得到上面的批复，当时的广州经济技术开发区副主任刘文哲，还在报告上呈国务院后，立即亲自北上赴国务院办公厅、特区办公室和海关总署等有关部门进行汇报，并找到了当时的国务院副总理田纪云、全国政协副主席谷牧详细说明了方案情况，最后被国务院有关部门领导认可，嘱咐由国务院特区办公室牵头，先分别征求国家计委、财政部、税务总局、海关总署等部门意见，再汇总到国务院审批。后来，国务院特区办公室以正式文件的形式回复了原则同意，让广州经济技术开发区筹备先行事务，待一切完成后，由国务院正式文件批复，从而使广州保税区在广州经济技术开发区内落成奠基。通过梳理广州经济技术开发区争取广州保税区这一试验区牌子的过程，不难发现：一方面，广州经济技术开发区确实是在认识到保税区所能带来的政策价值的基础上，主动争取这一政策试验机会的，并且可谓是大力谋划和积极活动，其所发挥出的能动性一目了然；另一方面，广州保税区之所以能顺利获批，与广州经济技术开发区的行动分不开，不仅准备充分，还向上联系，但从实质的内容来看，还是论证的三条思路最终说服了中央。这实际上也与本书理论框架中的样板式政策试验逻辑相吻合，首先强调政策试验承接者能否有条件使政策试验获得成功，其次关注政策试验能否给政策试验承接者带来帮助。

与之相类似，广州经济技术开发区/广州高新技术产业开发区管委会，在申请出口加工区牌子的时候，也是类似的情况。尽管刚传出中央要办出口加工区的消息时，大家对于出口加工区能带来什么好处心里还没有底，因为海关和国家税务部门关于出口加工区的政策尚在制定中。但听闻出口加工区是要把沿海大量的出口加工企业，从"放羊"式监管，通过特殊优惠政策和管理方法，吸引到一起"圈羊"式监管后，认为还是能获得一些政策突破，所以便加紧申报，将地点定位至区内东区一片，并最终获得批准。而中新广州知识城虽然一开始只是一个省级试验区，且只提及了要与新加坡合作进行联合打造的初步框架，具体细节语焉不详，但广州开发区还是嗅到了当中的机会，甚至拿出招商引资的精神先与新加坡方面接触，探取更多信息后再明确"知识城"行动方案上呈省里，方才获得粤新两方的认可，从而斩获了广东省层面的试验区机会乃至后面成为国家级项目的升格。

第七章 广州开发区与上下互动的试验系统

应该说,上面这几个在广州开发区不同发展阶段所获得的重要试验区牌子的经历,已经能在一个比较长的纵向时间线上,表明广州开发区对政策试验一直具有一种有意识地去主动争取的状态,因为他们知道承接政策试验意味着放松制度约束,这将有助于自身发展。不过,为了进一步强化论证,下面还将拿出更多的相关证据,来证明广州开发区人对于向上争取政策试验的重视。实际上,笔者在调查走访广州开发区的过程中,反复听到管委会不同部门的访谈对象提及有关获得政策试验的好处。总体上,分为两类说辞:一类是"完成时",细数已经承接的政策试验带来了多少帮助;另一类是"将来时",强调想用向上争取政策试验的方式来寻求进一步发展。

首先,当论及为何广州开发区能取得今天这番成就时,有一些广州开发区人都或多或少地提到,与广州开发区身上叠加的这些试验区牌子,特别是构成基础身份的那几块国家级开发区牌子,有着一定的关系。因为在他们看来,这些牌子叠加的背后,实际上蕴含的是政策叠加。当牌子越多,就能使政策越多、约束越少,如此一来,能干的事就越多,能突破的瓶颈就越多,自然能获得的发展也就越多。正如一位已在广州开发区工作了许多年的重要经济职能局的副职领导所言,中国开发区的这套"玩法",其实更接近一种渐进式的自上而下让渡的"分利秩序",只要能在每次新的"分利"开始时赶上"班车",往往就意味着更进一步的蓬勃发展,但如若被抛下,就可能会面临停滞。而这里所谓的"分利"时点,具体表现就是由上面开启的一轮一轮的政策试验。所以,当他分析广州开发区的发展图景时,就很直白地说到,总体上广州开发区能有今天的成就,很大原因是几拨开发区最重要的"分利"时点都赶上了,从经开区到保税区,再到高新区,最后到出口加工区,概莫能外;不过,他也不加讳言地指出外界可能看不太清楚但实则广州开发区已然遭遇的挫折,即近些年以国家自贸区形式表现出来的"分利"时点,广州开发区未能在第一批"上车",这使得广州开发区在新时代的发展受到了限制。对于这个判断,后面随着对广州开发区调查的深入,也确实得到了支持。因为根据多方了解得知,从中央开始提出国家自贸区建设时,广州开发区就曾不遗余力地争取,却不知何故遭遇"滑铁卢",自此成为广州开发区人心上的一根刺。尽管没有赶上自贸区的"第一趟班车",但广州开发区并未就此放弃,而是想方设法地弥补，终于在2022年将区内的人工智能与数字经济片区鱼珠片区和中新广州知识城片区纳入广东自贸试验区联动发展区，由此实现了对国家自贸区牌子的获取。这既是对他们孜孜以求的回报，同时也凸显出这块试验区牌子的重要性，至少在广州开发区看来，其作用非凡。

所以，广州开发区为什么能发展得好啊，因为（20世纪）80年代搞经开区，（20世纪）90年代搞高新区，2000年前搞保税区、出口加工区这些，我们每一步都赶上了，但自从自贸区开始，我们就掉队了。

【资料来源：广州开发区访谈GZDZ-GOV20200805-FG】

另外，广州开发区人进一步说明获得政策试验对开展实际工作而言到底意味着什么。例如，有访谈对象以广州开发区在2018年获得的省级"三旧"改造改革创新试点为例，讲述了承接这一政策试验是如何有助于提升相关工作绩效的。具体来说，如果按照传统模式，如今广州开发区里那些大规模铺开的拆村改造，是根本不可能做到的。但之所以广州开发区能做，很重要的一个原因，就是凭借广东省给予的这个"三旧"改造改革创新试点，拿到了很多下放的权限。过去需要花费大量精力不断报到广州市去进行审批的事项，现在在广州开发区就能自己完成，这大大节约了工作成本，强化了自主性，才使得拆村改造工作的绩效大幅度提升。在这个意义上，其确实比较客观地呈现了政策试验所带来的实打实的作用和效果，而不只是广州开发区人自身的认识和感觉。

还有一个，最近一个比较热的，（就是）我们"三旧"改造，也是省级的试点。省级试点是什么意思呢，我们有些项目，就不用报到市里去了，我们区里就直接能批。那我们为什么一下子六十几个村，那么多个项目一下子能铺开，跟这个关系很大的。你这以前按照行政区传统的搞法，是搞不来的。

【资料来源：广州开发区访谈GZDZ-GOV20200622-ZY】

其次，以争取政策试验来促发展的思路，可以说已成为广州开发区人的常规。因为在实地调查过程中，时不时地就能听到一些相关表述，或见于职

第七章 广州开发区与上下互动的试验系统

能部门论及当下工作规划,或见于工作讨论时的意见建议,甚至在广州开发区政策研究室下面,还专门设立了一个改革协调处来负责此类事务,足见其重要性。举例来说,当前往新成立不久的营商环境改革局调研时,他们介绍正在推进的重要工作之一,就是把已经拿到的省级营商环境改革创新实验区,争取升格为国家级,如此能获得更高的中央事权和更多的优惠政策,有助于他们在构建优质营商环境方面再创新高。此外,笔者在调查走访政策研究室的过程中,也了解到改革协调处的工作目标是全面深化改革,而依托的主要抓手,或者说具体的工作内容,其实就是筹划争取各种政策试验。正如调研时改革协调处所介绍的,其近期的工作重心,就在于打造四个试验区,除了营商环境改革局已提及的那个国家级营商环境改革创新实验区之外,还有另外三个,分别是中小企业能办大事先行示范区、制造创新先行示范区和生物治理试验区,它们已经在中央或省级层面得到了不同程度的认可和支持。凡此种种,实则都表明了广州开发区人对政策试验作用的高度认知。多年的实践经验已使他们充分认识到,工作想要有突破,开发区想要有发展,需要仰赖更多来自上面的优惠政策和行事权限,而这,唯争取政策试验一条路途。在这个意义上,他们热衷于此不难理解,同时也恰恰说明承接政策试验确有实效。

营商环境改革局……成立到现在为止我们主要干了几件事情。第一个是我们建设好我们全省首个营商环境改革创新实验区,这个是全省的首个,现在是在争创国家级的改革创新实验区……我们为什么要申请国家实验区,其实我们最终目的不是这个牌子,是想拿一些中央事权,在我们实验区做试点……想多拿一点优惠政策,(就是)对我们区来说,对我们发展有利的东西……我们前段时间也给中央财办打了报告,给科技部也打了报告,可能就想结合前段时间国务院关于高新区高质量发展的那个文件。里面就有一个段落专门提营商环境的,里面提到要在全国高新区做试点,来突破一些,做一个高质量发展的样板。我们这里其实很符合这个讨论。当时中央财办就协调,让我们去跟科技部对接,去争取这样的一个牌子——国家试验区,(然后)其实我们当时提了10项政策诉求。

【资料来源:广州开发区访谈 GZDZ-GOV20200806-YS】

我们处的工作性质是全面深化改革。我们改革的重点方向，是打造四个区，第一个是大家都知道的营商环境改革创新实验区，最近收到利好消息了，国家发改委有大概率会批给我们国家级的帽子，国家发改委的那个司长，给了大概一个方向性的东西，要我们在四个方面先行先试，就是国际规则的衔接，人才，还有金融和政策兑现……第二个我们重点打造的区就是中小企业能办大事先行示范区，省里面也提出支持我们创建这个区……第三个就是制造创新先行示范区，就是国家级经开区的制造创新先行示范区，主要是贯彻落实两个文件，就是国务院的一个经开区的11号文，还有今年（2020年）的7号文，就是高新区的那个7号文，这里面可以突破的一些就是你刚才提到的土地资源，会去复制深圳先行示范区的一些土地政策，这方面，包括知识城都提出土地政策怎么向深圳学习，他们省里面也会印发方案，可能会有一些重大的利好消息；还有一块就是要素市场改革，包括土地、信息、技术、数据这块，这个未来也是改革的一个重点方向。第四个就是生物安全治理试验区，这个到省里面是叫生物与健康产业先导区，但是我们实际上还是想提这个生物治理的试验区，这块可能就是跟生物产业，生物产业研发，包括治理（相关）。

【资料来源：广州开发区访谈 GZDZ-GOV20201022-ZY】

至此不难发现，广州开发区的案例经验对研究假说 H3-2 是完全支持的，即广州开发区在其发展过程中，很清楚政策试验对其发展的作用和意义，并且会为了争取政策试验而采取极为积极的行动。而且，对于争取政策试验，不只广州开发区自身甚为热衷，作为广州开发区地方上级的广州市也是十分支持的，在许多由广州市发布的政策文件中，能看到与之相关的文字表述（见表 7-1）。而正如前文所呈现的，广州市不仅是最了解广州开发区情况的直接上级，而且还对广州开发区兼有发展数量和发展质量方面的高要求和高期待。当广州市也如广州开发区一样，对广州开发区承接政策试验秉持积极态度，那说明政策试验对广州开发区发展而言确实具有实际效果，其也可作为强化论证的重要依据。

第七章 广州开发区与上下互动的试验系统

表 7-1 广州市支持广州开发区承接政策试验的相关政策文本表述

文件名称	对应表述
《广州市人民政府印发关于进一步放宽市场准入条件加快经济发展若干规定的通知》（穗府〔2003〕44号）	"在广州开发区……试行核发企业营业执照时不写具体经营项目的注册事项改革"
《广州市人民政府关于印发深化经济体制改革工作要点的通知》（穗府〔2006〕51号）	"加快推进广州开发区……申报国家级综合改革试验区试点的工作，从管理体制、专业市场建设、集约化发展、扩大对外开放、自主创新、社会管理等六方面切入，立足改革的先行先试，为我市以及全国各类开发区逐步推进体制改革和机制创新提供经验"
《广州市知识产权局关于加强知识产权工作促进自主创新发展的实施意见》（地方规范性文件，2008年3月13日发布）	"加快推进广州开发区国家知识产权试点园区……建设"
《广州市人民政府办公厅转发市发展改革委关于2009年深化经济体制改革工作意见的通知》（穗府办〔2009〕23号）	"启动申报建设资源节约型和环境友好型社会综合配套改革省级试点，支持广州开发区国家循环经济试点园区和国家生态工业示范园建设"
《中共广州市委办公厅、广州市人民政府办公厅关于印发〈广州市落实〈珠江三角洲地区改革发展规划纲要〉主要目标和任务工作分工方案〉的通知》（穗办〔2009〕15号）	"加快广州开发区建设国家节约用地试点示范区……将广州高新技术产业开发区建设成为国家知识产权示范园区"
《中共广州市委办公厅、广州市人民政府办公厅关于印发〈广州市贯彻落实〈珠江三角洲地区改革发展规划纲要（2008－2020年）〉实施细则〉的通知》（穗字〔2010〕5号）	"支持……广州开发区开展闲置地处置、开发区节约集约先行先试专题试点"

续表

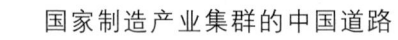

文件名称	对应表述
《中共广州市委、广州市人民政府关于加快经济发展方式转变的实施意见》(穗字〔2010〕14号)	"争取设立中新广州知识城服务业开放创新区……把三个国家级经济技术开发区、中新广州知识城、国际生物岛等建成绿色经济先行区和示范区。重点推进……广州开发区国家循环经济试点园区建设……争取广州高新区列为国家代办股份转让系统扩大试点园区，设立票据交易市场和债券交易市场，开展保险业综合改革试验"
《中共广州市委、广州市人民政府关于加快推进知识城开发建设的决定》(穗字〔2010〕8号)	"各有关单位要主动加强与国家和省对口部门沟通协调，积极争取国家和省在知识城政策授权、项目安排、体制创新等方面给予指导和支持"
《广州市人民政府办公厅关于推进广州市国家服务业综合改革试点工作的若干意见》(穗府办〔2011〕18号)	"积极争取国家给予知识城服务业对外开放先行先试政策，把知识城建设成为全国创新知识经济模式综合改革实验区"
《广州市人民政府办公厅转发市发展改革委关于2011年广州市深化体制改革工作意见的通知》(穗府办〔2011〕11号)	"在中新广州知识城开展行政审批零收费试点，在广州开发区……等3个国家级开发区推进行政事业性收费改革、减少收费项目、优化发展环境方面先行先试……推进广州国家级开发区创新发展模式改革试验。推进中新广州知识城建设工作，积极争取省政府向知识城下放省一级管理权限，推进知识经济创新发展模式改革试验，制定《中新广州知识城条例》"
《中共广州市委、广州市人民政府关于推进产业提升工程的实施意见》(地方工作文件，2012年9月19日发布)	"支持广州开发区(含中新广州知识城)……试点建设'人才特区'，试行与国际接轨的人才体制机制……争取国家支持，探索试点并逐步推开"宽入严管"的商事登记规则，在广州开发区(含中新广州知识城)……试点实行商事主体资格与经营资格相分离、注册资本认缴登记、住所与经营场所相分离、商事主体年报备案等制度，推动在企业注册、认证许可、引进人才、融资、跨境交易、保护投资者、履约、结算等方面达到或接近国际同等便利程度……在广州开发区(含中新广州知识城)开展堤围防护费改革。深化行政事业性收费改革，减少收费项目，坚决打击乱收费。在广州开发区(含中新广州知识城)……率先实现审批管理'零收费'，逐步向全市推广"

第七章 广州开发区与上下互动的试验系统

续表

文件名称	对应表述
《中共广州市委、广州市人民政府关于推进科技创新工程的实施意见》（地方工作文件，2012年9月19日发布）	"积极争取广州高新区纳入新三板扩大试点"
《广州市人民政府办公厅关于印发广州市海关特殊监管区域整合优化工作方案的通知》（穗府办函〔2015〕19号）	"广州保税区……积极申报建设'国家进口贸易促进创新示范区''入境维修/再制造检管区''跨境电商集中区'和'红酒交易平台'，积极申建'贸易多元化功能区'，拓宽食品、日化产品、药品、机械设备、汽车等多元化进口贸易展示平台；广州保税物流园区通过扩大'区港联动'试点范围，实现保税区、保税物流园区和港口功能政策的叠加，主要发展现代物流和仓储；广州出口加工区……积极争取国家政策支持，加快区内跨境电子商务及跨境人民币业务发展，支持跨境电子商务以人民币计价结算……推动各海关特殊监管区域和口岸管理相关部门实现信息互换、监管互认、执法互助的'三互'合作。深入推进关检合作'三个一'（一次申报、一次查验、一次放行）试点改革。推动区域通关一体化改革，提升各海关特殊监管区域之间以及与省内各口岸之间的海关监管联动水平。争取国家口岸办支持，协调口岸查验单位，推动开展国际贸易'单一窗口'工作"
《广州市人民政府关于印发广州市国民经济和社会发展第十三个五年规划纲要（2016—2020年）的通知》（穗府〔2016〕6号）	"推进广州高新区和广州科学城……等重大创新平台建设国家自主创新示范区，建设我国开放创新先行区、转型升级引领区、协同创新示范区、创新创业生态区……广州开发区/黄埔区重点打造生命健康、智能装备和现代服务业战略性新兴产业集群，提升发展新一代信息技术、平板显示、新材料、石油化工和精细化工、汽车及零部件、食品饮料六大千亿级优势产业集群，积极发展临港经济。促进生产性服务业和生活性服务业发展，积极推进产城融合，建设成为国家级创新驱动发展示范区、国际创新资源集聚区、产城融合发展先行区、全面深化改革试验区"

续表

文件名称	对应表述
《广州市人民政府办公厅关于印发广州市加快创新驱动发展实施方案的通知》(穗府办〔2016〕12号)	"抓紧开展自主创新示范区区域调整工作,在广州高新区一区五园……基础上,积极争取将中新广州知识城、广州国际生物岛……等纳入国家自主创新示范区范围。落实国家自主创新示范区政策,先行先试,研究制订加快国家自主创新示范区建设的若干政策"
《广州市人民政府办公厅关于印发广州市金融业发展第十三个五年规划(2016—2020年)的通知》(穗府办〔2016〕23号)	"依托……广州中新知识城等平台,积极争取国家在跨境人民币创新业务、绿色金融、科技金融、产业金融、商贸金融、财富管理等领域的先行先试政策,不断提升广州金融业的核心竞争优势"
《广州市人民政府办公厅关于印发广州市战略性新兴产业第十三个五年发展规划(2016—2020年)的通知》(穗府办〔2016〕25号)	"加快推动中新广州知识城上升为国家级双边合作项目,强化在知识产权、科技创新、产业招商、金融创新等重点领域战略合作……争取省支持在广州开发区建设金融、科技、产业整合创新综合试验区"
《广州市人民政府办公厅关于促进全市经济技术开发区转型升级创新发展的若干意见》(穗府办〔2017〕39号)	"以广州经济技术开发区为试点,鼓励各经济开发区建立大数据产业园区,利用大数据和互联网技术推动传统企业转型升级,激发新兴产业发展活力……鼓励经济开发区建设多业态的电子商务产业集聚区,争取国内外知名电商企业在经济开发区设立总部和分支机构。鼓励条件成熟的经济开发区开展跨境电子商务试点业务,创建电子商务示范基地和跨境电子商务产业园。支持经济开发区内企业申报外贸综合服务试点企业。支持符合条件的经济开发区按程序申报设立海关特殊监管区域或场所……大力支持广州科学城国家级双创示范基地建设……支持广州经济技术开发区中欧区域政策合作试点地区……支持经济开发区创建生态工业示范园区、循环经济改造示范试点园区等绿色园区"
《广州市人民政府关于印发广州市系统推进全面创新改革试验三年行动计划(2016—2018年)的通知》(穗府〔2017〕6号)	"积极推动中新知识城创建'国家知识产权运用和保护综合改革试验区'……争取省支持在广州开发区建设金融、科技、产业整合创新综合试验区……争取国家支持中新知识城享受与天津生态城、苏州工业园同等的跨境人民币创新政策"

续表

文件名称	对应表述
《广州市人民政府办公厅关于印发广州市能源发展第十三个五年规划（2016—2020年）的通知》（穗府办〔2017〕38号）	"推进广州开发区建设新能源综合利用示范区……支持广州开发区作为广东省售电体制改革首批试点园区，鼓励区内符合年用电量条件的企业自己参与或委托售电企业参与电力集中竞争交易。大力推进广州开发区（中新广州知识城）国家级增量配电业务改革试点，探索配电网发展的方式，完善配电网的建设"
《广州市人民政府关于印发广州市创建国家知识产权强市行动计划（2017—2020年）的通知》（穗府〔2018〕2号）	"在广州开发区创建国家知识产权服务业集聚发展试验区……大力推进广州开发区国家专利导航产业发展实验区建设……在广州开发区……加快推进国家知识产权投融资试点工作，探索投贷联动、投保联动、投债联动新模式"
《广州市人民政府关于印发广州市建设国际科技产业创新中心三年行动计划（2018—2020年）的通知》（穗府函〔2018〕224号）	"在广州国家高新区一区五园……基础上，积极争取将中新广州知识城、广州国际生物岛……等纳入国家高新区范围"
《广州市人民政府办公厅关于印发广州市优化口岸营商环境促进跨境贸易便利化工作方案的通知》（穗府办函〔2019〕68号）	"支持……广州开发区向国家申请先行先试开展进口二手车保税维修复出口业务，借鉴国外先进经验和模式，通过体制机制创新，构建保税监管和环保保障等完整管理和服务体系"
《广州市人民政府关于印发2020年市政府工作报告部署工作责任分工的通知》（穗府〔2020〕6号）	"支持广州开发区创建国家营商环境改革创新实验区"
《中共广州市委关于制定广州市国民经济和社会发展第十四个五年规划和二〇三五年远景目标的建议》（地方规范性文件，2020年12月16日发布）	"支持广州科学城建成国际一流的中国智造中心和'中小企业能办大事'先行示范区……依托广州开发区建设'一带一路'合作创新示范区"
《广州市人民政府关于印发2021年市政府工作报告部署工作责任分工的通知》（穗府〔2021〕3号）	"支持黄埔创建国家营商环境改革创新实验区……支持广州科学城打造'中小企业能办大事'先行示范区"

续表

文件名称	对应表述
《广州市人民政府关于印发广州市国民经济和社会发展第十四个五年规划和2035年远景目标纲要的通知》(穗府〔2021〕7号)	"黄埔区打造广州市主城一体化东部极核,建设科技创新引领区、现代产业体系标杆区、深化改革开放先行区、生态文明建设典范区、基层社会治理现代化示范区"
《广州市人民政府办公厅关于印发广州市金融发展"十四五"规划的通知》(穗府办〔2021〕9号)	"探索建设粤港澳大湾区科创金融示范区(黄埔区)……争创国家科创金融试验区……争取政策支持,便利港澳及'一带一路'沿线国家和地区知识产权登记、科技型企业股权登记托管,推进与港澳及国际科创金融规则对接"
《广州市人民政府办公厅关于印发广州市服务业发展"十四五"规划的通知》(穗府办〔2021〕10号)	"以广州科学城、中新广州知识城、广州国际生物岛为核心,创建国家生物安全和健康产业先导区……以琶洲为核心、以珠江为纽带,涵盖广州国际金融城、黄埔鱼珠片区,共同构成广州人工智能与数字经济试验区……支持……黄埔区打造'一带一路'合作创新示范区"
《广州市人民政府办公厅关于印发广州市工业和信息化发展"十四五"规划的通知》(穗府〔2022〕10号)	"黄埔区重点发展……成为数字经济先行先试新典范……加快建设……广州人工智能与数字经济试验区(鱼珠片区)等重要载体平台"
《广州市人民政府关于印发2023年市政府工作报告部署工作责任分工的通知》(穗府〔2023〕3号)	"建设……黄埔国际进口贸易促进创新示范区,创建知识城综合保税区,开展离岸贸易先行先试"
《广州市人民政府关于印发2024年市政府工作报告部署工作责任分工的通知》(穗府〔2024〕1号)	"推进……黄埔营商环境改革创新实验区建设"

表格来源:作者自制。

第七章　广州开发区与上下互动的试验系统

第三节　上下互动试验系统的存在

尽管在上层国家的激励系统和下层国家的执行系统的共同作用下，国家级开发区已经能产生集群绩效，但其与制造出真正的产业集群之间还大有距离。因为如果没有一个能渐次放松外在约束的机制在，使得集群绩效在质和量方面都能不断提升，那么想要实现产业集群的质变仍然是十分困难的。为此，本书提出的理论框架认为，中国的国家级开发区之所以能制造出产业集群，很大的一个原因，是因为中国的国家级开发区除经济区外，还兼具试验区的身份。这意味着能做出一些成效的国家级开发区，往往会在中国特色的样板式政策试验逻辑下，收获越来越多的政策试验机会，以及伴随其后的优惠政策和试验权限。而这，本质上是一种马太效应式的集群绩效与政策试验的互强，恰好起到为国家级开发区动态放松制度约束的效果。由此，在不断趋好趋多的集群绩效的累积下，其将最终走向产业集群的形成，从而构成中国国家制造产业集群之过程机制的最后一个环节部件——上下互动的试验系统。

对于这一理论逻辑，其实意欲说明的是承接政策试验与制造产业集群之间的重要关系，而且特别强调要达至产业集群形成这一质变结果，往往国家级开发区要经历多重政策试验的叠加。而通过对广州开发区这一典型案例的探索，本章发现这一说法确实成立。尽管相关经验材料难以完全齐整，但即便如此，仍清楚显示出广州开发区发展至今已有许多政策试验的叠加，其中既包括试验区牌子，也包括试点。如此，实际上足以对上述理论提供支撑，更何况在现实情形中，广州开发区拥有过的政策试验数量只会更多。当然，单看广州开发区是否承接过多次政策试验可能说服力有限，还需要看其是否认可政策试验对其自身发展的价值，并且会因此主动争取。果不其然，广州开发区的案例经验也展现出了这点。具体来说，从建区初期开始，广州开发区就为促进自身发展而积极地向上争取政策试验，此后类似的实践反反复复出现，直到今天仍是如此。因为在他们看来，政策试验意味着政策突破，这是能为广州开发区的发展带来实实在在成效的好事，以至于用争取政策试验来推进工作成为他们的惯常想法。在这个意义上，有理由相信政策试验对促进广州开发区的发展确有实效。

因此，可以认为，上下互动的试验系统确实是客观存在的。作为成功制造出产业集群的国家级开发区的典型代表，广州开发区案例深刻揭示出承接政策试验对其发展的重要意义，而且其中的一些经验细节，更是对本书提出的样板式政策试验逻辑有所支撑。至于跨越广州开发区案例的其他同类型经验，根据对另一些头部国家级开发区的观察，发现有关政策试验的情况与广州开发区别无二致，都是本身承接过若干政策试验，借此收获很多利好，同时还在不断追求。由此，更有理由相信，在中国国家制造产业集群的过程中，所谓上下互动的试验系统确有其事。

第八章 结论与讨论

在前述主体章节(第二章至第七章)中,本书已经详细展开了包括问题、理论、方法和经验在内的完整内容。而本章是最后的结语部分,旨在概述全书研究的基本结论,并在此基础上开展体现研究价值的进一步理论对话,以及指出本书尚存的不足和未来值得深化的方向。具体来说:第一节聚焦于研究结论,将主要呈现研究的基本发现,并简要阐述其理论和实践意涵;第二节是理论对话,通过把本书放到既有的理论脉络中去,讨论其可能具有的研究价值和理论贡献;第三节是未来展望,基于对本书尚存不足的检视和省思,提出下一步研究可以考虑突破的方向。

第一节 研究结论

总体来说,本书试图探讨"在中国情境下国家如何制造产业集群"的理论问题。为此,本书建构了一个理论框架,基于广州开发区这一典型案例经验,运用理论检验型过程追踪技术,实证检验了本书所提出的理论框架是否受到现实经验支持,结果是成立的。尽管本书研究的经验基础只包含一个个案,但通过对其典型性的证成,认为其能够在定性研究特有的类型推论逻辑上,一定程度实现了对中国情境下其他同类案例的理论覆盖。当然,正如前文方法澄清部分讨论过的,可能存在对此不加信任的观点,但即便如此,本书至少也基于广州开发区经验发展提出了中国国家制造产业集群的一种理论可能性。在这个意义上，本书通过理论和经验的交融，把出中国国家制造产业集群的过程机制，是由上层国家的激励系统、下层国家的执行系统和上下互动的试验系统这三大机制部件耦合互联形成的。

首先，在上层国家的激励系统中，国家级开发区因其比较特殊的"央地共管"体制而受到来自中央国家和地方国家的双重激励。前者侧重于提出发展质量方面的要求和期待，后者侧重于提出发展数量方面的要求和期待，所以令国家级开发区需同时兼顾打造品牌和保持增长双重目标。但是，从长远来看，前者可以兼容后者，后者无法兼容前者，故国家级开发区必须切实关注如何在经济和产业方面打造出品牌的问题。而这，在一个体现空间感的狭小区域中，则几乎必然指向产业集群的发展方向，在具体的产业集群话语出现后更是如此，从而构成国家级开发区开展产业集群行动的动力。

其次，在下层国家的执行系统中，受其动力影响，国家级开发区开始采取产业集群行动。具体来说，国家级开发区会在综合扮演三重国家角色——"企业家型国家""发展型国家""服务型国家"——的基础上，通过令下属国企予以协助、实施优惠性产业政策和构建便捷良好的营商环境这三种对应工具，去招引企业和有关机构进入开发区，同时促进其发展与联系。当然，这一切做法并非肆意妄为，而是会围绕重点产业方向，依据产业链和产业相关性思路来加以实施，因而会产生集群绩效。

最后，在上下互动的试验系统中，主要出于样板式政策试验逻辑的作用，使产生集群绩效且本身就作为试验区的国家级开发区，能向上承接政策试验，并收获随之而来的优惠政策和试验权限。如此一来，国家级开发区就相当于在更宽松的制度约束条件下去开展产业集群行动，从而产生更多更好的集群绩效。而类似的政策试验逻辑仍在继续，意味着对新一轮政策试验的承接还会发生，并且在上一轮政策试验促动下所产生的更多更好的集群绩效，令其更具可能性。由此，集群绩效与政策试验呈现出一种循环叠加的互强状态，使从集群绩效走向集群形成的质变结果，最终得以出现。

不难看出，中国国家制造产业集群的过程机制，尽管是一个三大机制部件缺一不可的有机关联体，但其在事实上最仰赖搭载中国特色政策试验实践运行的约束放松机制。因为正是这一子系统，使得原先静态且有所限度的集

第八章 结论与讨论

群绩效，能够动态地运行起来，并以不断被优化和增量的状态，在国家级开发区这一地理区域范围内叠加下来，方才导致产业集群的形成。在这个意义上，我们可以认为上下互动的试验系统，是中国国家制造产业集群的关键。而究其本质，这一机制部件其实是一种在国家层级系统内部进行"特权"分配的过程，只不过在样板式政策试验逻辑的作用下，其往往把表现为优惠政策和试验权限的"特权"，如市场机制一样，持续不断地配置到具有效率的地方，从而助力其突破性发展。因此，为更好地提炼这一理论内核的特征，本书将其概念化为配置"特权"，以作为对中国国家制造产业集群之过程机制的根本回答。

这一发现告诉我们，如果中国希望国家制造出来的产业集群在质量上有所提升，角逐世界一流产业集群，或者说制造出更多的产业集群，那可能仍然需要对这一基本逻辑有所认识，继续践行。就好像市场会自动把资源集中到最有效率的一些地方，使其好上加好、越来越好一样，中国这套以样板式政策试验表现出来的特色治理机制，也同样起到了以效率方式配置有助于发展的政策资源的效果。这在政治经济学领域的理论意涵，已经不是如"发展型国家"所描述的用产业政策扭曲市场价格以促进发展的问题，而是更深一层，变成了在原先平等的政策"市场"上，以政策试验抬升某些地方的政策能力，使其能在政策"市场"上更具优势的问题。而且与"发展型国家"的产业政策可能被诟病的无效率不同，这里的政策"市场"扭曲，有其甄别效率的机制在。如此，当表层有经济效率的地方不断获得深层更丰富的政策资源倾斜时，政策"市场"扭曲便能支持实际市场扭曲，从而形成双层意义上的比较优势。当然，这里仅是以"发展型国家"作比和举例，实际上获得政策资源倾斜还能有助于扮演其他促进经济发展的国家角色。由此，其效用显而易见。

必须承认的是，这种机制肯定会加剧区域发展之间的不平衡，需要用其他机制来加以缓解。但也应当意识到，平等和效率本身就是存在内在张力的双头价值，其很难兼顾。这意味着，我们固然应该采取不同方式来尽可能协调二者，但仍需效率的归效率，平等的归平等，不可鱼和熊掌都想兼得。之所以如此说，是因为从近些年的情况来看，中国开始往总体上的平等化方向努力，如上所述的政策试验，呈现出"顶层设计"之下的系统性、整体性、协同性[①]和均衡性[②]，这有可能把这套通过样板式政策试验逻辑体现出来的、寓于国家系统内部的类市场"特权"配置机制给冲淡，不利于诸如制造产业集群的这种点状突破式发展。但需要说明的是，作为一项经验研究，本书地深刻意识到平等价值对构建一个良好社会的重要性，上述讨论单纯出于对过往成功经验的学理层面的机制探索，以供具体实践酌情参考。

第二节　理论对话

实际上，本书所关注的理论问题，总体而言是从属于产业集群形成这一文献脉络的。既有的产业集群形成研究，历经经济学、社会学视角的丰富解释，已经在最近二三十年进入了一个以政治学视角作为前沿的时代。因为在产业集群概念被系统提出并作为区域经济发展工具思路而被广泛运用之前，产业集群现象都是自发形成的，这使得经济学的市场说以及社会学的关系说，能对其进行一个比较充分的解释；但是，在这之后，随着国家力量为促进区域经济发展而介入对产业集群的制造，很多新生的由国家力量驱动形成的产业集群现象，就完全无法按照传统的那套源于经济学和社会学的理论进路来加以解释，此时政治学视角开始登场。然而，既有的政治学视角下的国家说，还处于一个相对低度发展的阶段，具体表现在把国家制造产业集群的过程，简化成一系列以集群政策为代表的集群工具的运用，仿佛只要有政策就能造集群，但丝毫不考虑蕴含于表面集群工具之下的国家内部过程性机制，从而出现只见工具而不见工具使用者的截断性图景，使得这些表面光鲜的所谓"最佳实践"措施，到底在何种意义上可被借鉴和效仿成为一个谜团，进而阻碍政治维度的"地区现实主义"的发挥。

---

① 杨宏山、周昕宇：《中国特色政策试验的制度发展与运作模式》，《甘肃社会科学》2021年第2期。

② 黄飚：《当代中国政府的试点选择》，博士学位论文，浙江大学，公共管理学院，2018，第103页。

第八章 结论与讨论

在这一文献背景下，本书基于中国情境所开展的对国家如何制造产业集群的探索，其实是开创了区别于表层工具论的新视角，即深入国家内部去打开制造产业集群行动的"黑箱"，这可能是本书对既有文献所能作出的最重要的贡献。具体来说，本书揭示了诸如集群政策等集群工具确有其重要性，作为中国国家制造产业集群之实践者的国家级开发区，也使用了很多既有文献曾提及的工具思路。但这只是国家制造产业集群的其中一小个环节，单就最末端的执行系统来说，其还得考虑以何种方式能把这些工具思路付诸实践从而收获效果，这是与国家自身能力和可资利用的工具传统息息相关的。例如中国能将混合具有的三重国家角色调动起来，综合运用区属国企、产业政策和营商环境去驱动集群工具，这就不是在表层的工具论视角所能观察到的。更进一步地，至少在中国情境下，其还具有执行系统之外的激励系统和约束放松系统共同联动作用，这是多层国家主体协作之功，绝非表面看到的实际管理运营者的一家之劳。凡此种种，皆需秉持深入国家内部的视角方能窥探到。由此，可以合理地认为，既有从国家视角解释产业集群形成的工具论，实际上还只触及浮在海面上的冰山一角，诚然其也是冰山的一部分，但对于国家如何制造产业集群这一座"大冰山"来说，还有很多深陷海底的部分需要挖掘，否则难以基于全貌来做出正确判断。在这个意义上，本书以对中国情境的探索先行一步，从而构成其研究新意和价值之所在。

此外，本书还想在中国研究的层次做一些相关的理论对话。

首先，由于中国国家制造产业集群的实践是发生于开发区之中，因而我们得出的一些基本发现，应当可与既有的开发区研究做一些讨论。在解释中国开发区为何会取得发展的文献中，有不少研究都会从开发区作为特殊经济区的角度切入，认为是特殊政策所形成的优势，使得开发区能够吸引投资，从而促进发展[①]，这可以说代表了一批偏政治学视角的惯常看法。然而，从本书获得的结论来看，这一说法确有其合理性，但仍不够全面。事实上，中国

[①] Xiaoxi Li, Ruijiun Duan, Huanzhao Zhang, "A Case Study of Tianjin Economic-Technological Development Area", in D. Z. Zeng (ed.), *Building Engines for Growth and Competitiveness in China: Experience with Special Economic Zones and Industrial Clusters*, (Washington, DC: The World Bank, 2010). 李耀尧:《集聚发展理论：中国开发区演变的经济学考量》，暨南大学出版社，2011，第84-85页。董筱丹:《再读苏南：苏州工业园区二十年发展述要》，苏州大学出版社，2015，第9-58页。

开发区，特别是一些发展成就傲人的头部开发区，之所以能发展到如今的状态，特殊政策固然厥功至伟，但仅从静态视角切入是不足够的，准确地说，是有一套机制使其被不断配给和叠加特殊政策，助其渐次突破上一约束条件所能达到的均衡稳态，从而取得惊人的发展效果。还有一些研究，会把视野扩展到更宏观的体制框架层面，认为是因为中国开发区主要镶嵌在地方国家系统中，所以地方国家所承受的来自中央国家的激励，会被转嫁到开发区身上，使其注重发展开发区而不是抽取租金[1]；但由于国家级开发区基本不受中央制约，所以只会被短视的地方逼着往发展数量方面驱动，而无法取得诸如创新等发展质量结果[2]。对此，本书认为值得商榷。因为观察发现，中央对国家级开发区是有驱动力的，并且会注入发展质量要求，而非放之任之，完全放手给地方辖制，这也是国家级开发区会把发展质量纳入考虑的原因。当然，鉴于都是对少数案例的考察，加之本书只在头部开发区一侧探究机制，缺乏与负面案例的比较，可能存在未见之偏差，因而不敢妄下断语，需要留待未来研究以更多经验来加以确证。

其次，对于解释中国经济增长或所谓中国"经济奇迹"之谜，尽管学界已普遍认可这是一个政治经济学问题，但关于国家到底在这当中扮演何种角色，还没有取得共识[3]。概括来说，比较经典的提法主要源于三种传统：社会主义、资本主义和介于二者中间的"发展型国家"。在社会主义传统下，典型代表是从乡镇企业经验中提炼出来的"企业家型国家"模型，即强调国家与企业的合一或者说是国家对企业的经营，诸如"地方法团主义"[4]"地方性市场社会主义"[5]"地方政府即厂商"[6]等概念，均属此列。在资本主义传统下，中国的

---

[1] Lotta Moberg, "*The Political Economy of Special Economic Zones*," (PhD diss., George Mason University, 2015), pp. 100-101.

[2] 汤志林、殷存毅：《治理结构与高新区技术创新：中国高新区发展问题解读》，社会科学文献出版社，2012，第43-45页。

[3] 杨宏星、赵鼎新：《绩效合法性与中国经济奇迹》，《学海》2013年第3期。

[4] Jean C. Oi, "Fiscal Reform and the Economic Foundations of Local State Corporatism in China", *World Politics*, Vol. 45, No. 1, 1992.

[5] Nan Lin, "Local Market Socialism: Local Corporatism in Action in Rural China", *Theory and Society*, Vol. 24, No. 3, 1995.

[6] Andrew G. Walder, "Local Government as Industrial Firms: An Organizational Analysis of China's Transitional Economy", *American Journal of Sociology*, Vol. 101, No. 2, 1995.

第八章 结论与讨论

国家角色，从根本上来说被认为是承袭西方作为制度框架存在的"服务型国家"。因为在他们看来，中国的改革经验无非就是在放开市场经济的基础上引入产权等基础性制度[①]，此后便是市场机制在起作用，国家只是服务好市场的最低限度的存在，由此可作为一种新自由主义道路来理解[②]。至于"发展型国家"，有些学者认为中国的发展模式就属于这种传统[③]，无论是强劲的国家能力，还是大量使用的产业政策，都无不体现出发展型国家的典型特征[④]。特别有研究还直接提出了中国向日本这种典型"发展型国家"学习产业政策的证据[⑤]，由此更加坐实了其扮演这种国家角色的可能性。不难看出，这些竞争性理论都尝试给中国的发展模式寻找一个恰如其分的理论标签，但根据本书的研究显示，实际上任何一个单独的标签都很难描绘清中国国家所扮演的角色，这并不是说在不同时段、不同地区所表现出的实践丰富性，而是说在同一个对象身上，就能看到其在综合扮演这三重国家角色，呈现出一种混合型国家特征。这促使我们反思，可能对中国模式的理论抽象，需要秉持一种从实际出发的更开放、更复杂的模型建构思路，否则，单纯利用一些简洁、成熟的既有理论来反向贴合，恐怕仍有意犹未尽之感。

最后，对于中国特色政策试验的作用问题，其实也有不少研究在这方面予以讨论。其中，最为主流和有影响力的看法，是把中国特色的政策试验，视为是中国超强适应力的来源[⑥]。正是这种在国家内部上下互动的所谓"分级制政策试验"[⑦]，令中国能在相对平稳的状态下取得对更有效制度的追求，进而实现一种渐进式的发展。具体到作为政策试验重要载体的开发区，其作用也被施以类似的观点，即减小改革阻力、节约风险成本、提供示范模板，总

[①] 张维迎：《中国改革的逻辑》，《当代财经》2009 年第 1 期。周其仁：《中国经济增长的基础》，《北京大学学报（哲学社会科学版）》2010 年第 1 期。

[②] 大卫·哈维：《新自由主义简史》，王钦译，上海译文出版社，2010，第 137 页。

[③] 黄宗昊：《中国模式与发展型国家理论》，《当代世界与社会主义》2016 年第 4 期。

[④] 耿曙、陈玮：《"发展型国家"模式与中国发展经验》，《华东师范大学学报（哲学社会科学版）》2017 年第 1 期。

[⑤] 宋磊、郦菁：《经济理念、政府结构与未完成的政策转移——对产业政策的中国化过程的分析》，《公共行政评论》2019 年第 1 期。

[⑥] 王绍光：《学习机制与适应能力：中国农村合作医疗体制变迁的启示》，《中国社会科学》2008 年第 6 期。

[⑦] 韩博天：《中国经济腾飞中的分级制政策试验》，石磊译，《开放时代》2008 年第 5 期。

之就是从整体层面看待小范围试验所能带来的在风控和改革方面的助益[①],但较少站在被试验对象的层次和角度上思考可能还有哪些作用。对此,本书的发现应该能促进一些认识上的更新,因为政策试验于那些被试验对象而言,实际上还伴随着能突显优势进而带动发展的优惠政策和试验权限,再加之样板式政策试验逻辑的存在,使其也可被看成寓于国家内部的一套配置"特权"机制,有助于诸如开发区的这种点状突破式发展。在这个意义上,中国特色政策试验的作用,可能还不止于为整体发展提供适应性,除此之外,其还能为中国经济发展引擎提供源源不断的政策"燃料",令其接连实现发展上的跨越。而这,可能也是中国特殊经济区相比于一般意义上的特殊经济区的独到之处,因为其既是经济区,更是试验区。

当然,本书试图解释也可以解释的范围,主要还是集中于中国国家制造产业集群的现象,即为那些在中国国家级开发区中生长出来的产业集群,提供超越表面集群工具的深入国家内部的理解,这一在产业集群形成的国家理论脉络下的视角突破,构成本书最重要的理论对话。至于与中国开发区发展、中国经济发展中的国家角色和中国政策试验的作用等其余文献的交流,更多是本书在与之交涉的内容中衍生出来的"副产品",发现其与这些文献所秉持的主流看法还存在不尽一致的地方,可以提出来,以做一些思路上的碰撞和更新。不过,也应当意识到的是,由于这些部分并非本书关注的重心,使其尽管可以作为相关话题领域开启后续研究的契机和引线,但对于其本身所具有的坚实性,还是需要采取一种更为审慎的态度,如此才有助于推进这些文献的切实进步。

[①] Chenggang Xu, "The Fundamental Institutions of China's Reforms and Development", *Journal of Economic Literature*, Vol. 49, No. 4, 2011. Richard Auty, "Early Reform Zones: Catalysts for Dynamic Market Economies in Africa", in T. Farole, G. Akinci (eds.), *Special Economic Zones: Progress, Emerging Challenges, and Future Directions*, (Washington DC: The World Bank, 2011, pp207-226). Ciqi Mei, Zhilin Liu, "Experiment-Based Policy Making or Conscious Policy Design? The Case of Urban Housing Reform in China", *Policy Sciences*, Vol. 47, No. 3, 2014.

第三节 未来展望

为了探索"中国国家如何制造产业集群"的理论问题,本书选择以发生这一现象的国家级开发区为分析单位,并从已经制造出产业集群的头部国家级开发区中找出广州开发区这一典型案例,用以检验本书所提出的理论框架,从而在类型意义上,实现对所有成功制造出产业集群的国家级开发区的理论推论,这是本书最基本的方法思路。当然,鉴于这套定性研究特有的所谓类型推论的逻辑并没有如定量统计推论逻辑一样为绝大多数人所接受,而且哪怕是定量研究,一个坚实的理论也需要一大批研究者前赴后继地以大量经验反复检验方能立足,所以,为了强化其可靠性,未来研究还是应当对成功制造出产业集群的更多国家级开发区案例进行探索,才有助于进一步检视本书所提出的理论机制,使其得以被坐实或修正。

另外,本书存在一个不足之处,就是缺乏正面案例与负面案例的比较。无论是作为核心案例的广州开发区,还是其他用以辅助的经验资料,全部出自中国最头部的国家级开发区,而对其他一些发展一般的国家级开发区缺乏考察。尽管本书的研究问题就是要关注中国最优秀的那一批国家级开发区的成功机制(否则也制造不出产业集群),由此所使用的方法和所挑选的案例也与之适配,但如果无法与负面案例进行有控制的比较,那很多推论就得更为谨慎。具体来说,本书所得出的理论机制,最多只能是一种必要条件,而难以成为充分条件,因为无法得知是否存在全然符合理论预设,但却仍是负面案例的情形。在这个意义上,未来研究除了要对更多已制造出产业集群的正面案例进行探索和观察外,还应关注负面案例,如此才有助于延展推论的限度。

参考文献

中文部分

[1] 韦伯. 工业区位论[M]. 李刚剑，陈志人，张英保，译. 北京：商务印书馆，2017.

[2] 胡佛. 区域经济学导论[M]. 王翼龙，译. 北京：商务印书馆，1990.

[3] 巴比. 社会研究方法（第十一版）[M]. 邱泽奇，译. 北京：华夏出版社，2018.

[4] 安虎森，朱妍. 产业集群理论及其进展[J]. 南开经济研究，2003(3)：31-36.

[5] 威廉姆森. 市场与层级制：分析与反托拉斯含义[M]. 蔡晓月，孟俭，译. 上海：上海财经大学出版社，2011.

[6] 克鲁格曼. 地理和贸易[M]. 张兆杰，译. 北京：北京大学出版社，2000.

[7] 鲍克. 中国开发区研究——入世后开发区微观体制设计[M]. 北京：人民出版社，2002.

[8] 曹正汉，史晋川. 中国地方政府应对市场化改革的策略：抓住经济发展的主动权——理论假说与案例研究[J]. 社会学研究，2009(4)：1-27.

[9] 曹正汉. 中国上下分治的治理体制及其稳定机制[J]. 社会学研究，2011(1)：1-40.

[10] 约翰逊. 通产省与日本奇迹：产业政策的成长（1925-1975）[M]. 金逸，许鸿艳，唐吉洪，译. 长春：吉林出版集团有限公司，2010.

[11] 陈超，李响. 逻辑因果与量化相关：少案例比较方法的两种路径[C]//巫永平. 公共管理评论. 北京：社会科学文献出版社，2019.

[12] 陈国权，毛益民. 第三区域政企统合治理与集权化现象研究[J]. 政治学研究，2015(2)：45-54.

[13] 陈华森. 自由主义政府服务职能的历史变迁[J]. 探索，2009(1)：177-181.

[14] 陈抗，Hillman，顾清扬. 财政集权与地方政府行为变化——从援助之手到攫取之手

[J]. 经济学(季刊)，2002(1)111-130.

[15]陈玮, 耿曙, 钟灵娜. 白话《社会科学中的研究设计》：日常思考的语言与研究设计的逻辑[J]. 公共行政评论，2015(4)：17-30.

[16]陈玮."发展型国家"的三次理论辩论：政府介入的必要性、有效性和时机[J]. 公共行政评论，2019(1)：55-71.

[17]崔龙浩. 韩国的产业集群研究动向与主要产业集群的现状[C]//平川均, 崔龙浩, 苏显扬, 等. 东亚的产业集聚：形成、机制与转型. 北京：社会科学文献出版社，2011.

[18]哈维. 新自由主义简史[M]. 王钦, 译. 上海：上海译文出版社，2010.

[19]诺斯. 制度、制度变迁与经济绩效[M]. 杭行, 译. 上海：格致出版社，2008.

[20]诺斯. 新制度经济学及其发展[J]. 路平, 何玮, 编译. 经济社会体制比较，2002(5)：5-10.

[21]曾智华. 中国两大增长引擎：经济特区和产业集群——它们是如何引领中国经济高速发展的[C]//袁易明. 中国经济特区研究. 李桐, 译. 北京：社会科学文献出版社，2010.

[22]比奇, 佩德森. 过程追踪法：基本原理与指导方针[M]. 汪卫华, 译. 上海：格致出版社，2020.

[23]阿西莫格鲁, 罗宾逊. 国家为什么会失败[M]. 李增刚, 译. 长沙：湖南科学技术出版社，2015.

[24]董筱丹. 再读苏南：苏州工业园区二十年发展述要[M]. 苏州：苏州大学出版社，2015.

[25]多和田真, 塚田雄太. 日本的产业集群政策及产业集群的现状[C]//平川均, 崔龙浩, 苏显扬, 等. 东亚的产业集聚：形成、机制与转型. 北京：社会科学文献出版社，2011.

[26]符正平等. 中小企业集群生成机制研究[M]. 广州：中山大学出版社，2004.

[27]广州经济技术开发区志编纂委员会. 广州经济技术开发区志(1991-2000)[M]. 广州：广东人民出版社，2004.

[28]广州经济技术开发区志编纂委员会. 广州经济技术开发区志[M]. 广州：广东人民出版社，1993.

[29]盖文启. 创新网络——区域经济发展新思维[M]. 北京：北京大学出版社，2002.

[30]耿曙, 陈玮."发展型国家"模式与中国发展经验[J]. 华东师范大学学报(哲学社会科学版)，2017(1)：16-20.

[31]耿曙,陈玮.比较政治的案例研究:反思几项方法论上的迷思[J].社会科学,2013(5):20-29.

[32]耿曙,陈玮.发展型国家:理论渊源与研究进展[C].张广生.中国政治学.北京:中国社会科学出版社,2019.

[33]广州开发区投资促进局.招商4.0:新时代区域招商的战略思维[M].广州:广东高等教育出版社,2018.

[34]广州开发区政策研究室.开发区精神——广州开发区思想轨迹[M].广州:广东人民出版社,2015.

[35]广州保税区地方志编纂委员会.广州保税区志[M].广州:广东人民出版社,2002.

[36]韩博天.红天鹅:中国独特的治理和制度创新[M].石磊,译.北京:中信出版社,2018.

[37]韩博天.通过试验制定政策:中国独具特色的经验[J].当代中国史研究,2010(3):103-112.

[38]韩博天.中国经济腾飞中的分级制政策试验[J].石磊,译.开放时代,2008(5):31-51.

[39]侯方宇,杨瑞龙.产业政策有效性研究评述[J].经济学动态,2019(10):101-116.

[40]侯志阳,张翔.公共管理案例研究何以促进知识发展?——基于《公共管理学报》创刊以来相关文献的分析[J].公共管理学报,2020(1):143-151.

[41]胡乐明,刘志明,张建刚.国家资本主义与"中国模式"[J].经济研究,2009(11):31-37.

[42]华勒斯坦等.开放社会科学[M].刘锋,译.北京:生活·读书·新知三联书店,1997.

[43]黄飚.当代中国政府的试点选择[D].杭州:浙江大学,2018.

[44]黄建洪.转型升级期的SEZ治理:体制本质、运行逻辑及面临挑战[J].上海行政学院学报,2010(6):47-64.

[45]黄宗昊."发展型国家"理论的起源、演变与展望[J].政治学研究,2019(5):58-71.

[46]黄宗昊.中国模式与发展型国家理论[J].当代世界与社会主义,2016(4):166-174.

[47]黄宗智.国营公司与中国发展经验:"国家资本主义"还是"社会主义市场经济"?[J].开放时代,2012(9):8-33.

[48]格尔茨,马奥尼.两种传承:社会科学中的定性与定量研究[M].刘军,译.上海:格致出版社,2016.

[49]金,基欧汉,维巴.社会科学中的研究设计[M].陈硕,译.上海:格致出版社,2014.

[50]库普曼.关于经济学现状的三篇论文[M].蔡江南,译.北京:商务印书馆,1992.

[51]金祥荣，朱希伟.专业化产业区的起源与演化——一个历史与理论视角的考察[J].经济研究，2002(8)：74-82.

[52]李国武.产业集群与工业园区关系的研究[J].中央财经大学学报，2006(8)：50-55.

[53]李绍荣，程磊.渐进式与休克疗法式改革的比较分析[J].北京大学学报(哲学社会科学版)，2009(6)：60-67.

[54]李天柱.广州台商投资区的创办过程[C]//中共广东省委党史研究室编著，王莹、王涛主编.广州开发区创建史录.北京：中共党史出版社，2015.

[55]李小科.澄清被混用的"新自由主义"——兼谈对 New Liberalism 和 Neo-Liberalism 的翻译[J].复旦学报(社会科学版)，2006(1)：56-62.

[56]李耀尧.集聚发展理论：中国开发区演变的经济学考量[M].广州：暨南大学出版社，2011.

[57]斯威德伯格，格兰诺维特.第二版导论[C]//马克·格兰诺维特，理查德·斯威德伯格.经济生活中的社会学.瞿铁鹏，姜志辉，译.上海：上海人民出版社，2014.

[58]厉无畏，王振.中国开发区的理论与实践[M].上海：上海财经大学出版社，2004.

[59]廖惠霞，韩宇建，王莹.争回来的宝地：广州开发区建区创业起步——缪恩禄访谈录[J].红广角，2016(1)：4-10.

[60]林毅夫，蔡昉，李周.论中国经济改革的渐进式道路[J].经济研究，1993(9)：3-11.

[61]刘骥，张玲，陈子恪.社会科学为什么要找因果机制——一种打开黑箱、强调能动的方法论尝试[J].公共行政评论，2011(4)：50-84.

[62]刘军强，胡国鹏，李振.试点与实验：社会实验法及其对试点机制的启示[J].政治学研究，2018(4)：103-116.

[63]刘培伟.基于中央选择性控制的试验——中国改革"实践"机制的一种新解释[J].开放时代，2010(4)：59-81.

[64]刘逸.关系经济地理的研究脉络与中国实践理论创新[J].地理研究，2020(5)：1005-1017.

[65]刘莜，王铮，赵晶媛.政府在高技术产业集群中的作用——以深圳为例[J].科研管理，2006(4)：36-43.

[66]陆雄文.管理学大辞典[M].上海：上海辞书出版社，2013.

[67]殷.案例研究：设计与方法(第5版)[M].周海涛，史少杰，译.重庆：重庆大学出版社，2017.

[68]吕文栋.产业集群发展中的政府作用——一个理论框架与案例研究[M].北京：科学技

术文献出版社，2005.

[69] 吕肖华."第三意大利"对东北振兴的启示[N].中国经济时报，2003-11-28(1).

[70] 马歇尔.经济学原理(上卷)[M].朱志泰，译.北京：商务印书馆，2009.

[71] 波特.国家竞争优势[M].李明轩，邱如美，译.北京：华夏出版社，2002.

[72] 波特.竞争论[M].高登第，李明轩，译.北京：中信出版社，2012.

[73] 蒙克，李朔严.公共管理研究中的案例方法：一个误区和两种传承[J].中国行政管理，2019(9)：89-94.

[74] 苗长虹."产业区"研究的主要学派与整合框架：学习型产业区的理论建构[J].人文地理，2006(6)：97-103.

[75] 缪恩禄.建区创业起步回忆录[C]//广州市萝岗区政协,"广州经济技术开发区专辑"编委会.开拓者的记忆：广州经济技术开发区1984-1994.广州：广州出版社，2008.

[76] 莫勇波.论地方政府"形象工程"的蜕变及其治理[J].理论导刊，2006，12：15-17.

[77] 派尔，赛伯.第二次产业革命——走向繁荣之可能[M].李少民，刘英莉，译.台北：桂冠图书股份有限公司，1989.

[78] 聂辉华.交易费用经济学：过去、现在和未来——兼评威廉姆森《资本主义经济制度》[J].管理世界，2004(12)：146-153.

[79] 倪星，郑崇明，原超.中国之治的深圳样本：一个纵向共演的理论框架[J].政治学研究，2020(4)：15-26.

[80] 佩鲁.增长极概念[J].李仁贵，译.经济学译丛，1988(9)：67-72.

[81] 钱颖一.理解现代经济学[J].经济社会体制比较，2002(2)：1-12.

[82] 阿里吉.斯密在北京——21世纪的谱系[M].路爱国，黄平，许安结，译.北京：社会科学文献出版社，2009.

[83] 邱海雄，徐建牛.产业集群技术创新中的地方政府行为[J].管理世界，2004(10)：36-46.

[84] 渠敬东，周飞舟，应星.从总体支配到技术治理——基于中国30年改革经验的社会学分析[J].中国社会科学，2009(6)：104-127.

[85] 荣敬本等.从压力型体制向民主合作体制的转变：县乡两级政治体制改革[M].北京：中央编译出版社，1998.

[86] 阮建青，石琦，张晓波.产业集群动态演化规律与地方政府政策[J].管理世界，2014(12)：79-91.

[87] 沈奎，钟梓坚，黄瑾.广州开发区产业集群图谱分析[C]//沈奎.创新引擎：第二代开

发区的新图景. 广州：广东人民出版社，2011.

[88]沈满洪，张兵兵. 交易费用理论综述[J]. 浙江大学学报（人文社会科学版），2013(2)：44-58.

[89]盛智明. 超越定量与定性研究法之争——KKV对定性研究设计的启发[J]. 公共行政评论，2015(4)：4-16.

[90]宋磊，郦菁. 经济理念、政府结构与未完成的政策转移——对产业政策的中国化过程的分析[J]. 公共行政评论，2019(1)：5-23.

[91]宋磊. 发展型国家的研究传统与中国悖论[J]. 公共行政评论，2021(2)：1-19.

[92]宋林霖，何成祥. 优化营商环境视阈下放管服改革的逻辑和推进路径——基于世界银行营商环境指标体系的分析[J]. 中国行政管理，2018(4)：67-72.

[93]孙凡义，徐张欢. 合署办公的改革动因、实践类型和发展进路[J]. 新视野，2021(1)：59-65.

[94]孙景峰，刘佳宝. 新加坡经验对中国改革开放的影响[C]//李路曲. 比较政治学研究. 北京：商务印书馆，2019.

[95]孙秀林，周飞舟. 土地财政与分税制：一个实证解释[J]. 中国社会科学，2013(4)：40-59.

[96]汤志林，殷存毅. 治理结构与高新区技术创新：中国高新区发展问题解读[M]. 北京：社会科学文献出版社，2012.

[97]唐世平. 超越定性与定量之争[J]. 公共行政评论，2015(4)：45-62.

[98]田国强. 现代经济学的基本分析框架与研究方法[J]. 经济研究，2005(2)：113-125.

[99]法罗尔. 开发区和工业化：历史、近期发展和未来挑战[J]. 许俊萍，译. 国际城市规划，2018(2)：8-15.

[100]库恩. 科学革命的结构[M]. 金吾伦，胡新和，译. 北京：北京大学出版社，2003.

[101]汪丁丁. 经济学理性主义的基础[J]. 社会学研究，1998(2)：1-11.

[102]王缉慈等. 创新的空间：企业集群与区域发展[M]. 北京：北京大学出版社，2001.

[103]王缉慈，王敬甯. 中国产业集群研究中的概念性问题[J]. 世界地理研究，2007(4)：89-97.

[104]王金定，何立胜，赵泉民. 中国改革开放与开发区建设[M]. 北京：人民出版社，2017.

[105]王珺. 衍生型集群：珠江三角洲西岸地区产业集群生成机制研究[J]. 管理世界，2005(8)：80-86.

[106]王宁.代表性还是典型性?——个案的属性与个案研究方法的逻辑基础[J].社会学研究,2002(5):123-125.

[107]王绍光.学习机制、适应能力与中国模式[J].开放时代,2009(7):36-40.

[108]王绍光.学习机制与适应能力:中国农村合作医疗体制变迁的启示[J].中国社会科学,2008(6):111-133.

[109]王永钦,张晏,章元,等.中国的大国发展道路——论分权式改革的得失[J].经济研究,2007(1):4-16.

[110]温家宝.顺应新形势 办出新特色 继续发挥经济特区作用[N].人民日报,2005-09-20(2).

[111]邬爱其,张学华.产业集群升级中的匹配性地方政府行为——以浙江海宁皮革产业集群为例[J].科学学研究,2006(6):878-884.

[112]吴德进.产业集群的组织性质:属性与内涵[J].中国工业经济,2004(7):14-20.

[113]吴金群.网络抑或统合:开发区管委会体制下的府际关系研究[J].政治学研究,2019(5):97-108.

[114]吴利学,魏后凯.产业集群研究的最新进展及理论前沿[J].上海行政学院学报,2004(3):51-60.

[115]吴群,李永乐.财政分权、地方政府竞争与土地财政[J].财贸经济,2010(7):51-59.

[116]NEUMAN.当代社会研究法:质化与量化途径[M].王佳煌,潘中道,郭俊贤,等,译.台北:学富文化事业有限公司,2002.

[117]徐建牛.从经营企业到经营土地——转型期乡镇政府经济行为的演进[J].广东社会科学,2010(4):159-165.

[118]徐康宁.产业聚集形成的源泉[M].北京:人民出版社,2006.

[119]徐康宁.当代西方产业集群理论的兴起、发展和启示[J].经济学动态,2003(3):70-74.

[120]徐现祥,陈小飞.经济特区:中国渐进改革开放的起点[J].世界经济文汇,2008(1):14-26.

[121]徐湘林,李国强.改革战略与中国奇迹——中国政治经济改革研究述评[J].经济体制改革,2007(6):18-24.

[122]斯密.国富论[M].郭大力,王亚南,译.北京:商务印书馆,2015.

[123]杨宏山,周昕宇.中国特色政策试验的制度发展与运作模式[J].甘肃社会科学,2021(2):24-31.

[124]杨宏星,赵鼎新.绩效合法性与中国经济奇迹[J].学海,2013(3):16-32.

[125]杨雪冬.压力型体制:一个概念的简明史[J].社会科学,2012(11):4-12.

[126]殷存毅,汤志林.我国开发区的发展与治理:央—地关系视角[C]//魏礼群.科学发展与行政改革.北京:国家行政学院出版社,2010.

[127]于文轩.中国公共行政学案例研究:问题与挑战[J].中国行政管理,2020(6):105-112.

[128]吉尔林.案例研究:原理与实践[M].黄海涛,刘丰,孙芳露,译.重庆:重庆大学出版社,2017.

[129]张汉."地方发展型政府"抑或"地方企业家型政府"?——对中国地方政企关系与地方政府行为模式的研究述评[J].公共行政评论,2014(3):157-175.

[130]张汉.地方统合主义与文化导向的城市更新:从轮船码头到宁波美术馆[J].开放时代,2011(3):103-112.

[131]张其仔.新经济社会学[M].北京:中国社会科学出版社,2001.

[132]张维迎.中国改革的逻辑[J].当代财经,2009(1):8-10.

[133]张永宏.发展型政府与政府产业的成长:乐从现象分析[J].广东社会科学,2006(2):174-179.

[134]张兆同.企业区位选择与区域招商引资政策安排——基于苏南企业区位选择影响因素的调查[J].经济体制改革,2010(1):81-85.

[135]赵树凯.地方政府公司化:体制优势还是劣势?[J].文化纵横,2012(2):73-80.

[136]钟本章.地方开发区产业治理的国企经验[N].中国社会科学报,2021-06-02(8).

[137]钟本章.分类解析开发区治理模式[N].中国社会科学报,2020-05-06(8).

[138]赵晓冬,王伟伟,吕爱国.国家级经济技术开发区管理体制类型研究[J].中国行政管理,2013(12):56-59.

[139]郑志刚,李东旭,许荣,等.国企高管的政治晋升与形象工程——基于N省A公司的案例研究[J].管理世界,2012(10):146-156.

[140]中共广东省委党史研究室,王莹,王涛.广州开发区创建史录[M].北京:中共党史出版社,2015.

[141]中国社会科学院"新自由主义研究"课题组.新自由主义研究[J].马克思主义研究,2003(6):18-31.

[142]周飞舟.大兴土木:土地财政与地方政府行为[J].经济社会体制比较,2010(3):77-89.

[143]周飞舟.分税制十年：制度及其影响[J].中国社会科学,2006(6)：100-115.

[144]周飞舟.生财有道：土地开发和转让中的政府与农民[J].社会学研究,2007(1)：49-82.

[145]周黎安.晋升博弈中政府官员的激励与合作——兼论我国地方保护主义和重复建设问题长期存在的原因[J].经济研究,2004(6)：33-40.

[146]周黎安.中国地方官员的晋升锦标赛模式研究[J].经济研究,2007(7)：36-50.

[147]周黎安.行政发包制[J].社会,2014(6)：1-38.

[148]周黎安.再论行政发包制：对评论人的回应[J].社会,2014(6)：98-113.

[149]周其仁.中国经济增长的基础[J].北京大学学报(哲学社会科学版),2010(1)：18-22.

[150]周望.中国"政策试点"研究[M].天津：天津人民出版社,2013.

[151]周望.中国"政策试验"初探：类型、过程与功能[J].理论与现代化,2011(3)：61-66.

[152]周雪光,练宏.中国政府的治理模式：一个"控制权"理论.社会学研究,2012(5)：69-93.

[153]周雪光.权威体制与有效治理：当代中国国家治理的制度逻辑[J].开放时代,2011(10)：67-85.

[154]朱华晟,王缉慈.论柔性生产与产业集聚[J].世界地理研究,2001(4)：39-46.

[155]朱华晟.地方政府产业集群战略中的政府功能——以浙江嵊州领带产业集群为例[J].经济理论与经济管理,2004(10)：35-39.

[156]朱天飚.《社会科学中的研究设计》与定性研究[J].公共行政评论,2015(4)：63-68.

[157]朱天飚.比较政治经济学[M].北京：北京大学出版社,2006.

[158]朱天飚.定性研究：从实证到解析[C]//巫永平.公共管理评论.北京：社会科学文献出版社,2017.

[159]左才.政治学研究中的因果关系：四种不同的理解视角[J].国外理论动态,2017(1)：24-31.

[160]朱秉衡,沈奎、陈永品.广州开发区二十年[M].广州：广东人民出版社,2006.

英文部分

[1]ALTENBURG T, MEYER-STAMER J. How to Promote Clusters: Policy Experiences from Latin America[J]. World Development, 1999(9): 1693-1713.

[2]AMIN A, THRIFT N. Living in the Global[C]//AMIN A, THRIFT N. Globalization, Institutions, and Regional Development in Europe. Oxford: Oxford University

Press, 1994.

[3] AMIN A. The Difficult Transition from Informal Economy to Marshallian Industrial District[J]. Area, 1994(1): 13-24.

[4] AMSDEN A H. Asia's Next Giant: South Korea and Late Industrialization[M]. New York: Oxford University Press, 1989.

[5] ANDERSSON T, SCHWAAG-SERGER S, SORVIK J, HANSSON E W. The Cluster Policies Whitebook[M]. Holmbergs: IKED, 2004.

[6] ARTZ G M, KIM Y, ORAZEM P F. Does Agglomeration Matter Everywhere? New Firm Location Decisions in Rural and Urban Markets[J]. Journal of Regional Science, 2016(1): 72-95.

[7] AUTY R. Early Reform Zones: Catalysts for Dynamic Market Economies in Africa[C]// FAROLE T, AKINCI G. Special Economic Zones: Progress, Emerging Challenges, and Future Directions. Washington DC: World Bank, 2011.

[8] BALDWIN J R, BROWN W M, RIGBY D L. Agglomeration Economies: Microdata Panel Estimates from Canadian Manufacturing[J]. Journal of Regional Science, 2010(5): 915-934.

[9] BAPTISTA R, SWANN P. Do Firms in Clusters Innovate More? [J]. Research Policy, 1998(5): 525-540.

[10] BATHELT H, MALMBERG A, MASKELL P. Clusters and Knowledge: Local Buzz, Global Pipelines and the Process of Knowledge Creation[J]. Progress in Human Geography, 2004(1): 31-56.

[11] BECATTINI G. The Marshallian Industrial District as a Socio-economic Notion[J]. Revue d'economie Industrielle, 2017(157): 13-32.

[12] BELL G G. Clusters, Networks, and Firm Innovativeness[J]. Strategic Management Journal, 2005(3): 287-295.

[13] BERG L V D, BRAUN E, WINDEN W V. Growth Cluster in European Cities: An Integral Approach[J]. Urban Studies, 2001(1): 185-205.

[14] BLANCHARD O, SHLEIFER A. Federalism with and without Political Centralization: China Versus Russia[Z]. NBER Working Paper 7616, 2000.

[15] BLECHER M, SHUE V. Into Leather: State-Led Development and the Private Sector in Xinji[J]. The China Quarterly, 2001(166): 368-393.

[16] BOUDEVILLE J R. Problems of Regional Economic Planning [M]. Edinburgh: Edinburgh University Press, 1966.

[17] BRENNER T. Innovation and Cooperation During the Emergence of Local Industrial Clusters: An Empirical Study in Germany[J]. European Planning Studies, 2005(6): 921-938.

[18] BUNGE M. Mechanism and Explanation[J]. Philosophy of Social Sciences, 1997(4): 410-465.

[19] CHIESA V, CHIARONI D. Industrial Clusters in Biotechnology: Driving Forces, Development Processes and Management Practices [M]. London: Imperial College Press, 2005.

[20] COASE R H. The Nature of the Firm[J]. Economica, 1937(16): 386-405.

[21] COASE R H. The Problem of Social Cost[J]. The Journal of Law & Economics, 1960 (10): 1-44.

[22] DESROCHERS P, SAUTET F. Cluster-Based Economic Strategy, Facilitation Policy and the Market Process[J]. The Review of Austrian Economics, 2004(2/3): 233-245.

[23] DOERINGER P B, TERKLA D G. Business Strategy and Cross-Industry Clusters[J]. Economic Development Quarterly, 1995(3): 225-237.

[24] ENRIGHT M J. The Globalization of Competition and the Localization of Competitive Advantage: Policies towards Regional Clustering"[C]//HOOD N, YOUNG S. The Globalization of Multinational Enterprise Activity and Economic Development. Hampshire: Palgrave Macmillan, 2000.

[25] EVANS P B. Embedded Autonomy: States and Industrial Transformation [M]. Princeton: Princeton University Press, 1995.

[26] FALLETI T G, LYNCH J F. Context and Causal Mechanisms in Political Analysis[J]. Comparative Political Studies, 2009(9): 1143-1166.

[27] FAROLE T. Special Economic Zones in Africa: Comparing Performance and Learning from Global Experience[M]. Washington DC: World Bank, 2011.

[28] FELDMAN M P, FRANCIS J L. Homegrown Solutions: Fostering Cluster Formation [J]. Economic Development Quarterly, 2004(2): 127-137.

[29] FELDMAN M P, FRANCIS J, BERCOVITZ J. Creating a Cluster While Building a Firm: Entrepreneurs and the Formation of Industrial Clusters[J]. Regional Studies,

2005(1): 129-141.

[30] FESER E J. Old and New Theory of Industry Clusters[C]//STEINER M. Clusters and Regional Specialization: on Geography, Technology and Networks. London: Pion, 1998.

[31] FREEMAN D A. On Type of Scientific Inquiry: The Role of Qualitative Reasoning [C]//BRADY H E, COLLIER D. Rethinking Social Inquiry: Diverse Tools, Shared Standards (Second Edition). Plymouth: Rowman & Littlefield Publishers, Inc., 2010.

[32] FROMHOLD-EISEBITH M, EISEBITH G. How to Instutitionalize Innovative Clusters? Comparing Explicit Top-Down and Implicit Bottom-Up Approaches [J]. Research Policy, 2005(8): 1250-1268.

[33] GALLAGHER R M. Shipping costs, Information Costs, and the Sources of Industrial Agglomeration[J]. Journal of Regional Science, 2013(2): 304-331.

[34] GEORGE A L, Andrew Bennett. Case Studies and Theory Development in the Social Sciences[M]. Cambridge: MIT Press, 2005.

[35] GERRING J. The Mechanismic Worldview: Thinking inside the Box[J]. British Journal of Political Science, 2008(1): 161-179.

[36] GLENNAN S S. Mechanisms and the Nature of Causation[J]. Erkenntnis, 1996(1): 49-71.

[37] GLENNAN S S. Rethinking Mechanistic Explanation[J]. Philosophy of Science, 2002 (S3): S342-S353.

[38] GRANOVETTER M. Economic Action and Social Structure: The Problem of Embeddedness[J]. American Journal of Sociology, 1985(3): 481-510.

[39] HALLENCREUTZ D, LUNDEQUIST P. Spatial Clustering and the Potential for Policy Practice: Experiences from Cluster-Building Process in Sweden[J]. European Planning Studies, 2003(5): 533-547.

[40] HARRISON B. Industrial Districts: Old Wine in New Bottles? [J]. Regional Studies, 1992(5): 469-483.

[41] HEDSTROM P, YLIKOSKI P. Causal Mechanisms in the Social Sciences[J]. The Annual Review of Sociology, 2010(36): 49-67.

[42] HERNES G. Real Virtuality [C]//HEDSTROM P, SWEDBERG R. Social Mechanisms: An Analytical Approach to Social Theory. Cambridge: Cambridge

University Press，1998.

[43] HIRSCHMAN A O. The Strategy of Economic Development[M]. New Haven：Yale University Press，1958.

[44] HOSPERS G，DESROCHERS P，SAUTET F. The Next Silicon Valley? On the Relationship between Geographical Clustering and Public Policy[J]. International Entrepreneurship & Management Journal，2009(3)：285-299.

[45] HUBER F. Do Clusters Really Matter for Innovation Practices in Information Technology? Questioning the Significance of Technological Knowledge Spillovers[J]. Journal of Economic Geography，2012(1)：107-126.

[46] IVARSSON I，ALVSTAM C G. The Effect of Spatial Proximity on Technology Transfer from TNCs to Local Suppliers in Developing Countries：The Case of AB Volvo in Asia and Latin America[J]. Economic Geography，2005(1)：83-111.

[47] JUNG N. Relational Governance and the Formation of a New Economic Space：The Case of Teheran Valley, Seoul, Korea[J]. International Journal of Urban and Regional Research，2013(4)：1233-1253.

[48] JUNGWIRTH G，MULLER E F. Comparing Top-Down and Bottom-up Cluster Initiatives from a Principal-Agent Perspective：What We Can Learn for Designing Governance Regimes[J]. Schmalenbach Business Review，2014(66)：357-381.

[49] KALDOR N. Economics Without Equilibrium[M]. New York：M. E. Sharpe, Inc.，1985.

[50] KENG S. Developing into a Developmental State：Explaining the Changing Government-Business Relationships behind the Kunshan Miracle[C]//LENG T，CHU Y. Dynamics of Local Governance in China during the Reform Era. Lanham：Lexington Books，2010.

[51] KETELS C H M. The Development of the Cluster Concept-Present Experiences and Further Developments[Z]. Duisberg：NRW Conference on Clusters，2003.

[52] KRUGMAN P. Increasing Returns and Economic Geography[J]. Journal of Political Economy，1991(3)：483-499.

[53] LI H，ZHOU L. Political Turnover and Economic Performance：The Incentive Role of Personnel Control in China[J]. Journal of Public Economics，2005(9-10)：1743-1762.

[54] LI J，GENG S. Industrial Clusters, Shared Resources, and Firm Performance[J]. Entrepreneurship & Regional Development，2012(5-6)：357-381.

[55] LI X, DUAN R, ZHANG H. A Case Study of Tianjin Economic-Technological Development Area[C]//ZENG D Z. Building Engines for Growth and Competitiveness in China: Experience with Special Economic Zones and Industrial Clusters. Washington, DC: The World Bank, 2010.

[56] LIN J Y, LIU Z. Fiscal Decentralization and Economic Growth in China[J]. Economic Development and Cultural Change, 2000(1): 1-21.

[57] LIN N. Local Market Socialism: Local Corporatism in Action in Rural China[J]. Theory and Society, 1995(3): 301-354.

[58] MAHONEY J. Beyond Correlational Analysis: Recent Innovations in Theory and Method[J]. Sociological Forum, 2001(3): 575-593.

[59] MARTIN R, SUNLEY P. Deconstructing Clusters: Chaotic Concept or Policy Panacea? [J]. Journal of Economic Geography, 2003(1): 5-35.

[60] MARTIN R, SUNLEY P. Paul Krugman's Geographical Economics and Its Implications for Regional Development Theory: A Critical Assessment[J]. Economic Geography, 1996(3): 259-292.

[61] MASKELL P, MALMBERG A. Localised Learning and Industrial Competitiveness[J]. Cambridge Journal of Economics, 1999(2): 167-185.

[62] MATANO A, OBACO M, ROYUELA V. What Drives the Spatial Wage Premium in Formal and Informal Labor Markets? The Case of Ecuador[J]. Journal of Regional Science, 2020(4): 823-847.

[63] MEI C, LIU Z. Experiment-Based Policy Making or Conscious Policy Design? The Case of Urban Housing Reform in China[J]. Policy Sciences, 2014(3): 321-337.

[64] MERRIAM S B, TISDELL E J. Qualitative Research: A Guide to Design and Implementation (Fourth Edition)[M]. San Francisco: Jossey-Bass A Wiley Brand, 2016.

[65] MOBERG L. The Political Economy of Special Economic Zones[D]. Fairfax: George Mason University, 2015.

[66] MOHRING J. Cluster: Definition and Methodology[C]//OECD. Business Clusters: Promoting Enterprise in Central and Eastern Europe. Paris: OECD Publishing, 2005.

[67] MORETTI E. The Effect of High-Tech Clusters on the Productivity of Top Inventors [Z]. NBER Working Paper 26270, 2019.

[68] MYRDAL G. Economic Theory and Underdeveloped Regions[M]. London: Gerald Duckworth, 1957.

[69] OECD. Boosting Innovation: The Cluster Approach [M]. Paris: OECD Publishing, 1999.

[70] OECD. Business Clusters: Promoting Enterprise in Central and Eastern Europe[M]. Paris: OECD Publishing, 2005.

[71] OECD. Innovative Clusters: Drivers of National Innovation Systems[M]. Paris: OECD Publishing, 2001.

[72] OECD. OECD Reviews of Regional Innovation——Competitive Regional Clusters: National Policy Approaches[M]. Paris: OECD Publishing, 2007.

[73] OI J C. Fiscal Reform and the Economic Foundations of Local State Corporatism in China[J]. World Politics, 1992(1): 99-126.

[74] ONG A. Graduated Sovereignty in South-East Asia[J]. Theory, Culture & Society, 2000(4): 55-75.

[75] OTTATI G D. Trust, Interlinking Transaction and Credit in the Industrial District[J]. Cambridge Journal of Economics, 1994(6): 529-546.

[76] PALAZUELOS M. Clusters: Myth or Realistic Ambition for Policy-Makers? [J]. Local Economy, 2005(2): 131-140.

[77] PINCH S, HENRY N. Paul Krugman's Geographical Economics, Industrial Clustering and the British Motor Sport Industry[J]. Regional Studies, 1999(9): 815-827.

[78] PORTER M E. Clusters and the New Economics of Competition[J]. Harvard Business Review, 1998(Nov-Dec): 77-90.

[79] POTTER J, MIRANDA G. Clusters, Innovation and Entrepreneurship[M]. Paris: OECD Publishing, 2009.

[80] POTTER J. Policy Issue in Clusters, Innovation and Entrepreneurship[C]//POTTER J, MIRANDA G. Clusters, Innovation and Entrepreneurship. Paris: OECD Publishing, 2009.

[81] POWELL W W. Neither Market nor Hierarchy: Network Forms of Organization[C]// STAW B, CUMMINGS L L. Research in Organizational Behavior. Greenwich, Conn.: JAI Press, 1990.

[82] PREVEZER M, TANG H. Policy-Induced Clusters: The Genesis of Biotechnology

Clustering on the East Coast of China[Z]. Discussion Paper Series in Center for New and Emerging Markets, London Business School, No. 41, 2005.

[83] PUGA D. The Magnitude and Causes of Agglomeration Economies[J]. Journal of Regional Science, 2010(1): 203-219.

[84] QIAN Y, ROLAND G, XU C. Why Is China Different from Eastern Europe? Perspectives from Organization Theory[J]. European Economic Review, 1999(4-6): 1085-1094.

[85] QIAN Y, ROLAND G. Federalism and the Soft Budget Constraint[J]. The American Economic Review, 1998(5): 1143-1162.

[86] QIAN Y, WEINGAST B R. China's Transition to Markets: Market-Preserving Federalism, Chinese Style[J]. The Journal of Policy Reform, 1996(2): 149-185.

[87] QIAN Y, WEINGAST B R. Federalism as a Commitment to Reserving Market Incentives[J]. Journal of Economic Perspectives, 1997(4): 83-92.

[88] QIAN Y, XU C. Why China's Economic Reforms Differ: The M-Form Hierarchy and Entry/Expansion of the Non-State Sector[J]. Economics of Transition, 1993(2): 135-170.

[89] RAGIN C C. Redesigning Social Inquiry: Fuzzy Sets and Beyond[M]. Chicago: The University of Chicago Press, 2008.

[90] RAGIN C C. The Comparative Method: Moving Beyond Qualitative and Quantitative Strategies[M]. Berkeley: University of California Press, 1987.

[91] RAINES P. Cluster Development and Policy[M]. Surrey: Ashgate Publishing, 2002.

[92] RODRIGUEZ-CLARE A. Clusters and Comparative Advantage: Implications for Industrial Policy[J]. Journal of Development Economics, 2007(1): 43-57.

[93] ROELANDT T J A, HERTOG P D. Cluster Analysis and Cluster-Based Policy Making in OECD Countries: An Introduction to the Theme[C]// OECD. Boosting Innovation: The Cluster Approach. Paris: OECD Publishing, 1999.

[94] ROSENFELD S A. Bringing Business Clusters into the Mainstream of Economic Development[J]. European Planning Studies, 1997(1): 3-23.

[95] ROSENFELD S. Industry Clusters: Business Choice, Policy Outcome, or Branding Strategy? [J]. Journal of New Business Ideas and Trends, 2005(2): 4-13.

[96] SCOTT A J, Michael Storper. Industrialization Regional Development[C]//STORPER

M, SCOTT A J. Pathways to Industrialization and Regional Development. London: Routledge, 1992.

[97] SCOTT A J, STORPER M. Regional Development Reconsidered[C]//EMSTE H, MEIER V. Regional Development and Contemporary Industrial Respond: Extending Flexible Specialization. London: Belhaven, 1992.

[98] SOLVELL O, LINDQVIST G, KETELS C. The Cluster Initiative Greenbook[M]. Stockholm: Bromma Tryck AB, 2003.

[99] STOJCIC N, ANIC I, ARALICA Z. Do Firms in Clusters Perform Better? Lessons from Wood-Processing Industries in New EU Member States[J]. Forest Policy and Economics, 2019(109): 102043.

[100] SU Y, HUNG L. Spontaneous VS. Policy-Driven: The Origin and Evolution of the Biotechnology Cluster[J]. Technological Forecasting & Social Change, 2009(5): 608-619.

[101] SUNLEY P. Relational Economic Geography: A Partial Understanding or a New Paradigm?[J]. Economic Geography, 2008(1): 1-26.

[102] SWANN P, PREVEZER M. A Comparison of the Dynamics of Industrial Clustering in Computing and Biotechnology[J]. Research Policy, 1996(7): 1139-1157.

[103] TALLMAN S, JENKINS M, HENRY N, PINCH S. Knowledge, Clusters, and Competitive Advantage[J]. The Academy of Management Review, 2004(2): 258-271.

[104] TAN J. Growth of Industry Clusters and Innovation: Lessons from Beijing Zhongguancun Science Park[J]. Journal of Business Venturing, 2006(6): 827-850.

[105] TEEKASAP P. Cluster Formation and Government Policy: System Dynamics Approach[Z]. Albuquerque: 27th International System Dynamics Conference, 2009.

[106] BRESNAHAN T, GAMBARDELLA A, SAXENIAN A. "Old Economy" Inputs for "New Economy" Outcomes: Cluster Formation in the New Silicon Valleys[J]. Industrial and Corporate Change, 2001(4): 835-860.

[107] TSAI W, DEAN N. Experimentation under Hierarchy in Local Conditions: Cases of Political Reform in Guangdong and Sichuan, China[J]. The China Quarterly, 2014(218): 339-358.

[108] UZZI B. The Sources and Consequences of Embeddedness for the Economic Performance of Organizations: The Network Effect[J]. American Sociological Review,

1996(4): 674-698.

[109] VAAN M D, BOSCHMA R, FRENKEN K. Clustering and Firm Performance in Project-Based Industries: The Case of the Global Video Game Industry, 1972-2007[J]. Journal of Economic Geography, 2013(6): 965-991.

[110] VERNAY A, D'LPPOLITO B, PINKSE J. Can the Government Create a Vibrant Cluster? Understanding the Impact of Cluster Policy on the Development of a Cluster [J]. Entrepreneurship & Regional Development, 2018(7-8): 901-919.

[111] VERSTRATEN P, VERWEIJ G, ZWANEVELD P J. Complexities in the Spatial Scope of Agglomeration Economies[J]. Journal of Regional Science, 2019(1): 29-55.

[112] WADE R. Governing the Market: Economic Theory and the Role of Government in East Asian Industrialization[M]. Princeton: Princeton University Press, 1990.

[113] WALDER A G. Local Government as Industrial Firms: An Organizational Analysis of China's Transitional Economy[J]. American Journal of Sociology, 1995(2): 263-301.

[114] WALDNER D. Process Tracing and Causal Mechanisms[C]//KINCAID H. The Oxford Handbook of Philosophy of Social Science. Oxford: Oxford University Press, 2012.

[115] WEISS L. Governed Interdependence: Rethinking the Government-Business Relationship in East Asia[J]. The Pacific Review, 1995(4): 589-616.

[116] WILLIAMSON O E. Transaction-Cost Economics: The Governance of Contractual Relations[J]. Journal of Law and Economics, 1979(2): 233-261.

[117] XIA M. The Dual Developmental State: Development Strategy and Institutional Arrangements for China's Transition[M]. London: Routledge, 2000.

[118] XU C. The Fundamental Institutions of China's Reforms and Development[J]. Journal of Economic Literature, 2011(4): 1076-1151.

[119] YOUNG A A. Increasing Returns and Economic Progress[J]. The Economic Journal, 1928(38): 527-542.

[120] ZEITLIN J. Industrial Districts and Local Economic Regeneration: Overview and Comments[C]//PYKE F, SENGENBERGER W. Industrial Districts and Local Economic Regeneration. Geneva: International Institute for Labor Studies, 1992.

[121] ZHANG X. Fiscal Decentralization and Political Centralization in China: Implications for Growth and Inequality[J]. Journal of Comparative Economics, 2006(4): 713-726.